Page content: # EL SECRETO DEL BARCELONA

DAMIAN HUGHES

EL SECRETO DEL BARCELONA

La importancia de tener una buena cultura
organizativa para conseguir el éxito

Empresa Activa

Argentina – Chile – Colombia – España
Estados Unidos – México – Perú – Uruguay

Título original: *The Barcelona Way – Unlocking the DNA of a Winning Culture*
Editor original: Macmillan – An imprint of Pan Macmillan, Londres
Traducción: Marta García Madera

1.ª edición Enero 2019

Reservados todos los derechos. Queda rigurosamente prohibida, sin la autorización escrita de los titulares del *copyright*, bajo las sanciones establecidas en las leyes, la reproducción parcial o total de esta obra por cualquier medio o procedimiento, incluidos la reprografía y el tratamiento informático, así como la distribución de ejemplares mediante alquiler o préstamo público.

Copyright © 2018 by Damian Hughes
First published 2018 by Macmillan, an imprint of Pan Macmillan,
a division of Macmillan Publishers International Limited
All Rights Reserved
Copyright © 2019 de la traducción *by* Marta García Madera
© 2019 *by* Ediciones Urano, S.A.U.
  Plaza de los Reyes Magos, 8, piso 1.º C y D – 28007 Madrid
  www.empresaactiva.com
  www.edicionesurano.com

ISBN: 978-84-92921-98-0
E-ISBN: 978-84-17312-69-5
Depósito legal: B-26.879-2018

33614081418450

Fotocomposición: Ediciones Urano, S.A.U.
Impreso por Romanyà Valls, S.A. – Verdaguer, 1 – 08786 Capellades (Barcelona)

Impreso en España – *Printed in Spain*

El profesor Damian Hughes combina su experiencia práctica y académica en el mundo del deporte, la organización y la psicología del cambio para trabajar como asesor de confianza para la élite de los negocios, la educación y el deporte. Está especializado en la creación de culturas de alto rendimiento. Ha escrito varias obras acerca de los negocios de éxito, como *Pensamiento líquido* y *How to Think Like Sir Alex Ferguson*.

Índice

Prefacio 11
Introducción 13
Presentación de una cultura de compromiso: el Barça 33
Antes del compromiso: el poder de elegir 43

PARTE 1
Visión Global

1. El poder de preguntar «¿por qué?» 51
2. El qué 73
3. El cómo 89
4. Resumen de la Visión Global 105

PARTE 2
Arco de Cambio: señales culturales

1. Historias. 109
2. Rituales y ceremonias 121
3. Discursos 127
4. Resumen del Arco de Cambio 139

PARTE 3
Sistemas y procesos recurrentes

1. El error fundamental de atribución 143
2. ¡Es el entorno, estúpido! 149
3. Los desencadenantes de la acción 163
5. Resumen de los sistemas y los procesos recurrentes 187

PARTE 4
Arquitectos Culturales y héroes organizativos

1. La influencia y el poder de los iguales 191
2. El desarrollo de los Arquitectos Culturales 207
3. Las normas del grupo 215
4. Resumen de los Arquitectos Culturales 233

PARTE 5
Liderazgo Auténtico

1. Compatibilidad cultural 237
2. Liderazgo Auténtico 247
3. Coherencia 255
4. Transparencia 265
5. Resumen del Liderazgo Auténtico 271

PARTE 6
El punto X

1. El factor X 275
2. El punto X 277

Agradecimientos 281

Prefacio

«La verdadera prueba de cómo es una cultura es el comportamiento de la gente cuando nadie mira.»

Anónimo

El partido se olvidó. Pero la lección, no.

Hubo una oportunidad, y de oro, para que el F. C. Barcelona marcara el primer gol del partido. El tiro, veloz como un rayo, esquivó la estirada desesperada del portero, pasó por el exterior del palo y no entró por escasos centímetros.

Antes de que la multitud tuviera la oportunidad de procesar lo que había pasado y de reaccionar en consecuencia, Pep Guardiola, en su primera temporada como entrenador del Fútbol Club Barcelona, se giró de inmediato para mirar a su banquillo. Quería hacer una foto mental de los suplentes. Quería observar su reacción frente a lo que acababa de ocurrir.

Algunos de los jugadores saltaron de los asientos anticipándose a que el balón se alojara en el fondo de la red, antes de llevarse las manos a la cabeza por la frustración de ver que su equipo no había desempatado. Otros, ni se movieron ni reaccionaron de ninguna forma, parecían indiferentes a lo que acababa de ocurrir ante sus propios ojos. Este desinterés transmitía su infelicidad personal al no haber sido incluidos en la alineación inicial.

El verano siguiente, todos los jugadores que no habían mostrado ninguna reacción habían dejado el club.

«Una cultura de equipo se basa en la conducta y el comportamiento de todos los implicados, es trabajar juntos para lograr objetivos compartidos y, como tal, es una parte inmediatamente identificable de la identidad del grupo», dijo Pep Guardiola.

Introducción

En la primavera del año 2008, el Fútbol Club Barcelona era una marca mundial de renombre que estaba perdiendo brillo. El primer equipo ya empezaba a tener menos suerte. Frank Rijkaard, un discípulo holandés de Johan Cruyff y exjugador estelar, les había ayudado a lograr metas de altura, al ganar la liga en 2005 y la Liga de Campeones (anteriormente conocida como Copa de Europa) en 2006. Pero el equipo (el plantel con más talento y el más caro de la historia del club) se había desvanecido, sin ganar ningún trofeo importante en dos temporadas. «Una caída del cinco por ciento en el compromiso crea problemas», dijo el entonces director general del Barcelona, Ferran Soriano, y Frank no sabía cómo volver a dar energía al grupo[1]. Se notaba que Rijkaard había perdido el control del vestuario. Las ideas se estaban agotando, la ventaja competitiva se había esfumado, la moral estaba baja. Se necesitaba un liderazgo nuevo.

La junta tenía una serie de opciones. La principal era un ganador en serie cuyo historial ofrecía lo más parecido a una garantía de éxito en un juego en el que, con más frecuencia que en la mayoría de los deportes, los resultados dependen de los golpes de suerte.

El autoritario y carismático José Mourinho, un entrenador con un historial espectacular de éxito en su país, Portugal, y, después, en Inglaterra e Italia, parecía el hombre perfecto. Bajaría los humos a aquellos jugadores que tenían grandes egos y recuperaría el rumbo que había perdido el equipo. Dos miembros de la junta fueron enviados a Portugal para sondearlo. Mourinho, que se había estrenado como entrenador en el club una década antes, les hizo una presentación detallada en Power Point sobre lo que haría para dar un giro al Barcelona.

---

1. Damian Hughes, entrevista con Ferran Soriano.

Sin embargo, para consternación de la mayoría de los 180.000 socios del F. C. Barcelona, la junta eligió a Pep Guardiola, un novato que tenía un año de experiencia como entrenador del Barcelona B y ninguno en la categoría superior. Guardiola había sido un gran jugador y capitán del Barça con Johan Cruyff, pero en cuanto a la nueva responsabilidad sobre sus hombros y las aguas inexploradas que le pedían que navegara era, como sugirió el periodista deportivo John Carlin, «como si Sony seleccionara al gerente de una oficina regional de tamaño medio para asumir la dirección de la empresa»[2].

Nueve años y cuatro entrenadores más tarde, el F. C. Barcelona dominaba el fútbol europeo, había ganado siete títulos de Liga, tres Copas de Europa y tres Campeonatos del Mundo de Clubes. En los cuatro años que Guardiola estuvo en el club, ganaron catorce de diecinueve posibles ligas y copas, una hazaña sin igual en la historia del fútbol. También son excepcionales los cinco Balones de Oro, el premio al mejor jugador del mundo, concedido a Lionel Messi, del F. C. Barcelona, que continúa superándose a sí mismo. El Barça también había logrado otra cosa, algo más difícil de ganar que cualquier premio oficial: la admiración del mundo deportivo. El equipo había revolucionado aquel deporte de 150 años, mientras otros clubes habían llegado a lo más alto y se habían apagado de una temporada a otra. Entrenadores de clubes grandes y pequeños hacían peregrinajes al campo de entrenamiento del Barcelona, con los cuadernos en la mano, esperando que se les pegara algo.

¿En qué acertaron?

El punto de partida para responder a esa pregunta se encuentra en una hoja de papel con los razonamientos del director general Ferran Soriano, del director deportivo Txiki Begiristain (los dos actualmente en el Manchester City) y José Ramón Alexanko, director de fútbol base. Esos fueron los tres hombres que debían encontrar y nombrar al siguiente director técnico. «Imaginemos que el F. C. Barcelona es un restaurante —escribió el *Daily Telegraph*—. Txiki Begiristain es el tío que se agencia los ingredientes y decide lo que se pone en el menú. Soriano

---

2. John Carlin, *Financial Times*, 12 de marzo de 2012.

es el que ya está planeando dónde van a abrir su siguiente restaurante».[3] Lo que buscaban era un jefe de cocina que combinara esos elementos.

Detallaron los criterios que debía cumplir el líder elegido. Es significativo que, de la lista de nueve puntos que utilizaron, solamente dos (el estilo de juego exigido y una amplia experiencia en el fútbol europeo) se centraban en las habilidades técnicas necesarias para entrenar a un equipo que era toda una institución.

Lo que resulta fascinante es lo poco que tienen que ver los demás puntos con el fútbol y lo mucho que dependen del entorno en el que los jugadores crecieron y actuaron. Los demás requisitos, por ejemplo, compartir los valores del club, la capacidad para desarrollar líderes y comportamientos aceptados, estaban ampliamente alineados con los principios que Edgar Schein, el experto mundial en cultura corporativa, señala como los factores más importantes de una cultura de alto rendimiento[4]. En *El secreto del Barcelona* descubriremos de qué forma las organizaciones de éxito, sin conexión con el deporte, también apoyan esos factores. Y, lo más importante, podemos aprender a reproducir este modelo cultural y encontrar el patrón para dirigir cualquier organización con éxito.

«Para lograr el éxito en cualquier sector es vital comprender la lógica oculta —coincide Ferran Soriano—. Hay que ir a la raíz y poner la cultura en el corazón de tu negocio. Combina esto con trabajo duro, utiliza buenos criterios de gestión y aplica mucho sentido común. El éxito no tiene absolutamente nada que ver con la buena suerte, sino que está muy relacionado con una buena cultura.»

El nombramiento inesperado de Guardiola formaba parte de un plan coordinado para volver a hacer hincapié en los valores culturales del club. Unos valores que se remontaban directamente a Johan Cruyff, quien había tenido sus altibajos en el orden de importancia durante los años intermedios. En ese momento, se decretó que había llegado la hora de volver al punto de partida en la pizarra del holandés.

---

3. «The Fifty Most Powerful People in Football», *Daily Telegraph*, 10 de mayo de 2016.
4. Edgar Schein, *La cultura empresarial y el liderazgo*, Plaza & Janés, Barcelona, 1988.

La importancia de la cultura

Laszlo Bock, vicepresidente sénior de recursos humanos de Google, ha escrito que «la cultura sustenta todo lo que hacemos en Google»[5]. *Culture* fue la palabra del año del diccionario Merriam-Webster en 2014. Un año después, la consultora de gestión más grande del mundo, Accenture, identificó la «optimización de las estructuras organizativas para la productividad» como uno de los retos clave a los que se enfrentan las organizaciones. Dicho de otro modo, la cultura importa. Y mucho.

En 1994, dos profesores de la escuela de negocios de la Universidad de Stanford empezaron a estudiar cómo se crea exactamente una atmósfera de confianza dentro de una empresa. Durante años, dichos profesores, James Baron y Michael Hannan, habían estado enseñando a los estudiantes que la cultura de una empresa era tan importante como su estrategia. Decían que la forma que tiene una empresa de tratar a los trabajadores es crucial para su éxito. Afirmaban que la mayoría de las empresas (sin importar lo fantástico que fuera el producto o lo leales que fueran los clientes), acabaría fracasando a menos que los empleados confiaran los unos en los otros.

Todos los años, algunos estudiantes les pedían pruebas que apoyaran aquellas afirmaciones.

La verdad era que Baron y Hannan *creían* que sus afirmaciones eran ciertas, pero no tenían demasiados datos que las respaldaran. Ambos eran sociólogos de formación y podían señalar estudios que mostraban la importancia de la cultura para tener contentos a los empleados o contratar a trabajadores nuevos o fomentar un equilibrio entre la vida y el trabajo. Sin embargo, había pocos estudios que mostraran en qué medida la cultura de una empresa afectaba a su rentabilidad. Por eso, en 1994, se embarcaron en un proyecto de varios años para demostrar su afirmación.

---

5. Paul J. Zak, *Trust Factor: The Science of Creating High-Performance Companies*, AMACOM, Nashville, 2017, pp. 5-8; Laszlo Bock, *La nueva fórmula del trabajo: revelaciones de Google que cambiarán su forma de vivir y liderar*, Conecta, Barcelona, 2015.

Primero, necesitaban encontrar un sector en el que hubiera muchas empresas nuevas a las que pudieran seguir la pista a lo largo del tiempo. Se les ocurrió que las *start-ups* tecnológicas que aparecían en Silicon Valley podrían ser el ejemplo perfecto.

El proyecto con el que estudiaron casi doscientas empresas duró quince años. Observaron todas las variables que podían influir en la cultura de una *start-up*: cómo se seleccionaba a los empleados, cómo se hacían las entrevistas, cuánto se pagaba y a qué trabajadores los ejecutivos decidían ascender o despedir. Vieron a personas que no habían acabado la carrera universitaria convertirse en multimillonarios y a ejecutivos de altos vuelos que acababan fracasando estrepitosamente.

Al final, recopilaron suficientes datos para llegar a la conclusión de que la mayoría de las empresas tenían culturas que encajaban en una de estas cinco categorías[6].

La primera era el modelo de estrellas. En este tipo de empresas, los ejecutivos contrataban a personas que procedían de universidades de élite o de otras empresas de éxito y daban mucha autonomía a los empleados. Las oficinas tenían cafeterías elegantes y beneficios generosos. A los inversores de capital de riesgo les encantaban las empresas del modelo de estrellas porque, según la creencia popular, dar dinero al equipo A siempre era la apuesta más segura.

La segunda categoría era el modelo de ingeniería. En estas empresas con culturas de ingeniería no había muchas estrellas individuales, sino que los que tenían más influencia eran los ingenieros, como grupo. Pre-

---

[6]. James N. Baron y Michael T. Hannan, «The Economic Sociology of Organizational Entrepreneurship: Lessons from the Stanford Project on Emerging Companies», en *The Economic Sociology of Capitalism*, ed. Victor Nee y Richard Swedberg, Russell Sage, Nueva York., 2002, pp. 168-203; James N. Baron y Michael T. Hannan, «Organizational Blueprints for Success in High-Tech Start-Ups: Lessons from the Stanford Project on Emerging Companies», *IEEE Engineering Management Review* 31, 1, IEEE, New Jersey, 2003, p. 16; James N. Baron, M. Diane Burton y Michael T. Hannan, «The Road Taken: Origins and Evolution of Employment Systems in Emerging Companies», *Industrial and Corporate Change* 5, 2, 1996, pp. 239-275; James N. Baron, Michael T. Hannan y M. Diane Burton, «Building the Iron Cage: Determinants of Managerial Intensity in the Early Years of Organizations», *American Sociological Review* 64, 4, California, 1999, pp. 527-547; James N. Baron y Michael T. Hannan, «Organizational Blueprints for Success in High-Tech Start-Ups: Lessons from the Stanford Project on Emerging Companies», *California Management Review* 44, 3, 2002, pp. 8-36.

valecía una mentalidad de ingeniería a la hora de resolver problemas o decidir contratar personal. Estas culturas son poderosas porque permiten que las empresas crezcan rápido. Cuando todo el mundo tiene una formación y una mentalidad similares, puedes confiar en normas sociales para que todos sigan la misma dirección.

La tercera y la cuarta categoría incluían a las empresas basadas en burocracias o en autocracias. En el modelo burocrático, las culturas emergían a través de filas repletas de mandos intermedios. Los ejecutivos escribían extensas descripciones del puesto de trabajo, organigramas y manuales de empleado. Todo se explicaba en detalle y había rituales, como reuniones semanales, que comunicaban regularmente los valores de la empresa a su personal. Una estructura autocrática es similar, salvo en que todas las reglas, las descripciones del puesto de trabajo y los organigramas señalan los deseos y los objetivos de una persona, normalmente, el fundador o director general.

La última categoría era el modelo de compromiso. Este tipo de organización suponía un salto atrás a la época en la que la gente trabajaba feliz para una misma empresa durante toda la vida. No significa que la empresa sea aburrida, pero sí que implica una serie de valores en los que se da prioridad al crecimiento lento y constante. En las culturas de compromiso se dudaba más a la hora de despedir a las personas. Solían contratar a profesionales de recursos humanos, cuando otras *start-ups* contrataban a ingenieros o a comerciales. «Los directores generales de este modelo creen que acertar con la cultura es más importante que diseñar el mejor producto», afirma Baron.

Después de publicar sus resultados, Baron y Hannan hicieron un seguimiento durante diez años para ver las *start-ups* que prosperaban y las que tenían dificultades. Alrededor de la mitad de las empresas que estudiaron se mantuvieron en el mercado al menos una década; algunas se convirtieron en las empresas con más éxito del mundo. El objetivo de Baron y Hannan era ver si alguna cultura corporativa en concreto estaba en correlación con el éxito. Sin embargo, no esperaban que la cultura tuviera un impacto tan grande. «Incluso en el mundo acelerado de las empresas de alta tecnología de Silicon Valley, los modelos de empleo de los fundadores ejercen efectos potentes y duraderos sobre la evolución y el funcionamiento de sus empresas», escribieron los investigadores en 2002, en la *California Management Review*. El impacto enorme de las decisiones culturales «es evidente incluso después de tener en cuenta otros muchos factores que podría esperarse que afectaran al éxito o el fracaso de jóvenes empresas tecnológicas, como edad de la empresa, el tamaño, el acceso a capital de riesgo, los cambios en el liderazgo sénior y el entorno económico».

Tal y como habían sospechado Baron y Hannan, el modelo de estrellas producía algunos de los mayores ganadores del estudio. Resultaba que poner a todas las personas más listas en la misma sala podía producir una amplia influencia y riqueza. Sin embargo, resultaba sorprendente que estas empresas también fracasaban en cifras alarmantes. Como grupo, estas empresas tenían menos probabilidad de salir a Bolsa que cualquiera de las otras categorías, y a menudo estaban plagadas de rivalidades internas. Como sabe cualquier persona que haya trabajado en ese tipo de entornos, las luchas internas suelen ser más atroces en esta clase de compañías porque todo el mundo quiere ser *la* estrella.

De hecho, cuando Baron y Hannan estudiaron los datos, vieron que la única cultura que producía ganadores de forma constante era la de compromiso. Era indiscutible que una cultura de compromiso superaba a todas las demás clases de gestión en casi todas las formas significativas. «Ni una de las empresas de compromiso que estudiamos fracasó —afirmó Baron—. *Ninguna*, es algo asombroso. Además, eran las empresas que empezaban a cotizar en Bolsa más deprisa, tenían la rentabilidad más elevada y tendían a ser más ligeras, con menos mandos intermedios, porque, cuando eliges a los empleados despacio, tienes tiempo de encontrar a gente que destaque en la autogestión». Los empleados de las empresas de compromiso desperdiciaban menos tiempo en rivalidades internas porque todo el mundo estaba comprometido con la empresa y no con intereses personales. Las empresas de compromiso también tendían a conocer mejor a sus clientes que los demás tipos de compañía, por lo que podían detectar cambios en el mercado mucho más rápido.

Una de las razones principales por las que las empresas de compromiso tienen éxito, según parecía, era por el sentimiento de confianza que había entre trabajadores, directores y clientes, que convencía a todo el mundo para que se esforzara más y se mantuviera unido a través de los reveses inevitables en cualquier sector. La mayoría de las culturas de compromiso evitaban los despidos a menos que no hubiera más remedio. Invertían mucho en formación. Había un nivel más elevado de trabajo en equipo y seguridad psicológica.

Cada vez hay más pruebas que dan apoyo a la cultura del compromiso. La empresa Gallup señala que las empresas con empleados comprometidos son un 22 por ciento más rentables que las que tienen empleados que miran el reloj. Además, el efecto en nuestra calidad de vida también es considerable. El economista canadiense John Helliwell y sus colegas descubrieron que un aumento del 10 por ciento de la confianza de los empleados en los líderes de una empresa tiene el mismo impacto para la satisfacción de su vida que recibir un aumento del sueldo del 36 por ciento. Crear una cultura de compromiso es el punto exacto en el que coinciden «hacer el bien» y «que a uno le vaya bien»[7].

A miles de kilómetros de Silicon Valley, la junta del F. C. Barcelona había intuido casi la misma respuesta de una forma rápida e informal. No hace falta tener mucha imaginación para saltar del mundo de la alta tecnología de Silicon Valley al del ritmo frenético del fútbol europeo de élite y ver que hay culturas comparables.

El modelo de estrellas: el Real Madrid

En 2002, el Real Madrid celebró su centenario. Era el año en el que el club abrió su primer parque temático, la Vuelta Ciclista a España acabó en el estadio del Bernabéu y Magic Johnson jugó con el equipo de baloncesto del club. Las celebraciones lo abarcaban todo, eran ineludibles, casi religiosas. «El club había organizado algún acto todos los días», recuerda Steve McManaman, el simpático jugador de Liverpool que estaba con ellos en aquel momento[8].

---

7. Zak, Paul J., *Trust Factor: The Science of Creating High-Performance Companies*, AMACOM, Nashville, 2017.

8. Sid Lowe, *Miedo y asco en La Liga*, Léeme, Alcalá de Henares, 2014.

El acto más destacado era un partido amistoso contra el Resto del mundo XI. Pusieron una orquesta completa en el campo y Plácido Domingo cantó el nuevo himno del club mientras se alineaban los dos equipos: uno de azul y el otro de blanco. Los azules eran el Resto del mundo XI, pero los blancos tenían el equipo más glamuroso y las caras más famosas: Ronaldo, Zinedine Zidane (en aquel momento, el jugador más caro del mundo), Luís Figo, Roberto Carlos, Raúl, Fernando Hierro, Iker Casillas. Nunca había habido un equipo igual, no desde la era de Alfredo Di Stéfano, entre la década de 1950 y la de principios de los sesenta. «Era —dijo Sid Lowe, periodista especializado en fútbol— como si hubieran hecho trampas en el videojuego *Championship Manager*.»[9]

Cuando Hierro, el capitán del Madrid, dijo: «De los diez mejores jugadores del mundo, tenemos cinco», no exageraba. Ronaldo había recogido el premio al Mejor Jugador Mundial de la FIFA (ahora fusionado con el Balón de Oro) la noche anterior, lo que significaba que, de los seis ganadores anteriores, el Madrid podía presumir de tener cinco. Se les llegó a conocer como *galácticos*.

La cultura de las estrellas era crucial para la visión del presidente Florentino Pérez. Su política (y, por definición, la del Madrid) llegó a ser conocida como «Zidanes y Pavones»; aspiraban a un equipo formado por superestrellas como Zidane, complementado con jugadores de la cantera como el defensa central Paco Pavón, que comprendía al club y estaba comprometido con él. Se presentó como una filosofía, pero también era un imperativo económico. La única forma de pagar los sueldos astronómicos de Zidane y compañía era ascender a jóvenes del equipo a los que se pagaba mucho, mucho menos. «Una miseria», tal y como dijo un compañero de equipo. Mientras tanto, los «Zidanes» llevaban la imagen del Madrid por todo el mundo.

Este enfoque generaba un gran entusiasmo. «La gente disfrutaba al oír nuestro once inicial», comentaba Michel Salgado, el defensa del equipo. Al final, también fue una de las cosas que provocó su caída. El hecho de que el Madrid se deleitara en su estatus, con la humildad como

---

9. *Ibidem*.

un sorprendente rasgo ausente, hizo que ganar fuera una obligación, pero no habían establecido un sistema para lograr un éxito sostenible.

En la temporada 2000-2001, la primera de Luís Figo en el club, dominaron la Liga de principio a fin, y ganaron el título por nueve puntos. Al año siguiente anunciaron la llegada de Zidane y quedaron terceros en la Liga, aunque encontraron la redención en Europa al ganar su novena Copa de Europa en Glasgow, ganando al Barcelona por el camino. El año siguiente fue el de la superestrella brasileña Ronaldo, y acabó con el título de Liga. Pero algo estaba cambiando. Los defectos del modelo de estrellas del Madrid estaban saliendo a la palestra; y las tensiones, también.

La preocupación desde fuera del club sobre el eclipse de la «clase media», es decir, jugadores que no eran ni superestrellas ni jugadores del equipo joven, se confirmó de una forma brutal. Steve McManaman escribió: «[el entrenador, Vicente] del Bosque me dijo que tenía las manos atadas»[10]. No permitían que el entrenador descartara a los *galácticos*, sin importar la forma en la que estuvieran. Otro entrenador de aquella época, Mariano García Remón, cuenta que, en una ocasión, descartó al delantero brasileño Ronaldo del equipo. «Sí —dice, suspirando mientras comenta aquella decisión—. Me costó mi puesto de trabajo.»

El capitán del club, Fernando Hierro, recriminó al presidente por tratar a los jugadores como a «ganado». En el año 2003, tanto su contrato como el de Vicente del Bosque no fueron renovados. La vuelta de honor tras conseguir otro título de Liga se acortó, y todos los jugadores planearon boicotear la fiesta de fin de temporada del club como queja por aquel tratamiento injusto.

«Si lo más importante es organizar un circo, tienes menos posibilidades de ganar cosas —dijo Luís Figo en una ocasión—. Las reglas de un equipo de fútbol son una cosa, y el marketing, otra. Al final, no había equilibrio. Llegamos a un punto en el que dejamos el camino que debe seguir un equipo de fútbol y pagamos por ello.»

Las reglas del éxito deportivo se habían subvertido, la meritocracia y la estructura salían por la ventana en nombre del reconocimiento de la

---

10. Steve McManaman, *Four Years With Real Madrid*, Simon & Schuster, Nueva York, 2005.

marca. Los *galácticos* no eran un equipo de fútbol sino una colección de futbolistas famosos, la encarnación del estilo por encima de la sustancia, de los derechos concedidos por encima de la realización del esfuerzo. Un directivo del Real Madrid de aquella época declaró: «Todo el mundo quería ser el *maître*, nadie quería fregar los platos». «No respetábamos los principios normales del fútbol y el fútbol nos acorraló y nos apuñaló por eso», admite Jorge Valdano, el que fuera director deportivo del club.

A pesar de contratar y despedir a cinco entrenadores entre 2003 y 2006, el Madrid (y su cultura de estrellas) no ganaron ningún trofeo durante tres años. No habían experimentado una sequía así desde 1953, antes de la llegada de Alfredo Di Stéfano. El equipo más caro y más glamuroso de la historia había sido humillado y Florentino Pérez dimitió en febrero de 2006. Había creado una cultura destinada al fracaso que había provocado división y desigualdad. Cuando dimitió, el último entrenador del club, Juan Ramón López Caro, declaró: «A partir de ahora, jugaré con jugadores, no con nombres»[11].

El modelo de autocracia: el Chelsea F. C.

Cuando has crecido en el régimen comunista de la antigua Unión Soviética, has empezado tu carrera profesional importando patos de goma y te has convertido en la duodécima persona más rica de Rusia por ser el dueño de una empresa petrolífera, es poco probable que te moleste que te acusen de «no demostrar ni siquiera unos mínimos modales y educación» cuando se trata de salirte con la tuya.

Esa crítica mordaz era de Renzo Ulivieri, presidente de la Asociación de Entrenadores de Fútbol de Italia, que acusó al Chelsea de dirigirse al entrenador de la selección nacional italiana, Antonio Conte, «sin previo aviso» y sin pedir permiso cuando Roman Abramovich decidió nombrarlo décimo entrenador en Stamford Bridge en 2016.

Abramovich, propietario del Chelsea, es un multimillonario hecho a sí mismo, y uno de los hombres más destacados del fútbol europeo y, al

---

11. Sid Lowe, *Miedo y asco en La Liga*, Léeme, Alcalá de Henares, 2014.

mismo tiempo, probablemente de los menos conocidos. Nunca ha concedido una entrevista desde que asumió el control del Chelsea en 2003. Los que están cerca de él, que se pueden contar con los dedos de una mano, lo único que cuentan sobre Abramovich es algún que otro tópico. Sin embargo, sus acciones dicen mucho más de él que sus palabras.

El exvicepresidente del Arsenal, David Dein, dijo algo memorable: «Roman Abramovich ha aparcado sus tanques rusos en el césped y nos dispara billetes de 50 libras». La política del club bajo Abramovich era comprar los mejores jugadores disponibles y cambiar el director técnico a su antojo. La estabilidad es un testigo inocente, y la teoría parece ser que, si los jugadores son lo suficientemente buenos, entonces es casi irrelevante quién sea el director técnico. La impresionante colección de títulos del Chelsea bajo Abramovich lo corrobora.

Carlo Ancelotti, uno de los diez entrenadores a jornada completa del ruso (más dos nombramientos provisionales), cuenta: «Cuando conocí a Abramovich, me dijo: "Quiero encontrar a un director técnico que dé una identidad a mi equipo, porque cuando veo al Chelsea, no encuentro ninguna. En cambio, en el F. C. Barcelona o en el Manchester United sí que encuentro una identidad en el equipo"»[12].

A pesar de ganar la Premier League y la Copa de Inglaterra en su primera temporada, Ancelotti no se hacía ilusiones sobre la cultura autocrática en la que había entrado. «Abramovich nunca está contento con las derrotas relámpago, las que él cree que no deberían pasar en el Chelsea». De hecho, el propietario solía convocar reuniones urgentes para descubrir las causas.

La reacción más memorable («pero por las razones incorrectas», según el ayudante de Ancelotti, Paul Clement) fue durante la segunda temporada del italiano, cuando el club se enfrentó al Manchester United en los cuartos de final de la Liga de Campeones. «La noche antes del partido de vuelta, Abramovich habló con los jugadores, les dijo que tenían que ganar o habría cambios enormes en el equipo», recuerda Paul Clement. Después, Abramovich se dirigió directamente a Ancelotti. El

---

12. Carlo Ancelotti, *Liderazgo tranquilo: conquistar mentes, corazones y triunfos*, Indicios/Urano, Madrid, 2016.

italiano recuerda: «Me dijo a mí solo que si perdíamos no hacía falta que me molestara en volver al trabajo. Yo no estaba seguro de si lo decía en serio. Perdimos y volví al trabajo, aunque me sentía como un condenado a muerte»[13].

Carlo Ancelotti fue despedido tres meses después por el director general del club, Bruce Buck, que estaba en el coche después de irse del estadio cuando recibió la llamada del oligarca ruso, quien le dijo: «Da media vuelta y di a Carlo que está despedido».

El modelo de burocracia: el Liverpool F. C.

Como se suele decir, un camello es un caballo diseñado por un comité. En las cinco temporadas tras la adquisición por parte del hombre de negocios estadounidense John W. Henry del Fenway Sports Group (FSG), el Liverpool fichó a cincuenta jugadores, casi un equipo por temporada. Estos fichajes han jugado bajo cuatro directores técnicos distintos y, cada uno de ellos, con planes tácticos diferentes, a menudo sin conexión entre sí, pero todos revisados por un comité formado por seis hombres.

El enfoque moderno del Liverpool para desarrollar su cultura de fútbol se ha denominado *Moneyball*, que era el título de un libro sobre el equipo de béisbol Oakland Athletics y, en concreto, de su director general, Billy Beane. Beane utilizaba técnicas de análisis de *scouting* basadas en estadísticas y adoptó principios radicalmente distintos sobre cómo debía jugarse el partido de béisbol y cómo se debía construir un equipo. Sus métodos hicieron que el Oakland Athletics lograra resultados muy por encima de lo esperado y ganara a rivales más ricos y más glamurosos. *Moneyball* ha pasado a ser un libro, una película y también un adjetivo para describir cómo se dirigían muchos equipos deportivos.

Una gran parte del enfoque de Beane era buscar un «conocimiento objetivo sobre béisbol». Eso significaba depender totalmente de las esta-

---

13. *Ibidem.*

dísticas y encontrar formas nuevas de medir el juego en términos estadísticos, para tener información destinada al fichaje de jugadores y a la técnica en el campo. Este enfoque identificaba a los jugadores cuyas contribuciones estaban infravaloradas o sobrevaloradas por entrenadores o *scouts* ("ojeadores") subjetivos. Un ejemplo de *moneyball* en la práctica fue la decisión de Beane de despedir a su equipo tradicional de *scouting* y escoger a jugadores de escuelas y universidades basándose únicamente en análisis estadísticos.

Los Red Sox de Boston, propiedad de Henry, fue uno de los equipos que adoptaron estas prácticas. Ganaron la Serie Mundial en 2004 (su primera vez en 86 años) y repitieron la hazaña en 2007. Teniendo en cuenta el alcance global de las redes de *scouting* de este deporte y el volumen de análisis estadístico que aumenta tan rápido que produce el juego, tiene sentido pensar que esos métodos se pudieran emplear en el fútbol.

La personalidad dominante en el comité de seis hombres del Liverpool es Mike Gordon, un respetado corredor de Bolsa estadounidense que, según John Henry, «es, de lejos, la persona más experta en fútbol de la FSG de Estados Unidos». Los otros miembros incluyen al entrenador y al director general del club.

Sin embargo, los futbolistas no son valores bursátiles, y la naturaleza de este deporte hace que sea mucho más difícil aislar el valor estadístico objetivo de un jugador en fútbol que en béisbol. Un defensa puede tener el índice de pases buenos más elevado de un equipo, pero quizá solamente pase el balón 18 metros hacia un lado siempre. El comité parece haber creado una cultura confusa. El exentrenador del Liverpool Brendan Rodgers (uno de los cuatro entrenadores que formaba parte del comité y que, al final, trabajó a las órdenes de este) sugiere que la confusión radica en la falta de claridad respecto a si el enfoque dominante es un «modelo de negocio» o un «modelo ganador».

Él define la diferencia. Un modelo de negocio «consiste en comprar un jugador, desarrollarlo y mejorarlo y, después, venderlo a un precio mucho mayor». Mario Balotelli, el enigmático delantero centro italiano, es un ejemplo de este enfoque. «Pensaban: es un jugador de cincuenta millones que quizá podríamos conseguir por dieciséis», dijo Rodgers respecto a su fichaje. Balotelli, un jugador que José Mourinho consideraba «imposible de entrenar», fue cedido al cabo de doce meses llenos de problemas y, al final, se cedió gratis.

Rodgers sugiere que un modelo ganador significaría «conseguir los mejores jugadores posibles, sin importar la edad que tengan»[14].

El modelo de ingeniería: el Borussia Dortmund

En septiembre de 1995, el Mainz 05 estaba al final de la tabla de la 2 Bundesliga alemana, la segunda división del país, con un punto y sin goles a su favor en los primeros ocho partidos, cuando nombraron director técnico a Wolfgang Frank, un exdelantero apodado «Floh» ("pulga"), por su delgadez y gran proeza en el aire pero con una táctica de peso pesado. «Teníamos un grupo decente de jugadores, pero, básicamente, estábamos muertos como equipo», recuerda Jürgen Klopp, el defensa central sólido y discreto del Mainz 05, que finalmente sustituiría a Frank como director técnico.

Frank se ganó la confianza del equipo diciéndoles que podrían ganar a cualquier adversario con su estrategia, a pesar de cierta falta de calidad individual. «Nos convenció, al instante», dijo Klopp. Cambiar al nuevo sistema, educando a jugadores dónde tenían que colocarse en cada momento, implicó 150 sesiones de práctica. Frank hizo que sus jugadores estuvieran de pie fuera, durante horas sin parar, andando en círculos despacio todos a la vez siguiendo patrones complicados entre postes clavados en el césped. «En Alemania, el entrenamiento se suponía que era divertido, todo acción: tiros, pases cruzados, rondos —recuerda Klopp—. En cambio, el esfuerzo que implicaba el sistema de Frank era enorme[15].»

---

14. «Brendan Rogers says Liverpool must decide if they want a business model or a winning model», *Daily Mirror*, 7 de febrero de 2016.

15. Raphael Honigstein, *Das Reboot: How German Football Reinvented Itself and Conquered the World*, Yellow Jersey, 2015, pp. 177-178.

Al instaurar la nueva estrategia, el Mainz 05 consiguió treinta y dos puntos en la segunda mitad de la temporada, más que cualquier otro equipo en las dos divisiones superiores, y acabó en mitad de la tabla. «Hasta la llegada de Frank, básicamente, habíamos estado en la jungla, persiguiendo a cualquier cosa que llevara camiseta —dijo Klopp—. Hizo que nuestros resultados fueran independientes de nuestro talento, hasta cierto punto. Hasta entonces pensábamos que, por ser el peor equipo, perderíamos. Se podía lograr un sentido de igualdad con una organización mejor[16].»

De forma lenta y silenciosa, esta cultura metódica de ingeniería se afianzó. Klopp perfeccionó el enfoque en su primer puesto como entrenador en el Mainz 05, combinando planes de partido de vanguardia («con una táctica mejor, puedes ganar a un equipo mejor») y su capacidad para conseguir que los jugadores corrieran. Pero el trabajo por el que más se le felicita fue el que hizo con el Borussia Dortmund. En el transcurso de tres años, había llevado a los negroamarillos de la mediocridad de mitad de la tabla al séptimo campeonato de la historia del club.

Impulsados por una energía ilimitada y un deseo de trabajar los unos por los otros, el Dortmund de Klopp fue con diferencia el mejor y quizás el verdaderamente único equipo de club alemán de 2010-2011: un grupo de hermanos formado por jugadores humildes, súper en forma, que conocían bien la teoría del juego y que estaban listos para dejar los egos fuera del vestuario.

«Este equipo es emblemático de un cambio de paradigma en el fútbol alemán —escribió *Der Spiegel*—. Son profesionales jóvenes, tienen una buena formación técnica y táctica, son conscientes de sus puntos fuertes, pero nunca se muestran arrogantes».

«Fútbol *heavy metal*» es el término más prosaico que prefiere Klopp para describir los efectos de la cultura que él creó, en la que los oponentes eran asesinados por miles de cortes y en la que la creación de oportunidades de gol no es el resultado de momentos aislados de genios por parte de uno o dos jugadores destacados, sino la consecuencia lógica,

---

16. «Jürgen Klopp Rallies Neutrals», *The Guardian*, 3 de noviembre de 2013.

calculada matemáticamente, de un trabajo incesante y frenético. Un ejemplo de este enfoque es su uso de fotos fijas en lugar de vídeos del partido para ilustrar ciertos puntos, por ejemplo, para ver a los grandes equipos celebrar cada gol como si fuera el primero.

«Cuando tres jugadores persiguen a otros yendo en tropel, puede parecer que es una situación caótica. Pero es un caos controlado y muy creativo», comentó al *Frankfurter Allgemeine* Helmut Groß, un ingeniero de estructuras que se convirtió en entrenador de fútbol.

El modelo de compromiso: el Fútbol Club Barcelona

Existe una gran controversia respecto a si el Barcelona de Pep Guardiola es el mejor equipo de fútbol de todos los tiempos. Por muy entretenido que sea este debate, es imposible resolverlo de manera concluyente. Pero lo que sí podemos afirmar es que ese equipo marcó un punto de inflexión en la evolución del juego. Hay un antes y un después de ese equipo.

Durante los cuatro años comprendidos entre el 2008 y el 2012, el Barcelona redefinió la forma de jugar y provocó que todo el mundo del fútbol (desde los entrenadores de equipos infantiles hasta el personal técnico de los clubes más importantes del planeta) volvieran a empezar de cero y reconsideraran sus premisas más básicas. El equipo de Guardiola demostró que las cualidades que más necesita un jugador de fútbol para prosperar son habilidad técnica e inteligencia con el balón. No importan ni el tamaño ni la posición de cada jugador en el terreno de juego. También es crucial la idea de que la cultura, el entorno de trabajo diario, es una ventaja competitiva.

Fue esa última cualidad la que habían buscado Soriano y Begiristain y la que habían reconocido en Guardiola: la promesa de mantenerse fiel a una cultura que residía en el corazón del club. «Es una cualidad mucho más discreta que los demás rasgos, más obvios, que buscas en un líder —explica Begiristain—, pero es esencial[17].»

---

17. Damian Hughes, entrevista con Txiki Begiristain.

Las semillas fueron sembradas por uno de los mayores filósofos del deporte, Johan Cruyff, que definió la cultura del F. C. Barcelona, primero como jugador y, después, como director técnico. Como veremos, identificó los principios clave que llevarían al club catalán al éxito e implantó las estructuras para garantizar que se pudieran aplicar continuamente. Cuando Cruyff tomó las riendas del equipo como entrenador en 1988, su primera temporada fue un desastre. De no haber sido por su nombre legendario y su obstinación en sus propias capacidades, el Barcelona lo habría despedido.

Cruyff convenció al presidente del club, Josep Lluís Núñez, para que se olvidara del corto plazo y pensara de forma estratégica, dando tiempo al concepto holandés de fútbol total (que había cautivado al mundo quince años atrás durante la Copa del Mundo de 1974) para que impregnara todas las capas del club. Cruyff quería que su fútbol fuera estimulante. Consideraba que la victoria y la belleza eran inseparables. Una vez que le preguntaron si estaría dispuesto a jugar con un sistema principalmente defensivo para ganar la Liga, contestó que no: «Imagínate tener que aguantar una temporada de fútbol feo... ¡y que encima ni siquiera ganas el título! —reflexionaba—. Habrías echado a perder toda la temporada». Ese era el camino que había que seguir, afirmaba. Esa era la causa por la que valía la pena luchar. Descubrió que era más fácil dictar el cambio cultural desde el banquillo que desde el terreno de juego.

El modelo de Cruyff se integró en el ADN del club. La seducción del estilo de juego del holandés cautivó a los aficionados, a la prensa catalana y a los jugadores jóvenes, sobre todo al más inteligente y receptivo de todos, Pep Guardiola, que llegó a ser capitán del primer equipo con Cruyff, lugar en el que se quedó después de que el holandés se fuera en 1996, con un botín de trofeos de dos cifras. Dos entrenadores holandeses, Louis van Gaal y Frank Rijkaard, perpetuaron el espíritu del club, con más o menos éxito. Es significativo que cuando la lealtad al proyecto empezó a fallar, también lo hicieran la calidad del rendimiento y los resultados.

Cuando Guardiola, el protegido de Cruyff, ascendió al banquillo del primer equipo en el 2008, coincidió con la madurez de un grupo de jugadores que habían estado inmersos en la filosofía de la casa desde su adolescencia, entre otros, Xavi Hernández, Víctor Valdés, Gerard Piqué, Andrés Iniesta y Lionel Messi. Como veremos, el otro gran legado cultural de Cruyff fue La Masía, una granja renovada en la que los jugadores aprendían las doctrinas culturales desde el momento en el que llegaban al club, a veces con solamente once o doce años. Lo que les enseñaban, como su dogma de fe central, era que el balón era el rey; la posesión era la prioridad absoluta; prácticamente, la única.

Guardiola pedía a sus jugadores que pasaran la pelota baja y corta, incluso hacia atrás (una idea casi escandalosa en el club en aquel momento) incluso en defensa extrema, porque el pecado capital era jugar un balón largo al azar, reducir el fútbol a un juego de suerte anárquico. Pedía un compromiso total a la causa. Era un sueño que había hecho realidad Cruyff pero que se desvaneció cuando se fue, antes de que Guardiola lo volviera a convertir en una realidad en la que se ganaban trofeos.

Lo que el F. C. Barcelona ha hecho es inventar un lenguaje nuevo, o, tal y como lo describió Cesc Fàbregas, el *software* de Guardiola. Incluso ahora, unos seis años después desde que Guardiola dejara el club, su legado continúa. Este legado es difícil de asimilar para los que no han crecido desde corta edad en La Masía, la academia del club. Algunos, como Eric Abidal y Javier Mascherano, consiguieron entenderlo, pero un ejemplo de lo duro que resulta es que dos superstrellas como Thierry Henry y Zlatan Ibrahimović no se lograran adaptar y acabaran siendo inadaptados incómodos, efectivos solamente de forma irregular, en el ballet del Camp Nou.

Este nuevo lenguaje del fútbol era el que sir Alex Ferguson, el director técnico del Manchester United, no identificó en un principio tras su derrota ante el Barcelona en la final de la Liga de Campeones de 2009. Ferguson estaba convencido de que su equipo había perdido porque había hecho un mal partido. Cuando el Barcelona infligió una experiencia igualmente aleccionadora a los mejores de Inglaterra en Wembley dos años después, Ferguson se vio obligado a ofrecer su espada en señal de rendición. Comprendió que se había batido en duelo con el mejor equipo de fútbol del mundo, pero también con uno que representaba un cambio de guardia en la historia del deporte. Sir Bobby Charlton, el jugador más venerado de Inglaterra, dijo en una entrevista con el periódico deportivo *AS* que «todos los clubes de fútbol deberían aprender a jugar como el Barcelona»[18].

El Barça dejó una imagen identificable al instante en la conciencia global del fútbol. El cuerpo y la condición física habían dado paso a la elegancia y la técnica; el espíritu guerrero continuaba estando ahí, pero aligerado por la inteligencia y la gracia moral del matador. No importa si un jugador es alto o bajo, robusto o delgado, mientras sepa cómo acariciar el balón. El Barcelona del reino de Pep Guardiola (el extremista radical de la escuela de filosofía de Cruyff) alimenta los sueños de todos los niños que juegan al fútbol e intriga a los que quieren comprender cómo podemos adaptar esas lecciones a nuestras propias organizaciones que no son de fútbol.

En *El secreto del Barcelona* veremos cómo esos hilos individuales, tejidos juntos, pueden crear la tela rica de una cultura del compromiso dentro de tu propio mundo.

---

18. «Barcelona humble Manchester United», *The Independent*, 26 de mayo de 2011.

Presentación de una cultura de compromiso: el Barça

Por favor, no interpretes que utilizo un club de fútbol como una mera metáfora de la gestión de una empresa u otra organización no deportiva. En este libro se demuestra que la cultura que estableció el Fútbol Club Barcelona es un modelo, no solamente una metáfora, para la empresa contemporánea. Como tal, proporciona una visión única de las cuestiones cruciales a las que se enfrenta en el entorno corporativo moderno.

Utilizaré información procedente de mis entrevistas con las figuras líderes de este enfoque, así como mi propia vida académica y laboral al dirigir instituciones deportivas y de negocios, para ilustrar cómo el F. C. Barcelona puede descubrir el ADN de una cultura ganadora. Ahora, tú también podrás hacerlo.

El fútbol no solamente copia los retos de las empresas, sino que intensifica y acelera el proceso condensando el marco temporal y ajustando el enfoque. En general, esto es el resultado de la atención constante de los medios de comunicación por este deporte. Como observó Kevin Keegan, ex director técnico de Inglaterra: «Si eres sir Alex Ferguson, hay 70.000 personas que van a tu empresa durante dos horas la tarde del sábado y todas las semanas publican una tabla de la liga. Las empresas solamente publican su tabla dos veces al año»[19].

El fútbol proporciona un modelo puro de gestión corporativa en el que solamente tiene éxito la mejor práctica. Por lo tanto, es más fácil identificarla y analizarla. En el caso único del F. C. Barcelona, en el que

---

19. Chris Brady y David Bolchover, *The 90-Minute Manager,* Prentice Hall, Nueva Jersey, 2016, p. 18.

su dominio ha sido sostenido durante mucho más tiempo que el habitual ciclo de cuatro años de un equipo de élite, en el corazón de su éxito está cómo tratan a las personas y el cuidado y la atención que dan al entorno en el que esas personas son apoyadas: esas prácticas que son igual de relevantes para todas las organizaciones que intentan canalizar las actividades de sus individuos con talento para el bien corporativo.

Además, la visibilidad de este éxito es total. No resulta fácil analizar el comportamiento de un director general líder en tiempo real porque hay muchas cosas que permanecen en secreto durante mucho tiempo. En cambio, en el fútbol prácticamente todo está a la vista; lo que no se ve enseguida lo revelan los medios de comunicación que le prestan una atención casi permanente.

Mi intención es que este libro guste a personas de muchos campos distintos. Por una parte, se dirige a los líderes deportivos, tanto los que estén en activo como los que aspiren a estarlo. Por otra, el libro está escrito sin complejos para los aficionados a los deportes: los que están fascinados por el reto y quieren saber cómo y por qué el Barcelona (y otras instituciones deportivas de éxito) hacen lo que hacen. En esta obra, se reúnen ideas de la sabiduría colectiva de los mejores en su profesión. Por último, el libro se dirige a los líderes de todos los campos y contextos en los que unos individuos gestionan a otros en la búsqueda de significado y éxito.

A pesar de que no haya una «fórmula» para esta cultura ganadora (no quiero exagerar los argumentos) en mi análisis del modelo de compromiso que descansa en el corazón del ADN cultural del Barcelona, he empezado a ver los mismos temas centrales, los mismos principios, reflejados en una amplia gama de otros entornos de compromiso de éxito, tanto en el campo deportivo como en otros campos. Y lo más importante es que tú puedes aplicar estos mismos principios para desarrollar la cultura ganadora de tu organización.

Los cinco principios generales (divididos en apartados) son los siguientes:

- Big Picture (Visión Global)
- Arc of Change (Arco de Cambio)
- Repetition (Repetición)

- **Cultural Architects** (Arquitectos Culturales)
- **Authentic Leadership** (Liderazgo Auténtico)

Como puede verse, estos principios, en inglés, forman el acrónimo BARÇA. Es una mera coincidencia, por supuesto.

Esta es nuestra lista BARÇA para crear una cultura ganadora.

1. Visión Global / Big Picture
Cuando Ernest Shackleton buscaba personal para su malograda expedición a la Antártida de 1915, puso un anuncio en el *Times*:

> Se buscan hombres para viaje peligroso. Sueldo bajo. Frío intenso. Jornadas de trabajo largas en completa oscuridad. Peligro constante. Vuelta segura incierta. Honor y reconocimiento en caso de éxito.

A pesar de las condiciones desalentadoras que prometía, recibió un aluvión de solicitudes de gente que quería unirse a la expedición.

Esbozar una Visión Global a grandes rasgos da una dirección y un destino claro hacia el cual todo el mundo se puede mover. Es el equivalente a la Estrella Polar que utiliza un capitán de barco para guiarse al navegar[20].

El F. C. Barcelona hacía tiempo que era un baluarte de la identidad catalana. La región autónoma de España había sido perseguida durante la dictadura de Franco, su lengua y su cultura habían sido suprimidas, pero en el Camp Nou todavía se veía dicha cultura en las gradas. El eslogan *Més que un club* («Más que un club») tiene una relevancia profunda. El Barcelona representa a un pueblo, una nación y una forma de vida.

Representar a algo más que un club de fútbol es algo que se exige a los responsables de la cultura de fútbol en los términos más sencillos. Los representantes de la junta definieron unos requisitos para el trabajo que exigían que el personal «encuentre el equilibrio entre jugar el fútbol más atractivo y espectacular posible y la eficacia».

---

20. Damian Hughes, *Liquid Leadership*, Capstone, Minnesota, 2009.

Este mensaje (aplicable a cualquier persona asociada con el club, desde los jugadores a los entrenadores y al personal de apoyo) crea una conciencia de que se trata de un club en el que importa algo más aparte de los resultados: quieren representar algo en la comunidad y entre sus seguidores; quieren ser un club que entretiene, y no uno que gane por el mínimo necesario.

Como hemos visto, Johan Cruyff construyó el templo y, en palabras de Guardiola, otros lo han «mantenido». Fue Cruyff el que importó y perfeccionó la filosofía holandesa del «fútbol total» (todo el mundo está cómodo con la pelota, todo el mundo ataca y defiende como uno) y lo extendió desde el campo hasta la estructura organizativa del club.

El mensaje central de Cruyff continúa siendo el del Barça hoy en día.

En diciembre de 1982, Cruyff chutó un penalti durante su segunda etapa con su equipo de niño, el Ajax de Ámsterdam, contra el Helmond Sport. Normalmente, no le gustaban los penaltis y dejaba que los lanzaran otros. En cambio, aquel día hizo un pase de lado ligeramente hacia delante a su compañero de equipo Jesper Olsen. Olsen se acercó al sorprendido portero del Helmond antes de deslizar la pelota de nuevo a Cruyff, que lanzó el balón tranquilamente a una portería vacía. Era la primera vez que se intentaba aquella maniobra osada e innovadora en una competición de élite.

En 2016, Lionel Messi y Luis Suárez demostraron su conexión con la visión que Cruyff tenía del fútbol en la victoria por 6-1 del F. C. Barcelona frente al Celta de Vigo. Antes de lanzar un penalti, Messi hizo un pase a Suárez, que corrió y marcó.

Fue un momento memorable: los mejores jugadores contemporáneos reconocían su deuda con Cruyff y su legado.

Cruyff, semanas antes de morir, comentó que le había encantado aquel momento.

2. Arco de Cambio: señales culturales / Arc of Change

¿Cómo es un cambio con éxito?

Muchos de nosotros crecimos pensando que logramos el cambio a través de la determinación, que mejorar continuamente nuestro rendimiento nos conducirá en línea recta a nuestro objetivo deseado.

Eso es un mito.

La profesora de Harvard Rosabeth Moss Kanter ha señalado que nuestros recuerdos nos ayudan a rememorar inicios inspiradores y finales felices, pero es la parte intermedia la que solemos pasar por alto: ahí es donde surte efecto el trabajo duro y donde surgen los retos difíciles. Ese es el Arco de Cambio. En 1969, Martin Luther King Jr. describió claramente los retos de liderar a personas a través del Arco de Cambio en su libro *Adónde vamos: ¿caos o comunidad?*:

> Tienes que ser consciente de que la línea del progreso nunca es una línea recta. Siempre hay caídas y curvas, y puntos serpenteantes. Lo esperanzador es continuar moviéndose[21].

Para continuar moviéndose y conducir a la gente por este arco, hay que comprender todas las etapas que te encontrarás. Como en cualquier historia, el Arco de Cambio tiene un patrón identificable. Hay cinco etapas: **soñar, saltar, luchar, subir** y **llegar**.

Comprender estas etapas nos ayuda a coger fuerza. Además, nos señala el camino y hace que mantengamos la energía y el entusiasmo del grupo. Como veremos, al aprender del Barcelona y del propio viaje de Guardiola a través del Arco de Cambio, la trascendencia de estas señales culturales es igualmente importante. La progresión a través del Arco se hacía principalmente mediante discursos, historias, ceremonias y símbolos, todo lo cual tiene un gran significado.

Masia es una palabra catalana que significa casa de campo o granja. La Masía es un símbolo central y un pilar sobre el que se construye el éxito del F. C. Barcelona moderno. Es la cuna de la mejor y más exitosa escuela de fútbol del mundo. Johan Cruyff fue el responsable de la construcción de dicha escuela. La primera vez que dejó el club (como jugador) en 1978, dijo al presidente del Barcelona que necesitaban una escuela que pudiera producir su propio talento para competir con el Real Madrid y otros rivales europeos. Cuando volvió (como entrenador) diez años después, Cruyff fue el primero que dio a los jóvenes procedentes de La Masía la oportunidad de jugar en el primer equipo del club. En su

---

21. Dr. Martin Luther King, *Adónde vamos: ¿caos o comunidad?*, Aymá, Barcelona, 1969.

primera ola de talento de la cantera, Josep Guardiola se graduaría con matrícula de honor.

En el año 2010, La Masía logró un gran éxito futbolístico. Uno de los alumnos de la escuela, Lionel Messi, que había llegado desde los Newell's Old Boys de Argentina a los trece años, ganó el Balón de Oro. Además, aquel año, los dos finalistas, Xavi Hernández y Andrés Iniesta, eran compañeros de esa misma escuela. Dos años después, el entrenador del Barcelona, Tito Vilanova, que también había estudiado en La Masía, presentó un once titular completamente compuesto por jugadores formados en aquel invernadero futbolístico.

Al navegar por el Arco de Cambio, miraremos cómo se utilizaron los símbolos, los discursos, las historias y las ceremonias del Barcelona para señalar las etapas del viaje cultural que hicieron (desde el anteproyecto hasta su finalización).

3. Sistemas y procesos recurrentes

Cuando preguntaron a sir Alf Ramsey, el director técnico de la Inglaterra que ganó la Copa del Mundo, cuál era el secreto para ser un gran entrenador y cómo consiguió que sus jugadores comprendieran completamente la visión de cómo quería que jugaran, respondió:

> *La repetición constante hace que llegue el mensaje.*
> *La repetición constante hace que llegue el mensaje.*
> *La repetición constante hace que llegue el mensaje.*
> *La repetición constante hace que llegue el mensaje.*
> *La repetición constante hace que llegue el mensaje.*
> *La repetición constante hace que llegue el mensaje*[22].

También Stelios Haji-Ioannou, fundador de la línea aérea *low cost* EasyJet, comprendió la importancia de la repetición incansable. En los primeros días de la empresa, empezaba las reuniones pidiendo a los empleados que se quedaran de pie detrás de las sillas. Después, les preguntaba uno a uno

---

22. Damian Hughes, *How to Think Like Sir Alex Ferguson: The Business of Winning and Managing Success*, Aurum Press, Londres, 2013.

si la silla que tenían delante estaba vacía. La repuesta obvia («pues claro») recibiría un recordatorio de que la misión de la empresa era ofrecer vuelos baratos y, por lo tanto, dependía de que los aviones estuvieran llenos. Su misión era concentrar los esfuerzos en «poner culos en asientos».

En el ADN cultural del Fútbol Club Barcelona, las actividades diarias más importantes, reforzadas repetidamente, pronto se convirtieron en una práctica habitual. Se espera que los jugadores lleguen una hora antes del entrenamiento. «La puntualidad, como representación de estar mentalmente preparado, se cumple a rajatabla», cuenta el ayudante de Guardiola, Manuel Estiarte.

En términos futbolísticos, es la aplicación incansable del rondo en el club (un juego exigente y de pases rápidos) que traduce directamente las exigencias de la Visión Global del club en hábitos y rutinas cotidianos. Es el rasgo principal de todas las sesiones de entrenamiento, obligando a los jugadores a aprender a pasar una y otra vez bajo presión.

Xavi, hasta hace poco el jugador español más condecorado de la historia, lo explica de esta forma:

> Todo es cuestión de rondos. Rondo, rondo, rondo. Todos los días. Es el mejor ejercicio que hay. Se aprende responsabilidad y a no perder la pelota. Si la pierdes tienes que ponerte en el medio. Pum-pum-pum-pum, siempre un toque. Si tienes que ponerte en el medio, es humillante. Los otros aplauden y se ríen de ti[23].

Para este equipo, el rondo no es un mero ejercicio, sino su identidad.

4. Arquitectos Culturales y héroes organizativos / Cultural Architects

*«Todos los animales son iguales,
pero algunos son más iguales que otros.»*

Cuando George Orwell escribió esta frase, se refería sarcásticamente a la sociedad posrevolucionaria en su novela *Rebelión en la granja*, no al

---

23. «Football's Greatest Conductor», *The Guardian*, 11 de febrero de 2011.

deporte de élite. Sin embargo, hay otra forma más constructiva de leer la máxima de Orwell, una que destaca un aspecto importante para crear una cultura ganadora.

En cualquier cultura, cada individuo aporta un conjunto único de atributos al grupo y habrá algunos que poseerán más influencia social que otros. Willi Railo, el malogrado psicólogo noruego, llamaba a estas personas «arquitectos culturales». Son los jugadores respetados por el resto del equipo; este respeto les permite fijar las «normas» de actitud y comportamiento para el resto del grupo. Aunque Orwell estuviera haciendo una sátira de la hipocresía de la élite soviética, que predicaba la igualdad completa mientras se reservaban privilegios a unos pocos escogidos (algo parecido al «modelo de estrellas» identificado anteriormente) en una cultura de compromiso esta influencia social se utiliza para mejorar un grupo o, en nuestro caso, un equipo deportivo.

«Los Arquitectos Culturales son capaces de cambiar la mentalidad de otros individuos —dijo Railo—. Pueden romper barreras, tienen visiones. Están seguros de sí mismos y pueden trasladar esa confianza a otros jugadores. Un entrenador necesita como mínimo tres, y no más de cinco, figuras de este tipo en un equipo para ampliar el "modelo mental compartido" que necesita un equipo para el éxito[24].»

Alex Ferguson, que todavía no era «sir», nombró a Eric Cantona Arquitecto Cultural en el Manchester United a principios de la década de 1990. Cuando Cantona llegó al United, empezó a quedarse más tiempo después del entrenamiento de la mañana para entrenar más rato. El grupo de jugadores más jóvenes (Scholes, Beckham, Butt y los Neville) vieron al líder mágico haciendo un entrenamiento extra y pensaron: «Si es lo suficientemente bueno para el mejor jugador del club, entonces es lo suficientemente bueno para nosotros». Esta actitud duró la década dorada en la que definieron el fútbol inglés.

En el F. C. Barcelona, el ascenso de Xavi, Iniesta, Puyol, Valdés y Piqué de la cantera del club es una continuación de la tradición que empezó Johan Cruyff y de la que se beneficiaron directamente Guardio-

---

24. Sven-Göran Eriksson y Willi Railo, *Sven-Göran Eriksson: On Management*, Carlton Books, Londres, 2002, p. 145.

la y sus sucesores (Tito Vilanova, Gerardo Martino, Luis Enrique y Ernesto Valverde). La importancia de los Arquitectos Culturales (y su influencia positiva en sus compañeros de equipo a través de la promoción de los comportamientos y las actitudes exigidos) hizo que Gary Neville reflexionara sobre el impacto cultural: «Cuando siete de los jugadores del F. C. Barcelona proceden de las bases de su club, comprenden qué significa formar parte de él, y eso les ayuda a ser una fuerza imparable».

5. Liderazgo Auténtico

Un buen batería te dirá que saber cuándo no tocar ese instrumento es lo que distingue a un buen batería de uno normal; los espacios en silencio entre la acción forman parte de la acción en sí, de la misma forma que utilizar el espacio negativo es una parte clave de un buen diseño. De forma similar, un buen líder sabe que una lista de cosas que *no* hacer es tan importante para el éxito como la lista de cosas que *sí* hacer. Lo que no haces te define a ti, y a la cultura, tanto como lo que haces.

Sir Richard Branson, el emprendedor británico, dice que el liderazgo auténtico radica en dónde te pones firme. «Los mejores líderes dejan claro qué admiten y refuerzan constantemente lo que harán y lo que no».

Cuando se reveló que Pep Guardiola sería el entrenador, le preguntaron por el futuro de sus tres jugadores estrella (y los que más cobraban). Eran hombres que habían alcanzado cimas futbolísticas brevemente, pero que no habían podido sostener una trayectoria tan deslumbrante después de aquel éxito.

No tuvo reparos al responder preguntas sobre Ronaldinho, Deco y Samuel Eto'o con un tono que iba a juego con el traje y la corbata de negro fúnebre que llevaba en su primera conferencia de prensa:

> Estos tres no están en mi cabeza para el futuro; de hecho, seguiremos sin ellos. Mi idea es que la cuestión es el rendimiento y lo que los jugadores pueden dar a mi equipo. Lo que no toleraré es una falta de esfuerzo para reconstruir el éxito del equipo. Quiero que los jugadores con talento, inspirados, comprendan que, individualmente, valen mucho menos que cuando aplican valores de equipo.

En cuestión de semanas, Ronaldinho y Deco (y, al cabo de un año, Eto'o) estaban fuera del Barça, lo que supuso una pérdida financiera considerable. Sin embargo, el impacto cultural positivo fue inmenso.

La voluntad de trabajar duro, con humildad, diligencia y atención al detalle eran los valores de equipo que Guardiola quería establecer. Cuando Zlatan Ibrahimović, el voluble delantero sueco, se unió al club como el fichaje más caro del 2009, las primeras palabras de Guardiola fueron: «Aquí, en el Barça, tenemos los pies en el suelo —indicó al sueco, amante de los coches rápidos—. No llegamos al entreno en Ferraris y Porsches. Aquí venimos a trabajar».

Ibrahimović, como veremos, es un raro pero potente ejemplo del error de Guardiola al no valorar la importancia del ajuste cultural. Al sueco se le hizo cuesta arriba adaptarse a aquella cultura y se fue al cabo de un año infeliz. Recuerda que sus compañeros de equipo «parecían escolares deseosos de agradar a su exigente líder. Los mejores futbolistas del mundo estaban allí con la cabeza gacha, y yo no lo entendía. Era ridículo», reflexionaba[25].

En este libro tenemos el objetivo de ayudarte a comprender cómo adaptar el enfoque adoptado por los líderes del F. C. Barcelona para crear una cultura ganadora y sostenible en tu propio mundo. Normalmente, estos temas se tratan por separado. Hay consejos para la «gestión del cambio» para empresas, consejos de «autoayuda» para las personas y consejos para «cambiar el mundo» para los activistas. Es una lástima, porque todos los cambios culturales tienen algo en común: para que algo cambie, alguien tiene que empezar a actuar de una forma distinta.

No tienes que estar de acuerdo con todo lo que se sugiere en este libro, ni tampoco es obligatorio que hagas todo lo que se indica. Lo que quiero es que, al acabar el libro, seas capaz de aplicar las ideas directamente en tu propia cultura y lograr un efecto inmediato, pero también quiero darte algo más que un conjunto de recomendaciones. Quiero hacerte pensar.

---

25. Zlatan Ibrahimović, *Soy Zlatan Ibrahimović*, Córner, Barcelona, 2013.

Antes del compromiso: el poder de elegir

Fuentealbilla es un pueblo de La Mancha, en la tierra de Don Quijote. Tiene solamente 1.864 habitantes. En 1996, Andrés Iniesta, de doce años, dejó ese pueblo para irse a Barcelona. Al llegar, aquel niño diminuto tenía un aspecto lamentable. «Era pálido, muy pequeño y triste», cuenta José Bermúdez, uno de sus compañeros de clase. «El canal que cruza mi pueblo no es suficiente para contener las lágrimas de mi nieto», se lamentó Andrés Luján, su abuelo materno. El joven Iniesta quiso dar media vuelta en cuanto puso los pies en Barcelona. «Tenía una sensación de abandono, de pérdida, como si me hubieran arrancado algo de dentro, de las entrañas», explica el jugador, que superaría a su compañero de equipo Xavi y se convertiría en el más condecorado de España[26].

Admite que cuando sus padres le iban a visitar no dormía solamente en la misma habitación de hotel que ellos, sino también en la misma cama. El resto del tiempo dormía en La Masía, la granja de piedra, de estilo catalán, que está junto al Camp Nou. Miraba por la ventana y se perdía en sus pensamientos.

«Fueron los peores días de mi vida —afirma—. Estás a quinientos kilómetros de casa, sin tu familia. Eres de un sitio pequeño en el que puedes ir andando a todas partes y el cambio es enorme. Muchas noches, pensaba: "Quiero irme a casa". Fueron momentos muy duros. Creía que no lo conseguiría. Pero tienes que ser fuerte. Tengo que luchar. He llegado hasta aquí, no hay vuelta atrás[27].»

---

26. «Football isn't a science», *The Guardian*, 9 de noviembre de 2012.
27. *Ibidem*.

Estas palabras contienen la clave para comprender por qué un niño de doce años dejaría voluntariamente el nido seguro de su vida familiar y, también, cómo empezar a crear una cultura ganadora: da a la gente una elección que le permita ejercer el control.

Las elecciones que son más potentes a la hora de generar motivación son decisiones que hacen dos cosas: nos convencen de que tenemos el control y nos confieren un propósito, es decir, un significado más amplio. Este control se establece cuando desarrollamos un hábito mental de transformar decisiones y convertirlas en elecciones significativas; cuando afirmamos que tenemos autoridad sobre nuestras vidas.

Los libros de autoayuda y los manuales de liderazgo suelen describir este tipo de impulso como un rasgo estático de nuestra personalidad o el resultado de un cálculo neurológico en el que, de forma subconsciente, sopesamos esfuerzos frente a recompensas. Sin embargo, ahora sabemos que la motivación es algo más complicado que eso. Es más como una habilidad, parecida a leer y escribir, que se puede aprender y perfeccionar.

Los científicos han descubierto que la gente puede mejorar su automotivación si practica de forma adecuada. Según los investigadores, el truco es sentir que tenemos nuestra propia respuesta a la pregunta más fundamental: ¿por qué?

«La necesidad de control es un imperativo biológico», escribió un grupo de psicólogos de la Universidad de Columbia en la revista *Trends in Cognitive Sciences* en 2010[28]. Cuando una persona cree que controla sus decisiones, tiende a trabajar más duro y a esforzarse más. En general, tiene más confianza y supera las adversidades más deprisa. Este instinto por tener el control es tan primordial para el desarrollo de nuestro cerebro que los bebés, en cuanto aprenden a comer solos, se resisten a los intentos de control por parte de los adultos a pesar de que sea más probable conseguir comida a través de la sumisión.

Una forma de demostrar este sentimiento de control hacia nosotros mismos es tomando decisiones. «Cada elección (por pequeña que sea) refuerza la percepción de control y autoeficacia», escribieron los inves-

---

28. Lauren A. Leotti, Sheena S. Iyengar y Kevin N. Ochsner, «Born to Choose: The Origins and Value of the Need for Control», *Trends in Cognitive Sciences* 14, 10, 2010, pp. 457–463.

tigadores de Columbia. «Quería estar en el Barcelona y, por muy mal que fuera —recuerda Iniesta—, yo no quería irme a casa ni de broma.» Incluso si tomar una decisión no aporta ningún beneficio, las personas quieren tener la libertad de elegir: «Los animales y las personas demuestran una preferencia por elegir frente a no elegir, incluso cuando dicha elección no confiere ninguna recompensa adicional», apuntó el investigador Mauricio Delgado en la revista *Psychological Science* en 2011.

«¿Sabes cuando estás en un atasco en la autopista y ves que hay una salida cerca y quieres irte a pesar de saber que probablemente tardarás más en llegar a casa? —dijo Delgado—. Es porque el cerebro se ha entusiasmado por la posibilidad de tomar el control. No llegarás a casa antes, pero te sientes mejor porque crees que controlas la situación[29].»

«Si hay una característica que tengan todos los jugadores del Barça es precisamente esa —afirma Iniesta—. Todos han hecho una elección, han elegido un compromiso. Puede parecer fácil llegar a la cumbre y mantenerse, jugar en la selección y ganar cosas, pero no lo es. Todos los jugadores que han logrado esas cosas la tienen: los grandes, los pequeños, los guapos, los feos, los amables, los que no lo son tanto…, todos tienen esa voluntad de tener éxito[30].»

Simon Sinek, autor de *Empieza con el porqué*, afirma que, debido al sistema límbico (un centro nervioso sepultado en lo profundo del centro prelingüístico del cerebro), lo que sentimos sobre algo es más importante que lo que pensamos sobre eso. «Lo que me interesa —dice Sinek— es lo que hace que la gente se levante todos los días para hacer algo, quizá pagar una prima, quizá sufrir una molestia, porque hay algo que les motiva. ¿Qué es? Lo que he aprendido es que el porqué tiene un imperativo biológico, nos mueve, nos inspira[31].»

---

29. Lauren A. Leotti y Mauricio R. Delgado, «The Inherent Reward of Choice», *Psychological Science* 22, 10, 2011, pp. 1310–1318; Lauren A. Leotti y Mauricio R. Delgado, «The Value of Exercising Control over Monetary Gains and Losses», *Psychological Science* 25, 2, 2014, pp. 596–604.

30. «Football isn't a science.»

31. Simon Sinek, *Empieza con el porqué*, Empresa Activa, Madrid, 2018.

Antes de que podamos ver los requisitos para crear una cultura ganadora, tenemos que ser capaces de responder a esta pregunta: ¿por qué quieres hacerlo?

Ejercicio:
¿Cuál es tu nivel de compromiso?

¿Quieres crear una cultura de alto rendimiento? Entonces, comprométete.

Muchos emprendedores de éxito con los que he trabajado en negocios, al contrario de lo que se cree, no tienen la cabeza llena de ideas ni son genios creativos. Solamente tienen una idea con la que se comprometen completamente. Tienen un nivel de concentración y una idea que los impulsa hasta que su empresa da frutos. El compromiso no te garantiza el éxito. Sin embargo, puedes estar seguro de que te da la mejor oportunidad de lograrlo.

El compromiso puede ser extrañamente liberador. Una vez que nos comprometemos, nos concentramos completamente en lo que intentamos lograr. Nos aleja de las distracciones.

Piensa en todos los roles que tienes en la vida: padre, esposo, hermano, compañero, mentor, amigo. Nuestro problema es que mezclamos dichos roles. Estamos jugando con los niños mientras hablamos por teléfono sobre un asunto del trabajo; estamos oyendo a nuestra pareja mientras escribimos un correo electrónico a un amigo. Cuando nos comprometemos con uno de estos roles en un momento dado, tenemos la libertad de concentrarnos, es decir, nos podemos dedicar a ese rol en ese momento dado. Las distracciones son como las máquinas tragaperras de los bares, el ruido de las campanas y las luces que parpadean hacen que mires por el rabillo del ojo y captan tu atención.

Intenta ponerte las manos sobre los ojos, como si estuvieras aguantando unos prismáticos, y concéntrate en algo que esté a tres metros de distancia y que sea del tamaño de una moneda pequeña. Normalmente, al cabo de menos de un minuto te fijarás en otras cosas de las áreas periféricas: alguien o algo se mueve o parece que se mueve. Si empiezas a levantar las manos hasta que solamente mires por un ojo, como si miraras por un telescopio, verás que es más fácil concentrarse en el mismo punto durante más tiempo. Al reducir el foco, mantienes la atención.

Antes de empezar cualquier cosa (leer este libro, crear una cultura ganadora, empezar tu rutina diaria), debemos comprender que hay tres niveles de compromiso esenciales.

Nivel 1: Te presentas en el sitio. Haces el trabajo exactamente como te dicen; ni más, ni menos. Mejoras un poco.

Nivel 2: Te presentas en el sitio. Haces el trabajo y te concentras en ciertas tareas que te ayudarán a lograr tu objetivo. Te presionas a ti mismo, piensas con detenimiento en lo que haces. Mejoras mucho.

Nivel 3: Te presentas en el sitio, después de haber pensado en cómo lo que vas a hacer ese día encaja en el objetivo más grande que quieres lograr. Trabajas muy duro, te obligas a ir a la zona de incomodidad una y otra vez, con un compromiso completo. Más adelante, reflexionas y analizas tu rendimiento con una mirada fría y objetiva. Mejoras mucho, creando lo que Vern Gambetta, un conocido coach y consultor deportivo, denomina «el salto cuántico»[32].

Una de las razones por las que me gusta este concepto es que nos lleva a una idea más concreta de elección y compromiso deliberados. Decidir y medir la cantidad de tiempo y energía totales que se ponen en el proceso de mejorar o, en este caso, entender cómo crear una cultura ganadora.

También me gusta porque acepta la idea de que parte del trabajo más vital sucede lejos del lugar de trabajo, en el tiempo que utilizamos para reflexionar, planificar, trazar una estrategia y averiguar respuestas honestas a estas tres preguntas sencillas pero inmensamente difíciles a las que nos enfrentamos todos los días: ¿dónde estamos ahora mismo? ¿Dónde queremos estar mañana? ¿Por qué queremos llegar allí?

Utilizo este ejercicio con equipos deportivos de élite, que lo han aceptado al pedir regularmente a los deportistas que evalúen qué nivel tenían como objetivo antes de la sesión y qué nivel alcanzaron después, y por qué.

---

32. Vern Gambetta, *The Gambetta Method: Common Sense Training for Athletic Performance*, Gambetta Sports Training Systems, Florida, 2002.

Es una forma fantástica de obligarlos a hacer una elección clara y considerada sobre su propio enfoque, y también facilita conversaciones constructivas entre el deportista y los entrenadores. Hace hincapié en el control que tienen sobre su rendimiento (tan amado por la mente humana) y también sobre lo que no pueden controlar, y lo hace de una forma más efectiva que una crítica unidireccional de un entrenador.

Antes de seguir leyendo, plantéate: ¿cuál es tu nivel de compromiso?

PARTE 1

Visión Global

Més que un club

«Más que un club»

Imagínate que vas a construir una casa nueva. Primero, un arquitecto se encarga de hacer los planos, y luego empieza la fase de construcción. En cada etapa del proceso puedes confiar en que, siguiendo los planos con cuidado, al final tendrás una casa que haga realidad la visión original del arquitecto.

En este libro, veremos la forma de conseguir que un equipo de personas se comprometan psicológicamente a convertir en realidad esta visión de una cultura de compromiso (la Visión Global).

Hay cuatro factores para crear dicha cultura:

1. **Imaginación:** hace referencia a vender una visión de lo que intentas lograr y por qué. Al captar la imaginación de la gente con «lo que podría ser», puedes obtener un compromiso emocional.

2. **Ilustración:** es la parte en la que muestras a la gente cómo lo vas a hacer. Incluye estrategia y tácticas. En esta fase, debes demostrar que hay un método y un enfoque dirigidos a lograr los objetivos que has declarado.

3. **Participación**: significa permitir la contribución de las personas. No es necesariamente una etapa en la que haya democracia, sino más bien consultas y coautorías. Animar a la gente a implicarse en el plan y la táctica es una forma fantástica de conseguir esta participación. Tener ideas alineadas es clave para lograr apoyo y comprensión.

4. **Integración**: consiste en convertir la visión en una realidad y garantizar que incluye tu forma de hacer las cosas. Es un cambio cultural y operativo a la vez. Establecer una forma de hacer las cosas refleja directamente el tipo de entorno que quieres crear.

Describiremos las dos primeras etapas (imaginación e ilustración) en este apartado, y la tercera y la cuarta, en el resto del libro.

1
El poder de preguntar «¿por qué?»

El pegamento emocional de cualquier cultura (ya sea religión, nación o equipo) es su sentido de la identidad y el propósito. Como seres humanos, nos identificamos más profundamente con las cosas que consideramos importantes para nosotros, en concreto, con nuestros valores más profundos. Y este tipo de importancia personal tiene el poder emocional de moldear el comportamiento.

Esta fusión de significado personal y objetivo público es un concepto en el que se concentran todos los grandes equipos, casi hasta la obsesión. El significado personal es nuestra forma de conectar con un objetivo de equipo más amplio. Al fin y al cabo, si nuestros valores y nuestras creencias están alineados con los de la organización, parece razonable pensar que trabajaremos con más ahínco para lograr su éxito. De lo contrario, nuestra motivación y nuestro propósito individual se resentirán y, en consecuencia, también se verá afectada la organización.

Los buenos líderes entienden esta idea y se esfuerzan por crear un sentido de conexión, colaboración y comunión dentro de su organización. El propósito se refiere a una meta general, algo que está por encima de las cuestiones prácticas diarias de la organización. Este propósito más grande impulsa la motivación intrínseca de un individuo y establece tanto un sentido de la pertenencia como una razón para hacer sacrificios para lograr los objetivos del individuo y de la organización.

Tan grande es el concepto de «identidad» en la cultura organizativa que las consultoras de marca, las agencias de publicidad y los especialistas en compromiso compiten por la oportunidad de definirla y ofrecerla. Lograr una buena identidad conlleva una inversión considerable de tiempo y reflexión. Sin embargo, establecer una «Visión Global» clara de tu propia organización tiene su recompensa: todo lo demás (estrategia empresarial, visión, valores y propósito) deriva de ella. Cuando la Visión Global está fusionada con la identidad, el diseño, la publicidad y las comunicaciones de la empresa, puede ofrecer potentes cambios de mentalidad y comportamientos en el seno de equipos y organizaciones.

El neurocientífico Wolf Singer hizo un descubrimiento interesante a mediados de la década de 1990: había identificado un patrón concreto de ondas cerebrales cuyo propósito parecía dirigido a conectar distintas actividades dentro del cerebro para crear un sentido de coherencia. Vio que, cuando la gente percibía que algo era significativo, había grupos de neuronas de distintas partes del cerebro que realizaban un impulso sincronizado misteriosamente. Se observaban estas oscilaciones de alto nivel al pronunciar una palabra con sentido; en cambio, no aparecían cuando se decía algo que no significaba nada. Era como si aquellas ondas tuvieran la función clave de hacer que el flujo de datos que llegaba al cerebro tuviera sentido. Resulta interesante que, cuando una persona obtiene información nueva, se produce un salto en la frecuencia de estas «ondas significativas». Esta forma de actividad cerebral es muy distinta a los impulsos en serie de neuronas que se asocian con otras actividades mentales. Por lo tanto, nuestro cerebro busca constantemente un sentido (una coherencia) a nuestras actividades diarias[33].

En la misma época, el neurólogo V. S. Ramachandran descubrió que, cuando pedían a alguien que pensara en áreas de su vida que fueran significativas, se activaba una parte concreta de los lóbulos temporales. Además, estableció que, cuando se activa esta área del cerebro, la persona experimenta un fuerte sentido de la conexión y la unidad con los demás[34].

Durante años, los médicos han sabido que los pacientes que sufren de epilepsia del lóbulo temporal a veces experimentan un enorme sentido de la espiritualidad y, en ocasiones, ideas grandilocuentes sobre sí

---

33. Wolf Singer, «Neuronal Synchrony: A Versatile Code for the Definition of Relations?», *Neuron* 24, 1, 1999, pp. 49–65, III–25.

34. V. S. Ramachandran y S. Blakeslee, *Phantoms in the Brain: Probing the Mysteries of the Human Mind*, William Morrow and Company, Nueva York, 1998.

mismos y sus objetivos. Sin embargo, en determinados estudios actuales se ha observado que un sentido profundo del significado, el propósito y la unidad se podían producir prácticamente en cualquier persona cuando se estimulaba esta área en concreto. En nuestro caso, este efecto se puede lograr introduciendo en las rutinas y las actividades diarias una conexión clara que contribuya a la Visión Global.

Dedica entre diez y quince segundos, no más, a estudiar las letras que aparecen más abajo. Después, cierra el libro, busca una hoja y escribe todas las letras que puedas recordar.

JFKFBIOTANUPSNASAIVA

Si eres como la mayoría de las personas, probablemente habrás recordado entre siete y diez letras. No es mucha información.

Ahora, intenta hacer el ejercicio otra vez. He hecho un cambio. Las letras y la secuencia son las mismas. Lo único que he modificado es que las he agrupado de otra forma. Vuelve a estudiar las letras entre diez y quince segundos, cierra el libro y comprueba lo que recuerdas.

JFK   FBI   OTAN   UPS   NASA   IVA

Es probable que esta vez te haya ido mucho mejor. De repente las letras significaban algo, lo que hacía que fueran más fáciles de recordar. La primera vez, tu cerebro se estaba esforzando por recordar datos en bruto. En cambio, la segunda vez podías verlos con perspectiva: John F. Kennedy, el FBI, la Organización del Tratado del Atlántico Norte, la empresa de mensajería UPS, la NASA o el Impuesto sobre el Valor Añadido. Al estar agrupadas de esta forma, estas letras se convierten en acrónimos que te resultan familiares.

Por lo visto, el cerebro humano está diseñado para esforzarse para producir un sentido de coherencia y significado y para responder positivamente a este sentido cuando surja. Por esa razón, invertir tiempo en dibujar la Visión Global es tan esencial para la creación de una cultura de alto rendimiento.

El consenso emergente es que, desde un punto de vista evolutivo, el impulso por la contextualización y la coherencia es una herramienta esencial para tratar con un entorno complejo y desconcertante. Buscar significado a través de un sentimiento positivo del propósito también crea un sentido de insatisfacción con el *statu quo*, lo que, a su vez, nos lleva a innovar y lograr hacer algo más con nosotros mismos y el mundo.

Nada de esto habría sorprendido al famoso psicoanalista Viktor Frankl, que escribió hace más de sesenta años que es la búsqueda de significado (no de placer, poder, estatus ni riqueza) lo que nos define como seres humanos. Frankl quería decir que, en un sentido fundamental, la persona está motivada para dar sentido a su vida y encontrar un propósito más elevado que pensar en sus necesidades básicas. Quiere encontrar las respuestas a «¿por qué?» y «¿para qué?» Frankl creía que, si una persona podía responder a estas preguntas, podría soportar los retos a los que se tendría que enfrentar inevitablemente a lo largo de la vida.

Las autoridades nazis confiscaron el manuscrito del primer libro de Frankl sobre este tema, *Psicoterapia y existencialismo*, cuando fue enviado a un campo de concentración. En aquel entorno insólito (y hostil), Frankl aprendió a poner sus ideas a prueba. Descubrió que, incluso en una situación en la que no se satisfacían algunas de las necesidades humanas más básicas (seguridad, casa y comida), era la creación de significado lo que ayudaba a las personas a sobrevivir. Frankl creó un significado personal al asumir la tarea de «proporcionar apoyo mental a los necesitados». Animó a los demás a concentrarse en la idea de que «todo el mundo tiene algo o a alguien que le está esperando». Incluso para los que creían que no sobrevivirían al campo de concentración, procuró crear un significado haciendo que pensaran en cómo las personas que podrían estar esperándolos esperarían que se comportaran. También los animó a visualizar la vida fuera del campo de concentración y a considerar qué podrían aprender de la experiencia y cómo harían que les sirviera para algo.

En su libro, publicado en 1946, animaba a las personas a redefinir su vida diciéndoles que pensaran menos en lo que esperaban ellas de la vida y se preguntaran qué esperaba la vida de ellas. Frankl sobrevivió al campo de concentración e hizo un buen uso de su aprendizaje creando la logoterapia, una técnica destinada a superar problemas psicológicos concentrándose en la creación de significado.

Una parte importante del pensamiento de Frankl es que el significado no aparece simplemente como una revelación repentina, sino como algo que la gente debe crear y en lo que debe trabajar continuamente. La creación de significado se basa en cómo piensa la gente en sus actividades. A Frankl le gusta citar a uno de sus pacientes: «Una persona que supone que la vida consiste en ir de un éxito a otro es como un tonto que está junto a una obra y niega con la cabeza porque no comprende por qué alguien excava profundos agujeros en la tierra cuando quiere construir una catedral»[35]. Como veremos, los cimientos de la catedral del Fútbol Club Barcelona están enterrados profundamente en su historia.

El psicólogo Abraham Maslow tomó varias de las teorías de Frankl y las desarrolló. En su texto rompedor sobre la jerarquía de las necesidades humanas, Maslow afirmaba que existen unas necesidades básicas que debe satisfacer una persona: alimento, seguridad y techo. Además, también aspira a tener compañía y sentido de pertenencia y, en última instancia, a la autorrealización. Según Maslow, la satisfacción de esta última necesidad lograba que la persona se sintiera llena y que sintiera que tenía un significado verdadero. La autorrealización, para Maslow, se daba cuando los individuos conectaban con los aspectos únicos de sí mismos y podían contribuir a la sociedad de una forma específica: «Un músico debe hacer música, un artista debe pintar, un poeta debe escribir poesía; para poder estar en paz consigo mismo, lo que pueda ser un hombre, debe serlo»[36].

Según Maslow, obtienes significado cuando te esfuerzas por ser lo que puedes ser, no al encontrar la paz ni al lograr el equilibrio adecuado entre vida y trabajo. Si preguntas a los demás cuándo se han sentido mejor consigo mismos, normalmente escogen situaciones en las que se

---

35. Viktor E. Frankl, *El hombre en busca del sentido último*, Paidós Ibérica, Barcelona, 2012.

36. A. Maslow, «A Theory of Human Motivation», *Psychological Review*, 50, pp. 370-396; A. Maslow, *Motivación y personalidad*, Díaz de Santos, Madrid, 2014.

enfrentaron a más dificultades y tuvieron que excavar hondo para encontrar respuestas. También es interesante apuntar que un rasgo común de muchas de las empresas que, según *Fortune*, «son las mejores empresas para los trabajadores» es que imponen culturas en las que la gente debe esforzarse al máximo.

En *Empresas que sobresalen*, su estudio sobre cómo surgen las grandes organizaciones, Jim Collins lo describió como la «dimensión extraordinaria», una filosofía orientativa que consiste en valores centrales y un propósito central más allá de ganar dinero. Él cree que un propósito impresionante y convincente al que uno se adhiere de forma auténtica y rigurosa es un motor fundamental de las empresas que pasan de ser buenas a ser excelentes[37]. Como veremos, el nombramiento de Pep Guardiola formaba parte del plan deliberado del Barcelona de reconectar con su propio propósito, y logró resultados espectaculares.

Por esta razón, las conversaciones sobre el significado han pasado de ser temas secundarios a cobrar todo el protagonismo. Veamos algunos ejemplos del tipo de declaraciones de propósito que han hecho distintas empresas:

GlaxoSmithKline: mejorar la calidad de la vida humana y permitir que la gente haga más, se sienta mejor y viva más tiempo

Walt Disney: hacer feliz a la gente

The John Lewis Partnership: la felicidad de sus miembros [todo el personal es también accionista] a través de un empleo satisfactorio y que vale la pena

Microsoft: posibilitar que personas y empresas de todo el mundo desarrollen todo su potencial

Google: organizar la información del mundo, haciéndola útil y accesible de forma universal

---

37. Jim Collins, *Empresas que sobresalen*, Gestión 2000, Barcelona, 2007.

El F. C. Barcelona está impulsado quizá por el propósito más motivador de todos: juega por Cataluña; juega por la libertad.

El F. C. Barcelona, más que un club de fútbol

Para comprender este propósito, nos tenemos que remontar al 11 de septiembre de 1714, una fecha que marcó el fin del asedio de Barcelona, cuando la ciudad cayó ante el rey Felipe V de España. En resumen, los catalanes habían elegido el lado equivocado en una guerra de sucesión real, pero la batalla se llegó a considerar un momento crucial para la «nación», el punto en el que se perdió la «independencia». En todos los partidos que se juegan en casa, aumentan los cánticos por la independencia de Cataluña cuando el reloj marca 17 minutos y 14 segundos. Todavía se utiliza esa fecha como día nacional de Cataluña y se puede considerar que «celebra» una derrota, un hecho que no se les escapa a muchos tanto dentro como fuera de Cataluña. Se considera algo simbólico de la mentalidad catalana y, como tal, refuerza la idea de Madrid como enemigo natural.

Felipe V abolió las instituciones políticas catalanas y prohibió la lengua catalana en las escuelas, con lo que prácticamente acabó con las aspiraciones catalanas hasta la Renaixença, o renacimiento cultural durante la segunda mitad del siglo XIX. Se estableció un parlamento catalán, la *Mancomunitat*, en 1914, pero fue abolido por la dictadura del general Miguel Primo de Rivera solamente diez años después, en 1923.

Con la caída de Primo de Rivera del poder en 1930, la llegada de la Segunda República, la primera democracia real de España, garantizó que se concediera a Cataluña un gobierno autónomo. Sin embargo, la brutal Guerra Civil española entre 1936 y 1939, y la posterior dictadura del general Francisco Franco, acabaron con aquella ambición de autonomía. La España de Franco se basaba en la centralización y la homogeneización étnica, cultural y lingüística. Cualquiera que la cuestionara, como la gente de Barcelona, que quería que sus dialectos, culturas e identidades individuales se reconocieran oficialmente, era reprimido. Desde la muerte de Franco en 1975, Cataluña ha restablecido poderes autónomos significativos, pero, según encuestas recientes, más del 50 por ciento de los catalanes todavía quieren la independencia total de España.

En octubre de 2017, el Gobierno español declaró ilegal el referéndum de independencia convocado por el Gobierno catalán, y la Policía Nacional y la Guardia Civil fueron enviadas a Cataluña para desmantelarlo. Las imágenes de violencia de policías con equipo antidisturbios lanzando balas de goma y rompiendo las puertas de los colegios electorales viajaron por todo el mundo. El Gobierno catalán afirmó que hubo 850 heridos. «Hicimos lo que teníamos que hacer», declaró el presidente español Mariano Rajoy. Josep Maria Bartomeu, presidente del club, decidió jugar el partido contra Las Palmas a puerta cerrada, como forma de defender su postura. «¡Votar es democracia!», dijo el exjugador del Barcelona Carles Puyol.

El F. C. Barcelona es una extensión de la identidad catalana. En la mente de muchas personas, esta batalla política ahora se juega en el campo de fútbol. El defensa del Barça Gerard Piqué dijo una vez que el enfrentamiento entre el Barcelona y el Real Madrid (considerado el equipo favorito de Franco) es el de Cataluña contra España. Joan Laporta, el expresidente del club, no tiene ninguna duda: «En cierto nivel, es verdad —afirma—. Es una confrontación con connotaciones políticas. Madrid siempre ha representado a España y nosotros siempre hemos representado a Cataluña».

No verás a mucha gente en Cataluña insistiendo, como hacen en España, en que el deporte y la política no se deberían mezclar. Te guste o no, el deporte y la política se mezclan, especialmente aquí. El simbolismo es inevitable y no hay ningún partido tan impregnado de política como el clásico, cuando se enfrentan el Real Madrid y el F. C. Barcelona. «Son los dos equipos más grandes del mundo —afirma Pichi Alonso, un jugador del Barça que se convirtió en entrenador del equipo "nacional" catalán—, pero el Barcelona tiene una importancia social. En Barcelona tienes una sensación de identificación total con el club. Significa mucho para la sociedad catalana.»

«Cada vez que juegan el Madrid y el Barcelona, se convierte en una rebelión contra el *stablishment*», afirma el exdelantero del Barça Hristo

Stoichkov. Cuando el Barcelona se enfrenta al Madrid, según muchos culés (aficionados leales al Barça), es la nación contra el Estado, los que luchan por la libertad contra los fascistas del general Franco, los vencidos de la Guerra Civil española contra los vencedores; una confrontación representada por el asesinato del presidente del F. C. Barcelona, Josep Sunyol i Garriga, a principios de la Guerra Civil, en 1936. Bobby Robson, que fue director técnico del club en la temporada 1996-1997, afirmó: «Cataluña es un país y el Barcelona es su ejército». Esta es la causa (el elemento «por qué» de la Visión Global) que todos los fichajes del F. C. Barcelona están obligados a suscribir.

El mensaje se transmite pronto: una historia para niños del F. C. Barcelona, que incluye un prólogo del expresidente Rosell, tiene un relato explícitamente político. Los dibujos representan a guardias civiles españoles armados cerrando el estadio del club, escenas de la Guerra Civil y la policía de Franco entrando al terreno de juego en el Camp Nou con porras en la mano. Son imágenes potentes que tienen como objetivo incrustar el propósito en el fondo de la conciencia lo antes posible.

El expresidente del Barcelona, Joan Gaspart afirma: «La historia nos ha transformado en algo que es más que un club de fútbol. El Barça es la defensa de un país, un idioma, una cultura. El Barcelona se sentía perseguido». Joan Laporta, el hombre que relevó a Gaspart en la presidencia, describe al Barcelona como un equipo nacional catalán no oficial.

Desde el primer momento en el que un jugador joven llega al club, la actitud requerida se refleja y, quizás, incluso queda resumida en la famosa frase *Més que un club* (Más que un club). La Visión Global está ahí para guiar todas las actividades.

El origen del eslogan en sí puede que se remonte al expresidente Narcís de Carreras, que, en enero de 1968, se dice que comentó: «El Barcelona es algo más que un club de fútbol, es un espíritu que está dentro de nosotros, unos colores que queremos por encima de todo lo demás». Dieron una gran difusión a esta frase cuando pidieron al ejecutivo publicitario Javier Coma que creara un eslogan que expresara qué era el Barcelona para el Día Mundial del Fútbol celebrado en el Camp Nou en 1974. El anuncio de página completa apareció en la página dos de *La Vanguardia*, con el titular, escrito en castellano: «El Barça es más que un club». «El Barça es más que un club: tiene un significado emocional y cultural que va más allá de lo que es normal para una asociación deportiva», decía el texto.

El eslogan llegó a ser la representación del F. C. Barcelona, y continúa siéndolo hoy en día. Está escrito en catalán, y *Més que un club* es ya una marca registrada, presente en las publicaciones oficiales del club, desde los comunicados hasta las fichas de alineación. Se extiende por los fondos de las salas de prensa y los puntos de reunión de los estadios. Cuando le preguntaron cómo definiría al Barcelona, Laporta, sentado en el sofá de su oficina, sonrió con la satisfacción de un hombre que está a punto de dar la respuesta perfecta: «*Més que un club*»[38].

Ejercicio:
¿Cuál es tu propósito?

Tu causa, tu Visión Global, puede que no tengan la repercusión histórica o política del F. C. Barcelona; sin embargo, he establecido otros seis tipos de propósitos que todavía pueden inspirar a otros de verdad. ¿Con cuáles os identificáis más tú (y tu equipo)?

1. **Universalización:** Un propósito basado en la universalización es esencialmente un conjunto de aspiraciones destinadas a aportar cosas que disfrutan algunas personas o una parte concreta de la comunidad mundial a las personas que antes se las perdían. El propósito de Walmart, «Permitir que la gente común experimente las mismas cosas que la gente rica», es un ejemplo de universalización. Un ejemplo parecido es el de Henry Ford. Quería que los automóviles fueran accesibles a todo el mundo. Y el motor de búsquedas de Sergy Brin y Larry Page de Google era posibilitar el acceso libre a hacer búsquedas en Internet; pensaron en ganar dinero en una etapa posterior.

---

38. Sid Lowe, *Miedo y asco en la Liga*, Léeme, Alcalá de Henares, 2014.

2. **Innovación:** Ser vanguardista, innovar y desarrollar cosas que nadie haya hecho antes puede mejorar significativamente la motivación de las personas. Un ejemplo sería el deseo de Apple de romper las reglas convencionales y llegar a donde nadie ha llegado antes, algo capturado memorablemente en sus campañas «Think Different».

3. **Responsabilidad global:** Un propósito basado en cuestiones globales ha sido adoptado por algunas empresas para dar a sus actividades un significado mayor. El ecologismo y las necesidades de personas desfavorecidas de la sociedad son dos aspectos clave de este propósito. Ambos se encuentran en la redefinición de BP al decir que la empresa está «más allá del petróleo» y su deseo de buscar una ventaja mutua al tratar con los países productores.

4. **Excelencia:** Empresas como Toyota y BMW enmarcan sus propósitos en la búsqueda de la perfección. Ser realmente brillante en el propio trabajo impulsa a gente de todos los niveles en esas empresas. Toyota afirma que su propósito es «aportar a la sociedad la fabricación de bienes y servicios de alta calidad»[39]. Esta afirmación aparentemente inofensiva, cuando se llega a su conclusión lógica, conduce a una cultura obsesionada con la calidad y la mejora continua.

5. **Reto fresco:** Un propósito basado en ser el débil que aporta retos frescos también puede ser convincente. Cuando una empresa lucha contra las fuerzas de la arrogancia, la complacencia y las tendencias anticompetitivas mostradas por jugadores más grandes y más establecidos, puede abrir el apetito de todos los empleados. Incluso puede hacerlo si tu empresa gana un asiento en la mesa principal.

    El reto fresco es el motor clave de Virgin. David Silverberg capturó la esencia de Richard Branson y su grupo de empresas en un artículo para Digital Journal. Silverberg señaló que cuando Branson recopiló pruebas de que British Airways, mucho mayor que Virgin, estaba «des-

---

[39]. J. K. Liker, *Las claves del éxito de Toyota: 14 principios de gestión del fabricante más grande del mundo*, Gestión 2000, Madrid, 2010.

prestigiando» a Virgin Airlines, él «defendió a su empresa como si estuviera protegiendo a su hijo de un grupo de niños abusones». Cuando ganó el juicio, dividió aquella ganancia inesperada con todo su personal. «Branson –señala Silverberg– ha definido a Virgin como un David que lucha contra Goliats corporativos[40].» Y ha seguido haciéndolo a pesar de haber llegado a ser un Goliat.

6. **Valores humanos:** Hoy en día, un propósito basado en tratar a la gente bien tiene cada vez más repercusión. Esta era la misión de The Body Shop en sus inicios. Un enfoque parecido es el de Starbucks, que no solamente habla de la importancia de sus empleados («Somos una empresa de personas que sirven café, no un negocio en el que hay personas que sirven café», aclaraba Howard Schultz, el fundador de la empresa) sino también de lo bien que trata a sus proveedores. Como prueba de sus valores, Starbucks proporciona los mismos beneficios de los trabajadores a jornada completa a sus trabajadores a jornada parcial.

El peligro de no tener en cuenta la Visión Global

Charles Handy, el experto en comportamiento organizativo, nos recordó la necesidad de controlar y refrescar constantemente la Visión Global antes de que la curva se eleve hasta un punto máximo y luego descienda. Handy sugiere que hay una curva con forma de S plana en el lado que gobierna la mayoría de las cosas de la vida. Existe cierto movimiento al principio y, después, un ascenso significativo hasta un punto máximo (redondo), seguido por una disminución. Handy sugiere que la clave es refrescar la situación justo antes de que se produzca el pico absoluto[41]. Cuando las organizaciones, como el F. C. Barcelona, no realizan esta acción con la Visión Global, normalmente aparecerán problemas culturales más amplios.

---

40. D. Silverberg, «Sir Richard Branson's Virgin Territory», digitaljournal.com, 22 de abril de 2005.
41. Charles Handy, *La edad de la paradoja*, Apóstrofe, Madrid, 1996.

Los dos síntomas más comunes de que la gente pierde de vista la Visión Global como punto de referencia central de su cultura suelen manifestarse en distintas muestras de complacencia. El primer signo revelador es una tendencia creciente a la autoparodia. Errol Flynn dijo: «El problema con Humphrey Bogart es que, después de las once de la noche, se cree que es Humphrey Bogart». Cualquier líder puede experimentarlo: la gente responde a las cosas que haces, de forma positiva y negativa, y poco a poco les das más de lo que quieren (quizá de manera inconsciente). Pero sucede. Te conviertes en lo que la gente cree que eres, y no en lo que tú quieres ser.

En el campo de los negocios puede ser un manierismo de comportamiento, un factor relacionado con el estilo o una forma concreta de trabajar, pero lo que antes era intuitivo ahora se ha convertido en una fórmula. Es un tira y afloja: el líder lo proporciona, la gente reacciona de forma positiva a ello y espera más de lo mismo. Así que se proporciona más, aunque las circunstancias no sean igual de apropiadas, y el ciclo se repite hasta que la distorsión es evidente. Lo superficial sustituye a lo sustancial, y el dogma sustituye al análisis.

La organización Disney sucumbió a su propia versión de esta miopía en los años posteriores a la muerte de Walt Disney. El propósito de la empresa, su Visión Global, «Hacer feliz a la gente», siempre fue una frase demasiado general para ser su verdadero motor corporativo. Se podría haber descrito de una forma más precisa como un «impulso arraigado para innovar en el entretenimiento familiar». Fue este espíritu radical el que llevó a Walt Disney a crear los primeros largometrajes de animación y las atracciones innovadoras de los parques temáticos de Disney. Esta innovación constante, y la voluntad de reinventar antes de que la curva del progreso descendiera, dieron lugar a uno de los eslóganes de la empresa.

Después de que *Los tres cerditos* de Disney ganara el Oscar en 1933 al mejor cortometraje de animación, continuó batiendo récords de taquilla como los dibujos animados con más éxito hasta aquel momento. La revista *Variety* declaró: «*Los tres cerditos* ha demostrado ser la película más magnífica de la historia. Es única porque es una película animada que dura menos de diez minutos, pero consigue una taquilla comparable a un largometraje, como demuestran las numerosas reposiciones». Preguntaron a Disney varias veces si aprovecharía el tirón para lograr más oportunidades comerciales y si haría una segunda parte. «No se pueden superar a los cerditos con más cerditos», fue su escueta contestación[42].

Durante su período en la junta de la empresa, el sobrino de Walt Disney, Roy, se quejó regularmente de que los problemas de rendimiento de la empresa se debían al propósito original que había sido sustituido por un impulso más mecánico que buscaba el éxito comercial. Los productos repetitivos (intentos de superar a cerditos con más cerditos) y la preocupación por las primas a los ejecutivos parecían ser una prioridad y ralentizaron la innovación. «Sentía que, desde el punto de vista creativo, la empresa no iba a ninguna parte interesante. Era muy asfixiante», afirmó.

En consecuencia, Disney permitió que Pixar, el pequeño estudio de animación de California, lo sustituyera en su rol de innovador del entretenimiento familiar en la era digital; un error que Disney tuvo que corregir finalmente a través de una adquisición cara del estudio en 2006.

Como veremos, el F. C. Barcelona, en varios puntos de su historia, ha permitido que su propósito perdiera el rumbo. Estos períodos, caracterizados por luchas internas y puñaladas por la espalda, se suelen manifestar en un descenso en el rendimiento del equipo. La concentración en la Visión Global (jugar fútbol bonito para Cataluña) en ocasiones se había visto desdibujada por la preocupación de hacerse la víctima frente a la fuerza y el éxito aparentemente injustos del Real Madrid, una enfermedad que Johan Cruyff denominaba «Madriditis».

El segundo síntoma es la búsqueda de zonas de confort. «El tipo de pensamiento opuesto —según Barry Gibbons, exdirector de Burger King— que llevó a Miguel Ángel a pintar el techo de la Capilla Sixtina y no el suelo[43].»

---

42. http://www.keytothekingdombook.com/wordpress/2012/08/theforgotten-tale-of-walt-disneys-three-little-pigs/

43. Barry Gibbons, *If You Want to Make God Really Laugh Show Him Your Business Plan*, Capstone, Minnesotta, 1999.

Theodore Levitt, un profesor de negocios de Harvard, investigó las zonas de confort en un artículo ampliamente citado e incluido en antologías publicado por primera vez en 1960[44]. Nos recuerda la necesidad de que los líderes de una organización refresquen o reinventen el propósito justo antes de que se llegue al punto máximo absoluto.

Un ejemplo de error de un sector es el queroseno, que no creció debido a una visión del mercado limitada. A principios del siglo XX era uno de los sectores más potentes y ricos del mundo, pero prácticamente había desaparecido al cabo de dos décadas. Los líderes del sector creían que estaban en un sector que les pertenecía y que, mientras continuaran haciendo lo que hacían, tendrían éxito. Si hubieran dedicado tiempo a reflexionar sobre sus ideas e identificar su Visión Global real habrían reconocido que, de hecho, formaban parte de un sector de la iluminación más amplio (la mayor parte del queroseno se utilizaba para encender lámparas de aceite). Cuando aparecieron métodos de iluminación más baratos y limpios (el gas y la electricidad), los líderes del queroseno no pudieron adaptarse y evolucionar, promocionando nuevos usos de su producto o evolucionando a conglomerados de energía.

Levitt explora varios sectores que tuvieron dificultades porque su visión era demasiado cortoplacista. Las compañías ferroviarias las tuvieron porque estaban en la industria ferroviaria, y no en el negocio del transporte. En la década de 1930, Hollywood cayó en picado durante una temporada porque seguía convencido de que estaba en el negocio del cine y no en el del entretenimiento popular. Si lo hubieran entendido bien, los líderes de las compañías ferroviarias habrían fabricado coches y aviones y los estudios de Hollywood habrían invertido en la televisión.

Después de estar en cartelera diez años, con un éxito de taquilla constante, Cameron Mackintosh, productor de *Cats*, sorprendió al mundo del espectáculo al despedir a más de un tercio del reparto. Dijo que había visto signos de «largoplacitis», el tipo de familiaridad que significa que fijas objetivos de rendimiento complacientes que sabes que serán

---

[44]. Theodore Levitt, «Marketing Myopia», 1960; Harvard Business School Press, 1 de junio de 2008.

cumplidos (tanto por tu parte como por la del equipo) prácticamente por el mero hecho de presentarse a trabajar.

La «largoplacitis» es un cargo que se podría imputar al equipo del Barcelona durante la última temporada de Frank Rijkaard, 2007-2008. La tarea de representar a Cataluña de una forma adecuada (a través de trabajo en equipo, la humildad y el fútbol de toque) había empezado a ser erosionada por intereses personales y comportamientos destructivos cada vez más frecuentes. La Visión Global colectiva había sido sustituida por retratos individuales. Como dijo Txiki Begiristain: «Frank admitió que le encantaba el grupo de jugadores que habían hecho tanto por él. Se mostraba reacio a romper el equipo». «El problema no era de talento, sino de compromiso —añade Soriano—. Tuvimos que cambiar al líder[45].» Si los líderes pierden de vista la verdadera causa que impulsa a una organización o, simplemente, no saben cuál es, se suele perder el rumbo del propósito.

Ejercicio:
¿Por qué? ¿Por qué? ¿Por qué? ¿Por qué? ¿Por qué?

Si puedes reconocer uno o ambos síntomas infiltrándose en tu mundo, este es un ejercicio utilizado por la empresa de diseño puntero IDEO y ofrece una forma sencilla de conectar el propósito (o el porqué) de cualquier tarea con la Visión Global.

Instrucciones:

1. *Antes de empezar cualquier tarea, pide a la persona responsable de dicha tarea que describa su objetivo más importante en una frase.*

2. *Sea cual sea la respuesta, pregúntale «¿por qué?» otra vez (y escucha de verdad lo que responda).*

---

45. Damian Hughes, entrevista con Ferran Soriano.

3. *Para responder a dicha respuesta, pregúntale «¿por qué?» otra vez (y, de nuevo, escucha de verdad).*

4. *Repite hasta haber preguntado «¿por qué?» como mínimo cinco veces.*

Sí, esta actividad puede molestar a todo el mundo que haya en la sala, pero también te sorprenderías de lo que descubres. Como explica IDEO: «Este ejercicio obliga a la gente a examinar y expresar las razones subyacentes de su comportamiento y actitudes».

La técnica original fue desarrollada y perfeccionada dentro de la Toyota Motor Corporation como componente crítico de su formación para resolver problemas. Taiichi Ohno, el arquitecto de este método, lo describe en su libro *El sistema de producción Toyota: más allá de la producción a gran escala*: «Al repetir «¿por qué?» cinco veces, la naturaleza del problema y su solución se ven con claridad»[46].

La simplicidad de esta técnica se puede ilustrar con un ejemplo del mundo del deporte. Yo estaba ayudando a unos líderes ejecutivos a identificar cómo podían acabar con el descenso de los niveles de participación.

Problema: la participación en nuestro deporte falla

1. *¿Por qué falla la participación en nuestro deporte?*
    Porque cada vez hay menos gente joven que sustituya a los participantes de más edad que dejan el deporte por abandono natural.

2. *¿Por qué hay cada vez menos jóvenes que practiquen nuestro deporte?*
    Porque no lo consideran lo bastante emocionante.

3. *¿Por qué no lo consideran emocionante?*
    Hemos revolucionado la presentación de nuestro deporte y los actos de élite para hacerlos más atractivos a este público objetivo.
    Porque esta generación no conoce el enfoque nuevo y emocionante de nuestros actos y nuestro deporte.

---

46. Taiichi Ohno, *El sistema de producción Toyota: más allá de la producción a gran escala*, Gestión 2000, Madrid, 1991.

4. *¿Por qué no lo conocen?*
   Porque no les llegan nuestras comunicaciones en las que se detallan estas iniciativas nuevas.

5. *¿Por qué no les llegan nuestras comunicaciones?*
   Porque los más jóvenes no consumen los medios de comunicación en los que estamos activos, sino medios mucho más nuevos, que es donde consumen las noticias deportivas.

Solución: Tenemos que desviar nuestros recursos de comunicación a través de canales tradicionales e invertir en plataformas de medios de comunicación sociales.

La Visión Global del F. C. Barcelona, perdida y redescubierta

Como se ha mencionado anteriormente, el Fútbol Club Barcelona ha perdido de vista su Visión Global en numerosas ocasiones a lo largo de su historia, por ejemplo, hacia el final de la era Rijkaard. Sin embargo, el problema fue incluso más pronunciado cuando la temporada 1987–1988 llegaba a su fin. El Barcelona tenía el lamentable récord de ganar el título español solamente dos veces en los 28 años anteriores y la Madriditis parecía crónica. «No puedes ser una víctima y seguir siendo un ganador», señaló Johan Cruyff. El Real Madrid disfrutaba de un dominio del título y se preparaba para recoger el tercero de lo que sería el quinto título seguido. El Barça cojeaba hacia un sexto puesto, a pesar de haber sido finalista de la Copa de Europa con Terry Venables dos años antes. El club se había separado de Venables el año anterior y el éxito de su cargo se estaba desdibujando. «Un sentimiento de estancamiento se había empezado a fijar en el club», recuerda el periodista Sid Lowe[47].

El Gobierno español también estaba combatiendo la evasión fiscal y sus investigaciones revelaron que la mayoría de los jugadores del Barce-

---

47. Sid Lowe, *Miedo y asco en la Liga*, Léeme, Alcalá de Henares, 2014.

lona habían firmado contratos que minimizaban ilegalmente la cantidad de impuestos que pagaban. Cuando el club fue obligado a abonar la diferencia, el presidente Josep Lluís Núñez insistió en que eran los jugadores los que debían pagar y no el club. Los jugadores montaron en cólera, insistiendo en que era responsabilidad del club y que ellos habían firmado los contratos de buena fe.

El 28 de abril de 1988, la mayoría de los jugadores del Barça ofrecieron una conferencia de prensa en el hotel Hesperia en la que pidieron la dimisión del presidente Núñez. Se llegó a conocer como «el motín del Hesperia». «Núñez nos ha engañado como personas y nos ha humillado como profesionales», dijeron los jugadores en un comunicado conjunto.

Dos días después del motín, los jugadores del Barça se enfrentaron al Real Madrid en un partido de liga en el Camp Nou. De los muchos encuentros extraordinarios entre los dos equipos, probablemente aquel fuera el más surrealista. El equipo local fue fuertemente silbado al salir al terreno de juego y los aficionados mostraban su descontento incluso cuando su equipo iba en cabeza. Había pancartas en las que se acusaba a los jugadores de ser unos peseteros. El Real Madrid fue aplaudido al entrar en el campo y a lo largo del primer tiempo. A pesar de la victoria final del F. C. Barcelona, el rencor persistió. En esas circunstancias, Núñez dio un golpe maestro. Consiguió a la única persona que parecía ser capaz de garantizar el éxito y el espectáculo que tantos culés echaban de menos en el club: Johan Cruyff.

Ejercicio: El departamento del porqué

Cuando empecé a trabajar como entrenador, uno de mis tutores me presentó una fórmula mágica (adaptada del mundo del periodismo) formada por seis preguntas.

«Una tarea del entrenador –dijo– es explicar a los deportistas quién, qué, dónde, cuándo, por qué y cómo van a tener éxito». (En inglés, son cinco preguntas que empiezan por W y una que comienza por H.) El poder mágico de esas seis preguntas me acompaña desde entonces.

De hecho, he descubierto que la idea se aplica especialmente bien en el mundo de los negocios. Piensa en la estructura de una empresa moderna. El departamento de formación y desarrollo se ocupa del «cómo», de la forma que tienen los empleados de hacer las cosas. El departamento de recursos humanos, junto a algunos reclutadores externos, se encarga del «quién». El director general, a menudo flanqueado por unos cuantos consultores caros, diseña la estrategia, el «qué». El «dónde» y el «cuándo» de los productos corresponde al equipo de logística y la cadena de suministro, y el «dónde» y el «cuándo» de las personas es competencia del personal de servicios y administración.

¿Y el «por qué»? Bueno, eso lo lleva, esto...

En la mayoría de las empresas, hay quién, qué, dónde y cuándo, pero no hay un porqué.

Es un error que sale muy caro.

Adam Grant, investigador de la Wharton School de la Universidad de Pensilvania, llevó a cabo un estudio de investigación fascinante para demostrar precisamente esta idea[48]. Grant visitó un centro de llamadas de una gran universidad de Estados Unidos en el que todas las tardes los empleados efectuaban llamadas a alumnos para aumentar los fondos de las becas. Con el permiso de la universidad, Grant y su equipo dividieron al azar a los representantes de dicho centro en tres grupos. Durante unos días, antes de hacer llamadas, los del primer grupo leían historias breves de empleados anteriores sobre las ventajas personales de aquel puesto de trabajo, sobre cómo habían desarrollado habilidades de comunicación y un conocimiento de ventas que les ayudaron más adelante en su carrera profesional.

El segundo grupo también leyó historias antes de empezar las llamadas, pero las suyas eran de gente que había recibido becas de los fondos obtenidos y describían de qué forma el dinero había mejorado su vida. El objetivo de estas historias era recordar a los trabajadores el propósito de su esfuerzo.

El tercer grupo era el de control; no leyeron nada antes de llamar por teléfono.

---

48. Adam Grant, *Dar y recibir: por qué ayudar a los demás conduce al éxito*, Gestión 2000, Barcelona, 2014.

Se indicó a los participantes que no podían comentar lo que habían leído con la gente a la que llamaban. Un mes después, Grant midió el rendimiento de los tres grupos.

A las personas del primer grupo, que habían sido informadas de las ventajas personales de trabajar en un centro de llamadas, no les fue mejor que a las del grupo de control. Ambos grupos ganaron aproximadamente el mismo número de contribuciones prometidas semanales y consiguieron la misma cantidad de dinero que en las semanas antes del experimento.

En cambio, las personas del segundo grupo (que consideraron la importancia de su trabajo y su efecto en la vida de otras personas) lograron recaudar más del doble de dinero, el doble de contribuciones prometidas de semanas anteriores y significativamente más que sus homólogos en los otros dos grupos.

En otras palabras, recordar a los empleados el «porqué» que no tenían dobló su rendimiento.

Es más difícil hacer algo bien si no sabemos las razones por las que lo hacemos. En el trabajo, las personas están sedientas de contexto, desean saber que sus esfuerzos contribuyen a un todo más amplio. Y una forma potente de proporcionar ese contexto es pasar menos tiempo controlando quién, qué, dónde, cuándo y cómo y un poco más considerando el porqué.

Aquí tienes dos formas sencillas de hacerlo.

Primero, averigua si el equipo tiene un porqué. En la próxima reunión de personal, haz esta pregunta: «¿Cuál es el propósito de esta organización?» Después, reparte a todo el mundo una tarjeta en blanco y pídeles que escriban su respuesta de forma anónima. Recoge las tarjetas y léelas en voz alta. ¿Qué oyes? La gente no tiene que recitar la misma letra, pero debe tocar la misma melodía básica. De lo contrario, si las respuestas apuntan en todas las direcciones o no tienen ninguna respuesta, quizá tengas un problema, por muy bueno que fueras en el dónde, cuándo, qué y cómo.

Segundo, mantén el «por qué» vivo. Una vez a la semana, en esa reunión de personal, dedica unos minutos a revisitar la cuestión. Habla del propósito de las actividades de la semana. Comenta el efecto de tus esfuerzos en la vida de otras personas. Hay que recordarse los unos a los otros por qué se hace lo que se hace.

2
El qué

En *Empresas que perduran*, el gran estudio de Jim Collins y Jerry Porras sobre empresas que se mantienen durante años, acuñaron el memorable término GOFA, Grandes Objetivos Fuertes y Ambiciosos[49].

El GOFA de Henry Ford a principios del siglo xx era «democratizar el automóvil». En 1990, Walmart se fijó como objetivo cuadruplicar su tamaño para ser una empresa de ciento veinticinco mil millones de dólares para el año 2000. Collins y Porras definieron el GOFA como «objetivo valiente de diez a treinta años hacia un futuro previsto», y su investigación mostró que fijar aquellos objetivos grandes y motivadores era una práctica que distinguía a las empresas que perduraban frente a las que tenían menos éxito.

Para entender cómo utilizó esto el F. C. Barcelona, me interesan objetivos que están más a mano, el tipo de cosas que inicialmente se pueden abordar en meses o años, no en décadas. Objetivos que ofrecen una imagen clara de un futuro próximo que puede ser posible. Esta suele ser la pieza que falta en el puzle de la Visión Global, porque puede ser difícil apartarse de los detalles y evaluar el rumbo del viaje.

Hemos visto la importancia de saber por qué perseguimos la misión y comentaremos la importancia de informar a la gente de cómo comportarse; pero no hemos respondido algunas preguntas muy básicas: ¿a dónde nos dirigimos al final? ¿Cuál es el destino?

---

49. J. C. Collins y J. I. Porras, *Empresas que perduran: principios básicos de las compañías con visión de futuro*, Paidós Ibérica, Barcelona, 1996; James C. Collins y Jerry L. Porras, «Building Your Company's Vision», *Harvard Business Review* 74, 5, 1996, pp. 65–77.

El ejemplo del tigre de Bengala

Durante la desviación del propósito original de Disney que había impulsado a la empresa, hubo personas que lucharon para mantener el espíritu y la misión del principio. Un ejemplo fabuloso de ello fue una reunión peculiar celebrada en 1995.

Walt Disney creó un equipo de Imaginadores para lograr creaciones nuevas y emocionantes para sus estudios y parques temáticos, y este grupo sigue siendo una parte muy valorada de la organización hoy en día. Una de sus ideas fue Animal Kingdom, que era un zoo tradicional mejorado.

Joe Rohde, un ejecutivo creativo sénior de Disney, un explorador que lleva un bigote húngaro y un lóbulo de la oreja elongado, estirado por una cadena de conchas y huesos recogidos en sus visitas a pueblos tribales de África, Tailandia y Nepal, había presentado dos veces a la junta de Disney una propuesta gruesa y encuadernada para construir un parque nuevo en el que hubiera animales vivos. Dos veces, la propuesta fue rechazada por Michael Eisner, el director general, con el argumento de que «la gente no quiere ver animales vivos. ¿Cuál es el factor sorpresa en eso?»

La tercera vez que lo presentó, no llevó un documento voluminoso a la sala de juntas, sino un tigre de Bengala de 181 kilos y 1,80 metros de largo, para ilustrar el atractivo de los animales vivos. «¿Lo entendéis ahora?», preguntó. Lo entendieron. Animal Kingdom, el cuarto parque temático de Walt Disney World de Orlando, fue el resultado de aquella presentación[50].

Collins y Porras sabían que los objetivos deben tener un componente emocional, un GOFA no debe ser solamente grande y convincente, sino también «provocar una reacción visceral». Cuando describes un destino cautivador, estás ayudando a corregir uno de los mayores puntos débiles de tu mente: la tendencia a perderse en análisis. Nuestro primer impulso al enfrentarnos a una situación que nos obliga a aceptar el cambio es ofrecer datos: tenemos que cambiar por esta razón.

---

50. Damian Hughes, *Liquid Leadership*, Capstone, Minnesotta, 2009.

Aquí tenéis las tablas, los gráficos y los cuadros que lo demuestran. A la parte racional del cerebro le encanta la información; estudiar datos, analizarlos y encontrar fallos, debatir las conclusiones a las que has llegado. Para nuestro cerebro racional, la fase de análisis suele ser más satisfactoria que la fase de «hacer», y eso es peligroso cuando afecta al cambio real a largo plazo.

En el F. C. Barcelona, el equivalente al tigre de Bengala fue un holandés delgado que personificó la Visión Global: un hombre que comprendió y representó claramente el sentido de identidad del club; una figura carismática que les recordó lo que podría lograr el club si se mantenía fiel a su propósito.

Ejercicio:
El poder de soñar

Todos soñamos despiertos. Todos pasamos cientos de horas en un agradable estado soñoliento.

Actualmente, la ciencia lo apoya, sin duda alguna, afirmando que soñar despierto puede ser bueno para el cerebro. La cuestión más profunda es: ¿algunas fantasías son más útiles que otras respecto a producir motivación y resultados en el mundo real? Dicho de otro modo, ¿existe una forma más inteligente, más controlada, de soñar despierto?

Una respuesta fascinante se puede encontrar en *Top Dog*[51], un libro sobre la ciencia de la competición escrito por Po Bronson y Ashley Merryman. Esta es la cuestión clave: soñar despierto funciona mejor cuando te concentras tanto en el objetivo como en los obstáculos que te impiden lograrlo.

Es decir, no deberías soñar despierto únicamente con el beneficio que vas a conseguir, sino con todo el proceso.

Por ejemplo, un científico estudió a niños alemanes que estaban a punto de aprender inglés. Algunos estudiantes solamente fantaseaban sobre las

---

51. Ashley Merryman y Po Bronson, *Top Dog: The Science of Winning and Losing*, Ebury Press, Londres, 2014.

ventajas que lograrían («¡Mi padre estará orgulloso!» «¡Hablaré con mi grupo de música preferido!»), mientras que otros fantaseaban con las ventajas, pero también con las trabas con las que toparían. Al cabo de un semestre, el primer grupo tenía una media de suficiente, mientras que el segundo la tenía de excelente.

Otro científico estudió a pacientes a los que habían reemplazado la cadera. Algunos soñaban despiertos con las cosas maravillosas que harían después de la operación, como bailar y correr maratones; otros se concentraron en el miedo, el dolor y la dificultad de la recuperación, y también en las ventajas de operarse. Tras la intervención, el segundo grupo tenía mucha más movilidad y menos dolor que el primero.

¿Por qué? Por el peligro de las grandes expectativas. Nuestro cerebro es fácil de seducir por la dulzura de las ventajas anticipadas, lo que significa que nos desmoralizamos por cualquier revés («Un momento, ¡esto no tendría que estar ocurriendo!») En cambio, el proceso de soñar despierto con obstáculos y ventajas nos prepara desde el punto de vista emocional y táctico para el reto al que nos enfrentaremos.

Una buena forma de aplicar esta idea es la Carta Zander, que recibe su nombre del educador musical Benjamin Zander. Funciona de la siguiente manera: antes de empezar a enseñar en una clase nueva, Zander pide a los estudiantes que saquen un folio, que escriban la fecha de tres meses después y que le pongan el título «Tuve éxito en esta clase porque...» En la carta, tienen que describir con detalle los pasos concretos que harán para lograr ese éxito[52].

Me gusta este método porque se puede aplicar a cualquier proyecto y hace que el alumno tenga una mentalidad adecuada para soñar despierto de forma efectiva. No se puede limitar a concentrarse en la dulzura embriagadora del resultado, sino que también debe pensar exactamente cómo va a llegar allí.

¿Puedes empezar a utilizar el poder de los sueños en tu lugar de trabajo?

---

52. Rosamund Stone Zander y Benjamin Zander, *El arte de lo posible: transformar la vida personal y profesional*, Paidós Ibérica, Barcelona, 2001.

La importancia de Johan Cruyff

Sin Johan Cruyff, no habría Pep Guardiola, ni Lionel Messi, ni Xavi Hernández, ni Andrés Iniesta, ni noches de tripletes, ni la adoración del mundo del deporte. Se habría considerado que aquellos jugadores eran demasiado lentos y demasiado pequeños y su fútbol demasiado ligero. Las pinceladas valientes de Cruyff añadieron un color glorioso a la Visión Global del F. C. Barcelona.

El genio de Ámsterdam pintó un cuadro vivo de cómo era el éxito, sembrando las semillas que permitieron a esos increíbles jugadores ser reconocidos y llegar a ser cruciales para la historia del F. C. Barcelona. Sin Cruyff, esta historia no existiría. Incluso la última y más grande era del Barcelona tiene su ADN en las venas: su forma de entrenar, de jugar, de fichar a su personal y a sus Arquitectos Culturales, y la razón de que el entretenimiento esté justo detrás de la victoria en su lista de prioridades.

Él comprendió los tres criterios principales que se deben incluir al explicar el elemento «qué» de la Visión Global de una cultura:

- Credibilidad
- Claridad
- Valentía

Credibilidad

Una vez, un periodista persiguió a Gandhi por una estación de tren concurrida, esperando conseguir una entrevista para su periódico. A pesar de la impresionante persistencia del hombre, Gandhi se negó educadamente a responder a sus preguntas. Al final, mientras el tren salía de la estación, el periodista gritó a Gandhi: «¡Por favor, deme un mensaje para el pueblo!» Sin dudarlo, Gandhi se asomó a la ventana y le contestó: «¡Mi vida es mi mensaje!»[53]

---

53. Damian Hughes, *Liquid Leadership*, Capstone, Minnesotta, 2009.

Johan Cruyff podría decir lo mismo; que el trabajo de su vida es la personificación de su mensaje sobre cómo jugar fútbol bonito y ganar. La contribución de Cruyff al Barcelona eclipsa a la de cualquier otra persona. «Es la figura más importante de la historia del fútbol», sugiere Ferran Soriano[54]. El holandés creó un legado duradero en el Camp Nou dos veces, primero como jugador, entre 1973 y 1978, y más tarde como entrenador, desde 1988 hasta 1996. Como se ha comentado, el club se ha desviado del rumbo de forma intermitente, antes de volver a encontrar el éxito al retomar su camino.

El padre de Cruyff, Manus, era frutero y murió cuando Johan tenía solamente doce años. La madre de Johan limpiaba los vestuarios del estadio del Ajax y el club había estado en el corazón de su vida desde su infancia. Hizo su debut en el primer equipo a los diecisiete años, condujo al Ajax a tres Copas de Europa sucesivas y ganó el Balón de Oro en 1971 (ganaría dos más como jugador del Barcelona). Era diferente; grácil, elegante, listo. Tenía mucha personalidad, mucho empuje: era un líder natural. Fue reconocido como mejor jugador del mundo incluso antes de brillar en la Copa Mundial de Fútbol de 1974, y en el Barcelona estaban decididos a tenerlo. Como afirma su compañero de equipo Juan Manuel Asensi: «Con Cruyff, todo cambió: tanto el club como el equipo».

Cuando Cruyff hizo su debut, el Barcelona era el cuarto empezando por abajo en la liga española. Al final de la temporada, fueron campeones por primera vez desde 1960. Cruyff se perdió solamente un partido aquella temporada y no perdió ni un solo partido que importara. Por fin, el Barça podía mirar al Madrid a los ojos; el fatalismo había desaparecido. Como mínimo, temporalmente.

«Siempre estaban pensando en la inferioridad; tenían Madriditis —recordaba Cruyff—. Siempre estábamos pensando que éramos las víctimas, pero, en mi forma de pensar, no había ninguna víctima. Yo decía: "Mirémonos a nosotros mismos, pensemos en cómo podemos mejorar. Dejemos que los demás hagan lo que quieran. Nosotros sabemos lo que queremos"».

---

54. Damian Hughes, entrevista con Ferran Soriano y Txiki Begiristain.

Asensi recuerda claramente la nueva forma de pensar: «Aquel cambio de mentalidad fue brutal. De repente, en vez de perder siempre, vimos que podíamos ganar, fue como si nos hubiéramos estado ahogando y nos sacaran del agua. Sabíamos nadar».

Durante el tiempo que Cruyff jugó en el Camp Nou no hubo tantos trofeos como durante su época de entrenador, pero sí que aportó muchos momentos notables y duraderos. Uno fue el 17 de febrero de 1974, cuando un Barça inspirado por Cruyff consiguió una victoria histórica por 0-5 frente al Real Madrid en el Santiago Bernabéu. Menos de dos años antes de la muerte del general Franco, el déspota que había dirigido España con mano de hierro desde 1939, aquel partido fue, para muchos catalanes, un paso más hacia la destrucción del régimen y de la subyugación. Incluso el *New York Times* declaró que el resultado había hecho más por la causa catalana que cualquier político o figura de la resistencia podría hacer nunca.

Lo que hizo que fuera incluso mejor fue que Cruyff pudo jugar porque su mujer y él adelantaron la cesárea programada de su hijo. Jordi Cruyff, que en principio iba a nacer el 15 de febrero de 1974, nació el día 9. «Jordi» es el patrón de Cataluña, el que mató al dragón de la leyenda y cuyo santo se celebra todos los años con puestos de libros y rosas por toda la ciudad de Barcelona cubiertos por las franjas rojas y amarillas de la bandera catalana, la *senyera*.

Hoy en día hay muchísimos Jordis en Barcelona. Pero en aquel momento no había ninguno de menos de cuarenta años. Incluso los mayores de cuarenta a menudo se veían obligados a adaptar su nombre a Jorge. Con Franco estaba prohibido poner a un niño un nombre que no estuviera en castellano, así que, cuando Cruyff fue al registro, le dijeron que tendría que llamar a su hijo Jorge. Cruyff no lo iba a aceptar. Ya había registrado a Jordi en los Países Bajos y, sencillamente, no se echó atrás, prácticamente obligando al registro de Barcelona a escribir el nombre de su hijo en catalán[55].

Las acciones de Cruyff provocaron muestras de agradecimiento en Cataluña. El hecho de que el mejor jugador del mundo llamara a su hijo

---

55. Johan Cruyff, *La autobiografía*, Planeta, Barcelona, 2016.

Jordi se consideró una pequeña victoria de Cataluña frente a la dictadura; ganar al Madrid por 0–5 diez días después fue algo enorme. «Cruyff representó una revolución», insiste Joan Laporta.

«¿Sabéis lo que me sorprendió más? —preguntó Cruyff a los periodistas Frits Barend y Henk van Dorp mientras paseaban en el Camp Nou haciéndole una entrevista para la televisión holandesa en 1977—. No me decían "enhorabuena", sino "gracias". Era increíble. Siempre lo recordaré. Solamente me decían "gracias", por todas partes. Una vez, estábamos comprando en la Costa Brava y se me acercó una anciana y no paraba de decirme "gracias, gracias". Me dejó una impresión muy profunda y me enseñó mucho sobre Barcelona, y probablemente hizo que me implicara en este club para el resto de mi vida.»

Cruyff era la personificación del espíritu catalán: donde iba él los demás le seguían. Fue capaz de hacerlo por la inmensa credibilidad que tenía en el club y entre sus aficionados. Esa credibilidad nacía de la clara conexión entre la forma en la que vivía la vida y el propósito del club. Cuando volvió como entrenador en 1988, su ejemplo y su mensaje devolvieron al club a la Visión Global, una imagen que, como hemos visto, se había desdibujado con el tiempo.

Claridad

Mientras jugó y entrenó, se ganaron trofeos, pero Cruyff es venerado casi tanto por los efectos como por su influencia. «Su mayor logro —sugiere el periodista Graham Hunter— fue instalar no solamente una mentalidad en el Camp Nou, sino también una columna vertebral[56]. No importa quién venga ni quién se vaya (jugadores, entrenadores, presidentes): si el F. C. Barcelona selecciona jugadores como lo hace ahora y los forma como hace ahora, pronto serán atractivos, exitosos y difíciles como rivales. «Algunos clubes tiene un estilo identificable. El Barcelona podría aparecer de naranja con lunares rosas y al cabo de cinco minutos

---

56. Graham Hunter, *Barça: The Making of the Greatest Team in the World*, BackPage Press, Glasgow, 2012, p. 12.

se descubriría su tapadera. Sabrías que estás viendo al Barça», dice el periodista deportivo Martin Samuel[57]. Ello se debe a la insistencia de Cruyff por la claridad y la coherencia en el estilo de juego y la estructura del desarrollo.

Cuando murió en marzo de 2016, Cruyff no tenía un puesto formal en el club, con sueldo y un contrato, desde que había sido despedido como entrenador en mayo de 1996 (dos años después, según él mismo admitió, de que se le hubieran acabado las nuevas ideas y debería de haberse ido para concentrarse en su organización benéfica, la Fundación Cruyff). Sin embargo, la claridad de su visión, sus consejos y sus críticas habían impulsado al club durante grandes períodos de los años transcurridos. Fue Cruyff el que animó al club a pasar el relevo a Pep Guardiola y el que hizo de mentor al joven entrenador.

Las decisiones estructurales que tomó al volver al club como entrenador continúan siendo su legado más importante. Además del título de liga en solitario que ganó como jugador en 1974, o incluso la gran liberación psicológica que dio a la organización al conducirla a su primera Copa de Europa en 1992, ganando al Sampdoria en la final.

¿Y qué hay de los trofeos? Pasarán a la historia. Las ligas a menudo se ganaron en el último día de la temporada y normalmente con el coste de una humillación enorme para el Real Madrid. Cuatro trofeos europeos, el más importante, aquella Copa de Europa. La creación de una filosofía de fútbol clara y repetible es su logro más importante. Cruyff era la personificación de ideas que siguen formando parte no solamente del ADN del F. C. Barcelona, sino también de la cultura futbolística más amplia de España y Europa. Esto es todavía más notable si consideramos que dichas ideas, tan fundamentales para el éxito del Barcelona, eran completamente desconocidas cuando él las introdujo.

Cuando llegó después de entrenar al Ajax en 1988, Cruyff empezó inmediatamente a sentar unas bases vitales que serían intrínsecas para el futuro inmediato y a largo plazo. Su ayudante, *Charly* Rexach, explica: «Cuando Cruyff y yo llegamos para encargarnos del Barça, decidimos instalar el fútbol que nos inspiraba.

---

57. «Louis van Gaal's men do play like Manchester United», *Daily Mail*, 12 de abril de 2016.

»Heredamos una cultura en el club en la que los aficionados silbaban y abucheaban a un defensa si pasaba la pelota atrás al portero o si un extremo llegaba a la línea de fondo pero no pasaba el balón (tanto si había alguien para aprovecharlo como si no).

»Nuestra tarea original era salir y encontrar jugadores que tuvieran la filosofía y las habilidades adecuadas y educar a los que heredábamos, pero una consecuencia fue que educamos a los aficionados. Todo fluía una vez que enseñamos a todo el mundo que había una filosofía de partida y que no nos íbamos a apartar de ella»[58]. De hecho, el poder de la visión de Cruyff finalmente obligaría a muchos en el mundo del fútbol a adaptarse a su estilo.

Ni Cruyff ni Rexach dijeron nunca haber inventado nada nuevo. Pablo Picasso declaró una vez: «Los buenos artistas toman prestado, los grandes artistas roban». Ambos eran abiertos sobre el hecho de estar adaptando y haciendo evolucionar conceptos que les habían enseñado. Cruyff fomentaba un ambiente en el que se animaba a correr riesgos y a practicar pensamiento lateral, siempre que se mantuviera al mismo tiempo el patrón básico de toque, técnica, mantenimiento de la posición y hacer ancho el campo con una circulación rápida de la pelota.

Cruyff tardó poco tiempo en descubrir que no estaba de acuerdo con la gestión de la cantera del club. Insistió en que no tenía sentido que los equipos, que estaban divididos por edades, se entrenaran con el estilo y el sistema concreto de cada entrenador. «Era un club grande, pero no tenía una cultura futbolística específica —recuerda Pep Guardiola—. Teníamos un entrenador argentino que jugaba con un estilo argentino, y después vino un entrenador alemán que jugaba con un estilo alemán».[59] En definitiva, no había un credo común. Los trece niveles jóvenes que había debajo del primer equipo podían significar trece estilos de juego distintos y unos chicos que tenían que reaprender cada año a medida que subían la escalera.

---

58. Guillem Balagué, *Pep Guardiola: otra manera de ganar*, Córner, Barcelona, 2013.
59. «Pep Guardiola: "I would not be here without Johan Cruyff. He was unique"», *The Guardian*, 7 de octubre de 2016.

Cruyff tenía una visión distinta, e insistía en que se dieran varias condiciones:

1. Cada nivel joven debe entrenar basándose en los mismos conceptos y en la misma formación.
2. Se debe empujar a los mejores para que salgan de su zona de confort, tienen que jugar en un grupo que sea uno o incluso dos años mayor.
3. Las perlas de la cantera, las joyas, deben tener un ascenso acelerado al primer equipo.

Todos los equipos jóvenes utilizaban el juego posicional, en el que la pelota circula con uno o más toques, recortando el espacio, todos los principios que posteriormente prosperaron con Guardiola al mando. Esta estrategia, más la adherencia de todos los equipos a un juego de ataque, creativo y rápido, basado en la presión y el pase preciso, es el legado más duradero de Cruyff.

«Cuando yo estaba allí, podías ver a niños de siete años haciendo la misma sesión de entrenamiento, con los mismos patrones, que el primer equipo. Él creó algo de la nada, y tienes que tener mucho carácter y personalidad para hacerlo. Todo el mundo sabe de fútbol, pero tienes que tener carisma para decir "Tienes que ir por ahí", y que todo el mundo te siga. Eso es muy difícil de encontrar», se maravilla Guardiola[60].

Cruyff había sembrado el espíritu de cómo jugar a fútbol en el Camp Nou y en La Masía. Su promoción, entrenamiento y educación de Pep Guardiola como jugador contribuyó enormemente a las creencias y los comportamientos del Guardiola director técnico, que se aferró a la idea de la Visión Global, a la vez que añadía sus propios toques. «Siempre estaré en deuda con Cruyff —declaró Guardiola— porque él fue el que me dio la oportunidad y el que me enseñó muchísimas cosas».

Cruyff explicó en 2009: «De joven, Guardiola no tenía el físico para llegar a lo más alto, y sin la inteligencia que posee no habría llegado ni a nuestro Juvenil [menores de 18].

---

60. *Ibidem.*

»A lo largo de su carrera, esto ha supuesto una gran ventaja para él. Hablamos muchísimo sobre su visión y sus habilidades organizativas, y gracias a ellas nuestro equipo ganó muchos premios. También comentamos cómo minimizar sus deficiencias, y él manejó todo ese proceso de una forma magnífica. Después de su carrera en el Barça, abrió las alas y aprendió en otros sitios. Ahora, ha vuelto con experiencia, una inteligencia enorme y esa tendencia a trabajar de manera obsesiva. Es el modelo perfecto para el F. C. Barcelona».[61]

«Cuando Guardiola fue nombrado entrenador, fue con la confianza de que continuaría desarrollando el proyecto cultural establecido por Cruyff», dijo Ferran Soriano[62]. Dicho de otro modo, Guardiola fue identificado como líder que sería fiel a la idea de Visión Global.

El día que Cruyff dejó de ser director técnico, Xavi Hernández, de dieciséis años, ya formaba parte de la cantera del club y tenía cinco años de formación en La Masía en su haber. Andrés Iniesta fue seleccionado. Víctor Valdés había pasado cuatro años en el sistema y un chico de diecisiete años llamado Carles Puyol acababa de ser elegido para jugar como extremo. Cada uno de estos jóvenes jugadores (identificados incluso entonces como Arquitectos Culturales) tendría un papel importante en la futura cultura del F. C. Barcelona. El sistema de Cruyff, además de entrenar a los jugadores de forma brillante después de seleccionar a los adecuados, cambiaba los criterios utilizados para escogerlos ya desde el principio. En consecuencia, el club elegía sistemáticamente a los mejores jugadores jóvenes o, como mínimo, a los más adecuados para su sistema.

El siguiente regalo importante que hizo Cruyff al F. C. Barcelona fue quizá más indirecto. Cruyff fue capaz de detectar cuál de sus anteriores alumnos poseía las cualidades para revitalizar el club. En 2011, comentó que para los entrenadores considerados «sin experiencia», como Rijkaard y Guardiola, se debían tener en cuenta ciertos criterios concretos.

«El entrenador de cualquier club de talla mundial debe ser consciente de muchas cosas; por ejemplo, qué representa el club y cómo transmi-

---

61. Johan Cruyff, *La autobiografía*, Planeta, Barcelona, 2016.
62. Hughes, entrevista con Soriano y Begiristain.

tir eso al público y a la prensa. También debe conocer a su público y gestionar el vestuario. De hecho, el fútbol no supone realmente más que el cuarenta por ciento de su trabajo. Todas las decisiones relativas a quién juega y cómo jugará se ven afectadas por todo el conocimiento que ya tiene el entrenador. Y ¿en qué consiste la experiencia? La experiencia del vestuario, de trabajar bajo una presión intensa, de enfrentarse a un gran partido. Si has abordado todo eso como jugador, ya tienes una experiencia enorme[63].»

Valentía

«Mi padre —recuerda Jordi Cruyff— tenía la «irritante» costumbre de tener razón casi siempre. Incluso con cosas como conducir. Se sabía la mejor ruta, es más, iba por un montón de caminos distintos para asegurarse de conseguir todos los semáforos en verde posibles. Calculaba que, si ese estaba en rojo, los dos siguientes estarían en verde. Siempre intentaba encontrar el camino más rápido, el mejor. Iba un paso por delante. Su cerebro no dormía nunca.

»Formaba parte del uno por ciento de las personas que siempre serán recordadas[64].»

Incluso después de que los Países Bajos perdieran la final de la Copa Mundial de Fútbol de 1974 ante Alemania, Cruyff tuvo el valor de mantener su principio básico de que hay una forma correcta y otra incorrecta de jugar a fútbol. «No hay ninguna medalla mejor que ser aclamado por tu estilo», dijo una vez. Para él, era esencial que el partido se jugara con inteligencia, estilo, visión y habilidad técnica. Su biblia predica que, si tu primer toque y tu uso de la posesión son de primera clase, ganar partidos o trofeos será una consecuencia natural.

Cruyff comentó sobre la Copa Mundial de Fútbol de 1974: «No me importa [que nos ganaran]. Jugamos un fútbol bonito hasta la final, conseguimos que el mundo se fijara en Holanda y en el estilo de fútbol

---

63. Guillem Balagué, *Pep Guardiola*.
64. «Pep Guardiola: "I would not be here without Johan Cruyff. He was unique"».

holandés, y como perdimos, hubo mucha simpatía y apoyo por nuestra clase de juego. Quizás hubo más puntos positivos que negativos al perder de aquella forma»[65].

«Era el entrenador más valiente que he visto en mi vida —confiesa Guardiola—. Cuando olía el talento, no importaba si el jugador tenía dieciséis o diecisiete años, porque él creía en lo que en España llamamos *el efecto mariposa*[66].»

Cuando Rijkaard fue despedido en 2008, pidieron a Cruyff que ayudara a Guardiola durante su primera temporada. Él se negó, porque interferir habría significado alterar el efecto mariposa: Guardiola estaba listo.

Si había una crítica que se le hacía a Cruyff y que él mismo aceptaba al afirmar que debería haber dejado el club en 1994, era que podía ser increíblemente brusco con los que no se adherían a la Visión Global. «Cruyff fue el entrenador que más me ha enseñado. Pero también el que más me ha hecho sufrir. Bastaba una mirada suya para helarte la sangre», dice Guardiola, que cuenta que el día de su debut recibió un rapapolvo del maestro holandés durante la media parte. «Ibas más lento que mi abuela», le dijo Cruyff a aquel adolescente sin experiencia[67].

Txiki Begiristain cuenta un caso parecido. En una ocasión, Cruyff les insultó a Bakero y a él, que eran dos de sus jugadores clave, y una hora más tarde les pidió que organizaran una cena para toda la plantilla y sus mujeres para la noche siguiente. «Exigía mucho y sabía cuándo necesitabas que te empujaran y cuándo que te protegieran —se ríe Begiristain—. Le podía perdonar casi todo[68].»

Fue la valentía de Cruyff (ser fiel al cambio y mantener a todos en el rumbo adecuado) lo que garantizó la Visión Global y su implantación.

Sin embargo, para crear la Visión Global es crucial casarse con el objetivo a largo plazo (el qué) con movimientos críticos a corto plazo (el cómo). De lo contrario, corres el riesgo de que la Visión Global sea un

---

65. Johan Cruyff, *La autobiografía*.
66. «Pep Guardiola: "I would be here without Johan Cruyff. He was unique"».
67. Guillem Balagué, *Pep Guardiola*.
68. Hughes, entrevista con Soriano y Begiristain.

puñado de palabras huecas sin mucha ejecución a nivel de comportamiento. Debes respaldar tu visión con un buen guion que indique cómo comportarse. En el Barcelona, se consideró que Pep Guardiola era el líder que haría precisamente eso.

Ejercicio: ¿Qué tal?

Cuando trabajo con líderes que se están preparando para compartir el elemento «qué» de su Visión Global, les pido que escriban un anuncio corto en el que pidan a la gente que se una a ellos, evitando poner una lista de palabras sueltas o palabras que estén de moda. ¿Qué dirías? ¿Qué ofrecerías y por qué? ¿Cómo resultaría atractivo para los demás?

Para ilustrar la importancia de lo anterior, veamos el famoso primer discurso de Winston Churchill tras convertirse en Primer Ministro durante la Segunda Guerra Mundial ante la nación: «No tengo nada que ofreceros salvo mi sangre, mi esfuerzo, mis lágrimas y mi sudor». Ahora, imagínate que le quitas toda la emoción y lo conviertes en una presentación de Power Point como las que gustan en tu empresa:

Mi oferta:
– *Sangre*
– *Esfuerzo*
– *Lágrimas*
– *Sudor*

Pierde un poco, ¿verdad?

Creo que estas tres preguntas pueden ayudarte a encargarte de los detalles: Después de que alguien escuche tu explicación:

1. ¿Qué quieres que sepa esa persona?
2. ¿Qué quieres que sienta?
3. ¿Qué quieres que haga?

Si tienes respuestas concretas a estas tres preguntas, los detalles del elemento «qué» normalmente se resolverán solos.

3
El cómo

Fecha: Miércoles, 26 de mayo de 2010
Hora: 21.45
Lugar: Camp Nou, Barcelona

Imagínate que eres Zlatan Ibrahimović y que estás subiendo la pronunciada cuesta que va desde el túnel de vestuarios hasta el terreno de juego del Camp Nou bañado por la luz del atardecer. Estás ahí para saludar a los 70.000 aficionados que han ido especialmente para el anuncio de tu llegada (el futbolista más caro adquirido por el club y el segundo más caro de todos los tiempos). Te paras un momento y piensas en lo que significa realmente, cuando un elenco de grandes jugadores, algunos de los cuales son tus héroes (como Maradona, el trío brasileño de Ronaldo, Rivaldo y Ronaldinho y el francés Thierry Henry) están incluidos en la lista.

«Esto me pone los pelos de punta», dices a tu amigo y agente Mino Raiola, con un temblor involuntario.

Han sido unos días frenéticos desde que fichaste y acordaste tu salida del Internazionale, el club milanés en el que habías pasado dos años alegres y exitosos. Llevas recordando todos los acontecimientos desde que tu avión aterrizó a las cinco menos cuarto de aquella tarde.

«Era un caos. Cientos de aficionados y periodistas me estaban esperando y los periódicos escribieron páginas y páginas sobre el tema. Hablaban de "Ibramanía". Era una locura. Si todavía no había entendido del todo lo importante que era aquel acto, lo entendí en aquel momento.»

Cuando llegas al estadio, te sorprende aún más el número de periodistas que esperan para hacerte preguntas. «Nunca había visto a tantos reporteros», dices al presidente Joan Laporta a un lado, antes de intentar contestar a sus preguntas y recordar algunas de las frases en catalán sencillas que has aprendido precisamente para esa ocasión. Sin embargo, estás distraído por el volumen del rugido que hay en el estadio.

Después de haber dejado la sala de prensa, te presentan a tu nuevo equipo y te enteras de que te han asignado el número 9. «El mismo número que tenía Ronaldo cuando estaba aquí en el club», dices. Recuerdas los inicios en Rosengaard, un barrio con mala fama al este de Malmö (Suecia), cuando lo veías en la televisión jugando con esa misma camiseta y tú practicabas esos mismos toques. Te emocionas. Respiras hondo un par de veces para calmar los nervios.

«Vamos», indica Raiola. «Nunca seré capaz de describirlo», piensas, mientras caminas con pasos largos hacia el escenario situado en mitad del campo. Es como si todo el mundo estuviera gritando tu nombre a todo pulmón.

El jefe de prensa te pasa un balón y señala al grupo de fotógrafos de prensa. «Di "¡Visca el Barça!"», te recuerda. Corres hacia los *flashes*, que capturan los trucos sencillos, perfeccionados en Suecia, pulidos en Holanda e Italia y ahora presentados en Barcelona.

Los de la prensa se están volviendo locos. «Besa el escudo, besa el escudo», piden con insistencia, y en ese momento, como recordarás más tarde, eres «como un niño pequeño. Obedecí y besé el escudo de la camiseta. Ya te criticarán por esa mierda más adelante»[69].

Diez meses después, Ibrahimović fue vendido vergonzosamente por el club, que aceptó una pérdida de 20 millones de libras para volverlo a enviar a Italia.

Subiendo la escalera del comportamiento

¿Qué es lo que fue mal? Para responder a esta pregunta podemos recordar lo que dijo Fred Lee, vicepresidente sénior de un gran centro médico y (lo que es más interesante) «graduado» de la Disney University, el

---

69. Zlatan Ibrahimović, *Soy Zlatan Ibrahimović*, Córner, Barcelona, 2015.

programa de formación que utiliza dicha empresa para desarrollar a sus empleados, a los que llama «miembros del reparto». Fred Lee aprendió mucho en dicha universidad, que tomó la valiente visión de Walt Disney de «poner sonrisas en las caras» y la transformó en comportamientos claramente comprensibles y fácilmente repetibles que convirtieran aquella visión en una realidad.

«Fue Peter Drucker, el gurú de la gestión, quien dijo una vez que "la cultura se come a la estrategia para desayunar todos los días de la semana" —cuenta Lee—. Después de un período trabajando para Disney, sé lo que quiere decir exactamente, porque yo no había conseguido un puesto de trabajo, sino que había entrado en una cultura[70].»

Tras su formación en la Disney University, Lee pasó a gestionar hospitales con un éxito increíble. Las lecciones aprendidas en la Casa de Mickey Mouse fueron integradas en la industria médica.

Al principio de cada día de formación, el instructor encargado de enseñar las tradiciones de Disney a los miembros nuevos preguntaba: «¿Cuál es el objetivo principal de todos los miembros del reparto de Disney?»

«Todos respondimos rápido cosas como educación y servicio de atención al cliente. Pero estábamos equivocados», recuerda Lee.

«"El objetivo principal de cada miembro del reparto es la seguridad —nos dijo nuestro instructor—. Cada uno de vosotros debe ser consciente en todo momento de la seguridad de los invitados"[71].»

El instructor hizo una pausa dramática y, después, dio un ejemplo de dicho objetivo. «Si ves a un niño trepando por una valla, dejas todo lo que estés haciendo y haces que baje porque esa acción es potencialmente peligrosa. Si alguien se cae o se desmaya, vas corriendo a ayudarle. Nada en Disney es más importante que la seguridad.»

Una vez que estuvo satisfecho porque lo habíamos comprendido, el instructor reveló los cuatro comportamientos clave de Disney. La seguridad, la buena educación y la eficiencia están claras. El cuarto, el *show*,

---

70. Fred Lee, *If Disney Ran Your Hospital: 9 1/2 Things You Would Do Differently*, Second River Healthcare Press, Bozeman, 2004, p. 56.

71. *Ibidem*, p. 58.

hace referencia a todo lo que incluya una impresión sensorial. Significa lo bien que un área «se exhibe» ante un invitado. Para los miembros del reparto de la primera línea de Disney, hace referencia especialmente a su apariencia personal y a lo limpia y ordenada que esté esa zona del parque. El instructor todavía tenía que hablar del mensaje clave en estos cuatro comportamientos. Lee explica: «Existen cuatro áreas de concentración de la calidad constante en Disney y cada una tiene un orden de prioridad. Cuando te enfrentas a dos necesidades, comprender estas prioridades te ayudará a saber exactamente cuál debe tener preferencia».

El orden es el siguiente:

1. SEGURIDAD
2. BUENA EDUCACIÓN
3. *SHOW*
4. EFICIENCIA

Cuando un empleado se enfrenta a una cuestión cultural del tipo «¿Hago caso omiso de ese cliente para decir a ese niño que deje de jugar en la fuente?» casi siempre es un dilema, porque el empleado tiene dos o más valores contrapuestos, a menudo no jerarquizados por la organización. Si él o ella hace una cosa (muestra buena educación con un invitado), podría meterse en problemas por no hacer la otra (observar procedimientos de seguridad). «El valor de la escala de prioridades de Disney es que resuelve ese dilema de forma inmediata», razona Lee. La seguridad es lo primero. Por lo tanto, empieza por conseguir que el niño deje de jugar en la fuente y, después, vuelve a atender al cliente[72].

Según el método científico, para que una teoría o modelo se considere elegante debe tener claridad, simplicidad y completitud. La escala de prioridades de Disney incluye los tres puntos. Primero, cada uno de los conceptos es específico y claro. Las palabras elegidas son unívocas de inmediato para los empleados y sus significados no se solapan de forma confusa. Segundo, al priorizar se elimina la confusión acerca de lo que se

---

72. *Ibidem.*

espera cuando hay que elegir entre alternativas que son igual de buenas. Tercero, es una escala completa, porque desafía al observador a encontrar algún conflicto de interés que no se resuelva por las palabras y las prioridades elegidas.

Parálisis de la decisión

Comparemos esto con el enfoque más popular a la hora de crear culturas de alto rendimiento. Imaginemos que trabajamos en un hospital que afirma que sus «valores» son los siguientes:

SERVICIO	PERSONAS	CALIDAD
	SOLIDEZ FINANCIERA	CRECIMIENTO

Ahora, veámoslo a través de los ojos de un empleado que está en contacto con el paciente; pensemos en algunas de las preguntas obvias que surgen cuando intentamos determinar cómo comportarnos.

¿Qué diferencia hay entre servicio y personas o entre servicio y calidad? ¿No hay un poco de solapamiento confuso, a primera vista, entre solidez financiera y crecimiento?

¿Por qué no se menciona la seguridad?

¿Qué hay de los procesos, el motor de la eficiencia?

¿Dónde está el trabajo en equipo, una parte vital de la calidad y la mejora del proceso? Si todos forman parte de la calidad, entonces parece que ese epígrafe incluya demasiadas cosas y el de crecimiento, probablemente, demasiado pocas.

¿Cómo puede un profesional de la salud que está en contacto con el paciente distinguir claramente los valores mediante las palabras que hemos elegido? Lo que crea este enfoque confuso es un estado de paralización. Cuando existen varias opciones, aunque sean buenas, podemos bloquearnos y, al final, volvemos al plan que había por defecto. Este comportamiento no es racional, pero, sin duda, es humano.

Las decisiones pertenecen al cerebro racional y, como exigen una supervisión y un autocontrol cuidadosos, ponen a prueba nuestra fuerza. Cuantas más opciones nos ofrezcan, más agotados quedaremos. ¿Alguna vez te has fijado en que ir de compras cansa mucho más que otros tipos de actividad «ligera», como ver televisión o ir de paseo?

Ahora sabes la razón. Es por todas las opciones que hay. Esto es importante, porque hay exceso de opciones por todas partes. Veamos tres ejemplos reales de paralización de las decisiones.

Escena 1: tienda de alimentos selectos. Los directores de la tienda han puesto una mesa con tarros de mermelada de importación que los clientes pueden probar gratis. Un día hay seis tipos de mermelada. Y, otro, veinticuatro. Como era de esperar, la mesa con más variedad atrae a más clientes; sin embargo, cuando llega la hora de comprar, no pueden tomar una decisión. Tu análisis de conversión te indica que es diez veces más probable que los clientes que solamente vieron la muestra de seis tipos de mermelada compren un tarro.

Escena 2: oficina. Los empleados de una gran empresa analizan las propuestas de inversión relacionadas con sus pensiones. El departamento de recursos humanos ha proporcionado muchas opciones de inversión: fondos de acciones de crecimiento nacionales, fondos de acciones de valores nacionales, fondos en bonos municipales, fondos de inversión inmobiliaria, fondos en mercados emergentes, fondos de mercados desarrollados, cuentas del mercado de valores, y más. Cada categoría puede incluir varias opciones. Las opciones extra resultan contraproducentes, porque por cada diez opciones que se ofrecen el índice de participación de los empleados se reduce en un dos por ciento. La parálisis de la decisión disuade a las personas de ahorrar para su propia jubilación. Y, como muchas empresas igualan las contribuciones de los empleados, puede que los empleados estén dando la espalda a recibir dinero gratis.

Escena 3: bar local. Es la noche en la que organizan citas rápidas para solteros. Dos personas charlan durante unos cinco minutos entre sí con la esperanza de lograr una conexión romántica. Sin embargo, la parálisis de la decisión frustra al mismísimo Cupido. Las personas que tienen seis citas rápidas tienen más parejas compatibles que las que tienen veinte.

Conclusión: la parálisis de la decisión interfiere en el tratamiento médico, las decisiones de compra, las decisiones de inversión y las decisiones a la hora de tener una cita. Vamos a correr el riesgo y sugerir que podría afectar a las decisiones de *tu* trabajo y *tu* vida también.

Tal y como señala Barry Schwartz en su libro *Por qué más es menos: la tiranía de la abundancia*, a medida que nos encontramos con más y más opciones «nos saturamos. Las opciones ya no nos liberan, sino que nos debilitan. Incluso se podría decir que nos tiranizan»[73].

Mantener el *statu quo* nos transmite comodidad y estabilidad porque gran parte de la elección se ha reducido. Al estar dentro de una cultura que nos resulta familiar, tenemos nuestras rutinas, nuestra forma de hacer las cosas. Durante la mayor parte del día, tu cerebro funciona con el piloto automático. Sin embargo, cuando intentas integrar a alguien en tu cultura, su modo automático ya no funciona porque, de repente, proliferan las opciones. Otro ejemplo: cuando estás haciendo dieta, la típica visita a la máquina expendedora queda descartada y, por lo tanto, hay que tomar una decisión. Cuando tienes un jefe nuevo, la forma de comunicarte con esa persona deja de ser un acto reflejo y empieza a ser una elección.

El cambio aporta nuevas opciones que crean incertidumbre. Hay que señalar que no solamente las opciones conducen a la parálisis de la decisión (como elegir un donut cuando hay cien sabores distintos). La ambigüedad también la puede causar. En momentos de cambio, puede que no sepas qué opciones hay disponibles. Y esta incertidumbre provoca una parálisis de la decisión tanto como una mesa con veinticuatro tipos de mermelada distintos.

La ambigüedad es agotadora para nuestro cerebro porque el cerebro pensante está tirando de las riendas de la parte emocional, intentando dirigirla hacia un camino nuevo. Pero cuando el camino es incierto, nuestro cerebro insistirá en tomar el camino por defecto, es decir, el que nos resulta más familiar.

¿Por qué?

Porque la incertidumbre nos pone nerviosos. (Piensa, por ejemplo, cuando estás en un lugar desconocido y tiendes a mirar a una cara que

---

73. Barry Schwartz, *Por qué más es menos: la tiranía de la abundancia*, Taurus, Barcelona, 2005.

te suena.) Y por eso la parálisis de la decisión puede ser letal para una cultura, porque el camino que nos resulta más familiar siempre es el *statu quo*.

La ambigüedad es el enemigo

Muchos líderes se enorgullecen de fijar una dirección de alto nivel: «Fijaré la visión y me mantendré al margen de los detalles». Es cierto que una visión convincente es fundamental, pero no basta. Resulta poco probable que la Visión Global del liderazgo de no intervención funcione en una situación de cambio cultural, porque la parte más difícil del cambio (la paralizante) se encuentra en los detalles.

Esta era la situación que heredó Guardiola al sustituir a Frank Rijkaard. En agosto de 2006, el equipo de Rijkaard se sentó en la cúspide del fútbol mundial. La temporada 2006-2007 comenzó con el reconocimiento de los premios de fútbol a los clubes de la UEFA en Mónaco. De hecho, muchos pensaban que aquel equipo estaba a punto de convertirse en el mejor de la historia del club. Sin embargo, tal y como afirma el influyente periodista catalán Lluís Canut en su libro *Els secrets del Barça*[74], la ceremonia y la Supercopa, que eran la coronación de los logros del equipo, paradójicamente, anunciaron el principio del fin. Fue precisamente entonces cuando se pusieron de manifiesto las primeras señales de indisciplina.

En el hotel en el que estaba el club antes de la Supercopa, contra el Sevilla, Frank Rijkaard había invitado, para sorpresa de todos, a un grupo de pop holandés para que cenara con ellos la noche antes del partido. Permitió a los jugadores la libertad de acostarse a la hora que quisieran, lo que inevitablemente supuso que los sospechosos habituales de descarriarse trasnocharan. La preparación del equipo quedó reflejada en el marcador al final del partido: victoria 3–0 para el Sevilla. Aquella derrota fue el primero de muchos avisos que aparecerían durante la temporada siguiente; los entrenadores y los jugadores habían

---

74. Lluís Canut, *Els secrets del Barça*, Columna, 2010.

dejado de poner en práctica y de reafirmar la cultura que había conducido al éxito. El colmo fue que el Real Madrid ganara la liga por dieciocho puntos y los jugadores del F. C. Barcelona se vieran obligados a hacer un pasillo de honor a los nuevos campeones. Las cosas siguieron en un callejón sin salida durante la temporada siguiente y, en el verano de 2008, Soriano y los directores del club llamaron a Pep Guardiola para que revitalizara la Visión Global y la cultura de comportamiento del club.

La ambigüedad es el enemigo.

Cualquier cambio exitoso implica traducir objetivos ambiguos a comportamientos concretos. En resumen, para hacer un cambio, tienes que escribir el guion de los movimientos críticos. Una transformación comienza con decisiones y comportamientos individuales, pero es un punto de partida difícil porque es donde se encuentra la fricción. La inercia y la parálisis de decisión conspirarán para hacer que la gente continúe haciendo las cosas como antes. Para iniciar un movimiento en una dirección nueva, tienes que proporcionar una orientación clarísima. Por eso, el guion es importante. Tienes que pensar en el comportamiento específico que quieres ver en un momento duro, tanto si tiene lugar en una reunión de equipo como en el último minuto de un partido crucial. Cabe señalar que no se puede hacer un guion de cada movimiento (eso sería como intentar prever la decimoséptima jugada de una partida de ajedrez), pero sí que hay que tener en cuenta los movimientos críticos.

En un estudio pionero del cambio organizativo, descrito en el libro *La renovación de las empresas a través del camino crítico*[75], los investigadores dividieron los cambios que estudiaron en tres grupos: los de más éxito (el tercio superior), la media (el tercio medio) y los de menos éxito (el tercio inferior). Averiguaron que, en el espectro, casi todo el mundo fijaba objetivos: el 89 por ciento del tercio superior y el 86 por ciento del tercio inferior. Un objetivo típico podría ser mejorar las ventas en un 50 por ciento. Pero las transformaciones de cambio de más

---

75. Michael Beer, Russell A. Eisenstat y Bert Spector, *La renovación de las empresas a través del camino crítico*, McGraw-Hill, Madrid, 1992.

éxito era más probable que fijaran objetivos de comportamiento: el 89 por ciento del tercio superior contra solamente el 33 por ciento del tercio inferior. Por ejemplo, un objetivo de comportamiento podría ser que el equipo de ventas se reúna una vez por semana y que cada equipo incluya como mínimo a un representante de cada área de negocio.

La jerarquía de prioridades de Guardiola

Para volver al caso de Zlatan Ibrahimović, cuyo comportamiento individual lo había lanzado al éxito y la gloria futbolísticos y que al cabo de poco tiempo demostraría ser incompatible con la escala de comportamiento de su nuevo club. En un choque entre el talento prodigioso de un individuo y la Visión Global, cuando se ve a través del enfoque de una cultura de alto rendimiento, solamente puede haber un ganador.

La escala de prioridades de comportamiento de Guardiola era la siguiente:

1. HUMILDAD
2. TRABAJO DURO
3. JUGADOR DE EQUIPO

Se esperaba que cada uno de los miembros del equipo aceptara dichas prioridades, incluidos los nuevos fichajes como Ibrahimović. Pero, en este caso, conciliar el comportamiento individual y el cultural resultó imposible.

1. Humildad

Incluso antes de fichar por el club, el sueco recibió su primera lección sobre la importancia de la humildad. «Había hablado con la gente del F. C. Barcelona por teléfono —cuenta—, y ya se sabe que el Barça y el Real Madrid están en guerra. Son archirrivales y en gran parte por motivos políticos (Cataluña contra el poder central de España), pero los clubes también tienen filosofías distintas.» Le indicaron cómo viajaría desde Italia a Barcelona y, algo igual de importante, por qué.

«"No somos como el Real. Viajamos en aviones normales", me dijeron, y, claro, sonaba razonable. Volé con Spanair en vez de ir en jet privado.»

Este mensaje se vio reforzado en su primer día sobre el campo de entrenamiento; cuando Pep Guardiola se le acercó, parecía un poco cohibido:

«Oye —dijo Guardiola—. Aquí, en el Barça, mantenemos los pies en el suelo».

«Por supuesto —contesté—. ¡Perfecto!»

«O sea, no venimos a entrenar en Ferraris ni Porsches.»

Yo asentí. No salté y dije algo tipo «¡Es que no es asunto tuyo qué coches lleve yo!» Pero, al mismo tiempo, pensaba: «¿Qué quiere? ¿Qué clase de mensaje está enviando?» Créeme, no necesito hacer un problema de esto y parecer más duro y conducir un cochazo y aparcarlo en la acera o algo así. No se trata de eso. Me encantan los coches. Son mi pasión, y yo notaba que me quería decir algo más. Era como «no creas que eres alguien especial».

Ya me había dado la impresión de que el Barcelona era un poco como estar en el colegio o en algún tipo de institución. Los jugadores eran guays. No tenían nada de malo. Pero, para ser sincero, ninguno de ellos actuaba como una superestrella, y eso era raro. Messi, Xavi, Iniesta, todo el grupo, eran como escolares. Los mejores futbolistas del mundo estaban ahí con la cabeza gacha, y yo no entendía nada.

Ahí, todo el mundo hacía lo que le mandaban. Yo no encajaba en absoluto. Yo pensaba: «Disfruta de la oportunidad. No confirmes sus prejuicios». Así que empecé a adaptarme y a integrarme. Pasé a ser demasiado agradable. Era una locura.

Yo decía lo que pensaba que quería oír la gente. Conducía el Audi del club y estaba allí y decía que sí con la cabeza como cuando iba al colegio. A penas gritaba a mis compañeros de equipo. Yo era aburrido. Zlatan había dejado de ser Zlatan.

> Era el segundo traspaso más caro de la historia y, por desgracia, sentía la presión de todo, de que aquí en el Barça no montamos un espectáculo y todo eso, y supongo que yo quería demostrar que yo también podía hacerlo[76].

A pesar de su comprensión inicial, Ibrahimović transgredió deliberadamente ese código de comportamiento a medida que su relación con el club, y con Guardiola en particular, se deterioraba:

> Cuando me di cuenta de que iba a estar en el banquillo durante el partido contra el Almería, recordé aquella frase: «Aquí, en el Barcelona, no venimos a entrenar en Ferraris ni Porsches». ¿Qué tontería era esa? Llegaré en el coche que quiera, como mínimo provocaré a los idiotas. Me monté en mi Enzo, apreté el gas y aparqué justo delante de la puerta del centro de entrenamiento. Por supuesto, fue un enorme circo. Los periodistas escribieron que mi coche costaba igual que todos los sueldos mensuales de los jugadores del Almería. Me importaba un bledo. La basura de los medios de comunicación eran minucias en este contexto. Me había decidido a decir mi opinión[77].

¡Primer *strike*!

2. Trabajo duro

En junio de 2008, Guardiola no había perdido tiempo en dejar huella en su nuevo puesto. Con aquel director técnico nuevo, se analizó de inmediato el peso de los jugadores. Dejó de ser aceptable engordar medio kilo. En general, Guardiola era el primero que llegaba al campo de entrenamiento todos los días, normalmente no mucho después de las ocho de la mañana. La puntualidad, como representación de estar mentalmente preparado, se

---

76. Zlatan Ibrahimovic, *Soy Zlatan Ibrahimović*, Córner, Barcelona, 2015.
77. *Ibidem*.

impuso de forma estricta. Las reglas de Guardiola eran simples. Había multas por llegar tarde, más un tiempo de entrenamiento en solitario para los infractores. Estaba prohibido que los jugadores no estuvieran listos para trabajar duro, tanto si era porque tenían que atarse los cordones en el campo de entrenamiento como por no llegar al entrenamiento[78].

En el caso de Ibrahimović, durante las vacaciones de Navidad de 2009, cuatro meses después de haber entrado en el club, tuvo un conflicto con el comportamiento distintivo que había dado al club un inmenso éxito durante la primera temporada de Guardiola. Ibrahimović se lesionó en un accidente de moto de nieve en el norte de Suecia, una actividad estrictamente prohibida por la dirección del club.

«Siempre conduzco como un loco —recuerda—. He hecho tantas locuras que ni siquiera quiero pensarlo, y en las montañas iba a toda pastilla en mi moto de nieve. Tuve quemaduras por frío, pero me lo pasé bomba.»

Poco después de volver a España tuvo otro accidente, al chocar el coche del club contra una pared de cemento durante una tormenta, destruyendo todo el lado derecho. «Muchos jugadores del equipo habían tenido un accidente de coche con aquella tormenta, pero no tan grande como el mío. Gané el premio de "estrella tu coche"[79].»

Estas dos lesiones evitables le obligaron a dejar los entrenamientos y le impidieron trabajar duro por la mejora del equipo.

¡Segundo *strike*!

3. Jugador de equipo

Durante su primera temporada al mando, Guardiola comprobaba el comportamiento que tenía el grupo. Como vimos en el prefacio, si el equipo perdía una oportunidad clara de gol, él se giraba de inmediato hacia el banquillo. Algunos futbolistas daban un salto antes de ver que la pelota entrara en la portería, mientras que otros no se movían ni reaccionaban. Guardiola decidió que este último comportamiento ilustraba que sus pla-

---

78. Balagué, *Pep Guardiola*.
79. Zlatan Ibrahimovic, *Soy Zlatan Ibrahimović*, Córner, Barcelona, 2015.

nes personales eran más importantes para ellos que el éxito colectivo del equipo. Al final del verano siguiente, todos los jugadores que se habían mostrado impasibles de forma sistemática habían dejado el club.

Al final de su primera temporada, el estándar de comportamiento de Guardiola de poner primero al equipo se endureció. A menudo le gustaba ilustrarlo con el ejemplo de Seydou Keita, el versátil centrocampista de Malí. Los días antes de la final de la Copa de Europa de 2009, Guardiola se acercó al centrocampista y le pidió que jugara como defensa. El entrenador se quedó asombrado por la respuesta. «No me hagas jugar ahí —suplicó. Su razonamiento era desinteresado, no egoísta—. Haría cualquier cosa por ti, míster, pero nunca he jugado en esa posición. Mis compañeros de equipo sufrirán.»

El jugador anteponía las necesidades colectivas del equipo al deseo individual de jugar. Sabía que no sería elegido para la final a menos que estuviera dispuesto a jugar como defensa derecho improvisado. Guardiola aprobó la petición de Keita y se quedó maravillado: «Nunca he conocido a una persona tan buena y generosa como Keita».

A medida que la temporada 2009-2010 avanzaba, le pidieron a Ibrahimović que adaptara su habitual estilo de juego para ajustarse al de Lionel Messi, que estaba a punto de ser considerado mejor jugador del mundo, y quizá de la historia.

«En el equipo, el juego se centra en Messi, es natural, es magnífico —cuenta el carismático delantero—. Messi habló con Guardiola y le dijo "Quiero jugar en el centro". Guardiola lo cambió y yo acabé en la sombra. Guardiola me sacrificó.»

Unas semanas después de esta decisión, el círculo de Ibrahimović empezó a cuestionar abiertamente a Guardiola. «Si Guardiola no hace jugar a Ibra, es mejor que lo envíes a un hospital psiquiátrico», dijo Mino Raiola, su agente italiano sin pelos en la lengua.

Animado por Raiola y otros amigos, Ibrahimović expresó su insatisfacción a Guardiola. «Con el debido respeto —dijo al entrenador—, esto no funciona. Es como si te compraras un Ferrari pero lo condujeras como si fuera un Fiat.» Ibrahimović señaló al director técnico que prefería no jugar a ser utilizado como quería Guardiola.

¡Tercer *strike*!

La claridad neutraliza la resistencia

«El talento siempre te hará entrar en el vestuario —explica Txiki Begiristain—, pero tu comportamiento dentro de esa cultura determinará cuánto tiempo te quedas ahí[80].»

Al traducir la Visión Global del club a comportamientos cotidianos claramente comprensibles, Guardiola fue capaz de aplicar un estándar a todos los jugadores, independientemente del talento futbolístico apabullante que tuvieran. No importaba lo bueno que fueras, el hecho de negarte a subir la escalera de comportamiento daba como resultado que los vigilantes de la cultura te rechazaran.

Joan Laporta, el presidente del Barça, comprendió la importancia cultural de estos comportamientos cuando más tarde reafirmó la razón para la corta estancia de Ibrahimović en el club. «Realmente, nunca estuvo en sintonía con el resto del equipo —contó a *La Repubblica*—. El fútbol es algo colectivo. La solidaridad es más importante en el F. C. Barcelona que en cualquier otro sitio.»

En tu propia cultura, no vas a liderar fácilmente un cambio cultural hasta que puedas definir una idea como un comportamiento específico. Para crear movimiento, debes ser específico y concreto. Tienes que emular la humildad, el trabajo duro y los comportamientos orientados al equipo, y huir de clichés vacíos.

Ejercicio:
Sube la escalera del comportamiento

Ric Charlesworth, entrenador de la selección femenina de hockey sobre hierba de Australia, las Hockeyroos, que logró dos oros olímpicos, a menudo pedía a sus jugadoras que describieran el partido perfecto. Hacía que trabajaran situaciones hipotéticas en grupos y que describieran cómo se comportaría el equipo perfecto durante ese partido[81].

---

80. Hughes, entrevista con Soriano y Begiristain.
81. *Ibidem*.

Para responder a esa pregunta, la mayoría de los jugadores y los entrenadores señalan rápida y fácilmente los aspectos físicos, tácticos y técnicos que consideran esenciales. Sin embargo, los mejores también incluirán los comportamientos ganadores que se han mostrado. Suelen ser las personas que han visto partidos en los que ha destacado el comportamiento superior del equipo ganador.

Aunque el partido perfecto no exista, este ejercicio resulta útil porque considera el punto final de su trabajo y permite que haya una discusión sobre cómo reaccionaría un jugador o un entrenador perfecto frente a las muchas situaciones complicadas que puedan surgir.

Según mi experiencia, hay varias reglas que pueden hacer que este ejercicio sea efectivo:

1. Elige un máximo de tres comportamientos
Elegir solamente tres «comportamientos distintivos» obliga a los equipos a identificar los esenciales, los que los diferencian. Además, esto impide que hagan una lista de la compra de los comportamientos que «estaría bien tener», que son imposibles de recordar y tienden a ser demasiado blandos.

2. Si ves algo, dilo
Esta regla sencilla impide que las frases generales («sé amable») y la jerga («sé profesional») se cuelen en la discusión. Los comportamientos deben ser algo que se pueda observar y, por lo tanto, algo que se pueda comentar en sentido positivo o negativo.

3. Clasifícalos
Esta regla es muy potente. Crearla puede implicar tiempo. Sin embargo, recuperarás ese tiempo con creces, ya que tú y tu equipo tendréis la confianza de que el proceso de toma de decisiones será (a) fácil, (b) constante, (c) rápido y, lo más importante, (d) *acertado*.

Imagínate que tu propio equipo tuviera criterios igual de claros sobre cómo toman las decisiones. Todo ese tiempo extra que te ahorrarías; el respeto y la comprensión extra que tendrías por las decisiones de los demás; la alineación extra que aportaría.

4
Resumen de la Visión Global

Cuando se crea la Visión Global, hay un triángulo de rendimiento que se debe abordar. Para garantizar un rendimiento óptimo, tienes que tener los tres elementos.

CÓMO

POR QUÉ   QUÉ

El hecho de formular lo que parecen tres preguntas muy básicas (por qué, qué y cómo) puede eliminar en un instante barreras que obstaculizan o bloquean el progreso hacia la creación de una cultura.

Aunque las tres sean importantes, siempre que alguien me dice que no consigue que su equipo haga algo, le pregunto: «¿El porqué es lo bastante grande?»

La primera pregunta que hay que abordar y la más importante es preguntar por qué. Si puedes crear una razón lo bastante grande, la gente no tiene que saber necesariamente el cómo. En circunstancias extremas, cuando el porqué es lo bastante importante, la gente encuentra la manera.

Como líder, es importante que cubras estas tres áreas con todo tu equipo, pero, tal y como ilustra el ejemplo de Zlatan Ibrahimović, es igualmente crítico invertir tiempo en comprender los porqués de un individuo.

Este proceso puede parecer que conlleve mucho tiempo, pero comprender sus motivaciones pronto evitará que lo tengas que hacer más tarde y en circunstancias más difíciles.

En este apartado he establecido que, al abordar estas cuestiones y al darles respuesta con métodos repetibles, se puede empezar a realizar el cambio hacia la creación de una cultura de alto rendimiento. La Visión Global está en vigor. Ha llegado la hora del Arco de Cambio.

PARTE 2

Arco de Cambio: señales culturales

> «No se gana siguiendo líneas rectas.»
>
> Sir Alex Ferguson

Para conducir a la gente hacia la Visión Global, tienes que comprender el Arco de Cambio: las cinco etapas que tú y tus colegas encontraréis a lo largo del camino. Después de estudiar movimientos de éxito en empresas, deporte y sociedad, he identificado las cinco etapas que incluye todo viaje hacia el cambio:

SOÑAR   SALTAR   LUCHAR   SUBIR   LLEGAR

Comprender estas etapas te ayudará a crear momentos de impulso que determinen cómo experimentan el trayecto tus compañeros de viaje y, a la vez, mantienen su energía para que todos lleguéis a la Visión Global y logréis hacerla realidad.

Valorarás esta sensación si alguna vez has experimentado el entusiasmo de fijar un propósito de año nuevo antes de luchar contra las olas de apatía y desaliento unas semanas después, cuando empieza el trabajo. Al final, el trabajo duro se ve recompensado con señales de progreso y los niveles de entusiasmo empiezan a recuperarse.

Ya hemos visto (en el apartado de Visión Global) que los líderes tienen que comunicar el porqué, el qué y el cómo de forma que impulse los corazones y las mentes del equipo en momentos críticos, como cuando se lanza una idea por primera vez o se celebra que se haya conseguido. Sin embargo, lo complicado es mantener el interés y el compromiso de esas personas a largo plazo con un flujo constante de comunicaciones significativas y oportunas.

Imagínate que pudieras volar, estudiar la topografía y adelantarte a los obstáculos, y utilizar esa información para trazar un camino claro. Proporcionar señales culturales que señalen a los viajeros dónde han estado, dónde están y dónde van a ir en el Arco de Cambio es crucial.

En este apartado, veremos cuatro formas de proporcionar esas señales. Para comunicar la Visión Global de una forma convincente y deseable, puedes utilizar la caja de herramientas del cambio cultural, que incluye **discursos, historias, ceremonias** y **símbolos**. De esta forma, ayudarás a que las personas deseen dicha Visión Global y la logren.

1
Historias

Lugar: Sala de reuniones del equipo
Campo de entrenamiento Joan Gamper, Barcelona
Fecha: marzo de 2011

«Vale, chicos, sentaos —indicó Pep Guardiola, el entrenador, a la vez que pedía silencio con las manos—. Hoy, tenemos un invitado especial. Me gustaría presentaros a Fernando Parrado. Nando os va a contar una historia; su historia. Me gustaría que le prestarais toda vuestra atención.»

El uruguayo de sesenta y un años se puso de pie, se aclaró la garganta y empezó a contar lo sucedido en octubre de 1972, casi cuarenta años antes.

El avión bimotor se dirigía a Chile con cuatro miembros de la tripulación y cuarenta y un pasajeros, la mayoría, miembros o aficionados del equipo de rugby de Nando, de Montevideo (Uruguay). El equipo volaba a un partido en Santiago y el avión había despegado en una fecha de mal agüero de octubre de 1972, un viernes 13. En lo profundo de los Andes, el piloto topó con mal tiempo, se desvió del rumbo y chocó contra una montaña, lo que provocó que el avión se partiera en pleno vuelo.

«La mayoría de nosotros vivíamos en la costa —dijo—. Nunca habíamos estado en las montañas, ni habíamos tocado nieve. Pasamos de estar bromeando y riéndonos en el avión a estar cubiertos de sangre y a pasar frío en aquella montaña a tres mil trescientos metros de altura sin una salida clara.»

Durante diez días, los supervivientes bebieron nieve derretida y buscaron comida pasada del equipaje que había quedado esparcido por allí.

Nando se pasó tres días mordisqueando un único cacahuete cubierto de chocolate, saboreando primero el chocolate y, después, cada mitad del cacahuete.

Pero cuando se les acabó la comida y la amenaza de morirse de hambre se cernió sobre ellos, solamente les quedó una horrible opción. Utilizaron trozos de vidrio como cuchillos y se comieron los cuerpos de los miembros de la tripulación. Más tarde, se vieron obligados a buscar la carne de los cadáveres de sus amigos.

Entre las pocas mujeres que había en el avión (todas murieron) se encontraban la madre y la hermana de Nando. Desde el principio, todos estuvieron de acuerdo en no tocar los cuerpos de Xenia y Susy. Sin embargo, Nando estaba preocupado porque la comida cada vez era más escasa y alguien podría tener la tentación de comérselas. No iba a dejar que pasara eso. Cuando ya llevaban dos meses en la montaña, se ofreció como voluntario para ir a buscar ayuda.

«Pensé que, si nadie iba a buscar ayuda enseguida, nos moriríamos uno tras otro. No podía culpar a nadie por hacer lo necesario para sobrevivir. Pero me preguntaba quién sería el último que quedaría vivo. ¿Qué comería? La montaña era de roca. Allí no crecía nada. ¿Qué podíamos comer salvo a nuestros amigos que habían muerto?»

Parrado y su amigo íntimo y compañero de equipo Roberto Canessa dejaron el lugar del accidente y se abrieron camino a través de unas de las montañas más escarpadas del mundo, sin mapa ni brújula, intentando llegar a la frontera con Chile, desafiando al frío y a la oscuridad en un viaje que cubrió 112 kilómetros en diez días y contando solamente con un calcetín lleno de «carne» para comer. Parrado mencionó la palabra «carne» tan de pasada que los jugadores (sentados y escuchando con una intensidad silenciosa) tuvieron que recordar que hablaba de carne humana.

«Si íbamos a morir igualmente, quería morir intentando salir de allí. Subíamos montañas por instinto. Con esperanza.»

Tras llegar a una cabaña de un pastor por debajo del límite de las nieves perpetuas, Nando y Roberto pudieron por fin conducir a unos rescatadores hasta el lugar en el que estaban los quince supervivientes, que habían estado abandonados durante setenta y dos días.

«Solamente dos personas, Roberto y yo, salvamos a todos los demás», dice como si tal cosa.

Los cuerpos de su madre y su hermana se quedaron donde él los había dejado. Les dieron un entierro digno y marcaron las tumbas con una sencilla cruz de acero[82].

Cuando Nando acabó de contar su historia, los jugadores del F. C. Barcelona, que la televisión uruguaya describió como «jóvenes sensibles, como un equipo *amateur*», se quedaron en un silencio absoluto, reflexionando acerca de la increíble historia contada por la película de Hollywood de 1993 *¡Viven!*, antes de romper en un espontáneo y sentido aplauso.

«Sirvió para darnos cuenta de que pasan cosas terribles que hunden a cualquiera, pero hay gente que se rebela y que lucha por la vida», comentó Gerard Piqué sobre la charla.

Pep Guardiola observó a su equipo y escuchó sus preguntas incisivas con satisfacción. Los paralelismos de la lucha entre la vida y la muerte que acababan de escuchar y su propio viaje eran evidentes para ellos. «Nos podíamos identificar con las cualidades necesarias para lograr los objetivos», dijo Víctor Valdés[83].

El Arco de Cambio

Imagínate que tienes que plasmar en un gráfico la aventura de Nando Parrado en la que se enfrentó a la muerte. Sin duda, la línea en la que se detallan los acontecimientos estaría llena de altibajos y, al final, llegaría a un punto máximo cuando Parrado y los demás supervivientes son rescatados. De hecho, seguiría el mismo arco que sigues tú al conducir a personas a través de cualquier cambio.

Tal y como se detalla en la introducción de este apartado, he identificado cinco etapas que contiene todo Arco de Cambio de éxito:

SOÑAR   SALTAR   LUCHAR   SUBIR   LLEGAR

---

82. Nando Parrado, *Milagro en los Andes*, Planeta, Barcelona, 2006.
83. Damian Hughes, entrevista con Víctor Valdés.

Este Arco de Cambio se hace eco de lo que Joseph Campbell, el mitólogo y escritor estadounidense, denominó *monomito*. Campbell había estudiado historias y mitos religiosos de todo el mundo y se dio cuenta de que todos seguían básicamente la misma estructura. En 1949, publicó el libro sobre este tema *El héroe de las mil caras*[84].

Estas historias hablan de un chico aparentemente ordinario (normalmente, es un chico) de origen modesto que tiene que «entrar en acción». El joven héroe viaja de su pequeño mundo monótono a una «zona de maravilla sobrenatural» y topa con fuerzas fantásticas, cuenta con diversas ayudas y logra una gran victoria. Después, vuelve a «conceder bendiciones» a su comunidad de origen.

Las leyendas populares y los cuentos de hadas tienden a tener la misma estructura, igual que ocurre con muchas películas de aventuras. *La guerra de las galaxias*, por ejemplo, se construyó siguiendo la línea campbelliana de forma explícita. George Lucas creó a Luke Skywalker para que fuera el clásico héroe monomítico.

El deporte es un mundo rico en simbolismos y metáforas, así que nuestras historias preferidas sobre héroes deportivos tienden a seguir el mismo patrón. Tanto Johan Cruyff como Pep Guardiola cumplen la mayoría de los elementos descritos por Campbell, lo que ayuda a reforzar su estatus como líderes culturales creíbles para guiar el progreso del club.

Ambos eran de origen humilde y su talento hizo inevitable la llamada a una vida de acción en varios escenarios deportivos diseñados para el asombro. Sus carreras fueron viajes largos y difíciles durante los cuales se enfrentaron a duras pruebas. Cruyff y Guardiola aportaron muchos «beneficios», desde títulos de liga o copas hasta la gratitud de la nación catalana, sobre todo en lo referente a la liberación psicológica de la victoria de la Copa de Europa de 1992.

Guardiola invitó a Parrado basándose en la idea de que las historias tienen el poder de orientar a las personas durante momentos de cambio. Esa fue una lección que él había aprendido durante su propia carrera como jugador.

---

84. Joseph Campbell, *El héroe de las mil caras*, FCE, Madrid, 2005.

En 1992, cuando Guardiola estaba en el balcón del Palacio de la Generalitat en Barcelona, que alberga la oficina del presidente de Cataluña, y declaró: «*Ciutadans de Catalunya, ja teniu la copa aquí*» («Ciudadanos de Cataluña, ya tenéis la copa aquí»), no fue casualidad que los héroes del Barcelona presentaran su primera Copa de Europa a la ciudad desde el mismo sitio donde, casi quince años antes, el expresidente catalán Josep Tarradellas había utilizado una frase similar para anunciar que había vuelto del exilio: «*Ciutatans de Catalunya, ja sóc aquí*» («Ciudadanos de Cataluña, ya estoy aquí»).

Guardiola, un punto de referencia catalán del equipo, del club, comprendió la importancia de la coronación del equipo como superpotencia europea y también su papel como símbolo icónico de la nación. «Tenía la frase preparada», admitió posteriormente.

Como veremos en este capítulo, Guardiola utilizó historias con frecuencia (y con habilidad) para facilitar la transición y mantener a su equipo comprometido y motivado.

Historias cercanas

Si quieres demostrar algo a alguien, seguramente le impresionarás más si ilustras lo que quieres decir con una historia. La escalera de comportamiento de Guardiola (en la que se detalla cómo comportarte para reforzar la Visión Global) estaba llena de historias, como cuando Seydou Keita estaba dispuesto a sacrificar su posición en el equipo para ser la personificación del espíritu de «el equipo es lo primero».

Ingvar Kamprand, el fundador de IKEA, llegó a ser el cuarto hombre más rico del mundo. Ha dejado que crezcan y circulen historias sobre él de forma deliberada para que reforzaran la visión de su empresa. Suele viajar al aeropuerto en autobús y solamente va a moteles baratos en lugar de ir a hoteles de lujo de cinco estrellas cuando viaja por trabajo. Esta historia sencilla, que circula libremente entre su personal, es consecuente con su propósito, que es «ayudar a crear una vida mejor para muchas personas proporcionando muebles baratos pero de calidad para los hogares». La historia muestra a un hombre que todavía está en contacto con la realidad y al que todavía le importa conseguir la mejor relación calidad-precio. El hecho de que se desplace en autobús es una metáfora del viaje que ha hecho su empresa[85].

Esta misma lección se puede aprender probablemente del libro más leído de la historia: la Biblia. ¿De quién habla? Distintas personas, evidentemente, responderán cosas distintas. Pero todos podemos estar de acuerdo en que la Biblia contiene quizás el conjunto de reglas de comportamiento más influyentes de la historia humana: los diez mandamientos. Son la base no solamente de la tradición judeocristiana, sino de muchas sociedades construidas sobre esa tradición. Seguramente muchos de nosotros podemos recitar los diez mandamientos con los ojos cerrados, ¿verdad?[86]

Venga, dime los diez mandamientos. Te doy un minuto para que refresques la memoria.

Vale, aquí los tienes:

1. *Yo soy tu Dios, quien te sacó de las tierras de Egipto, la casa de la servidumbre.*
2. *No tendrás más Dios que yo.*
3. *No usarás el nombre de Dios en vano.*
4. *Santificarás el día del Señor.*
5. *Honrarás a tu padre y a tu madre.*
6. *No matarás.*
7. *No cometerás adulterio.*
8. *No robarás.*
9. *No levantarás falso testimonio contra tu prójimo.*
10. *No codiciarás los bienes ajenos, ni a la mujer de tu prójimo... ni nada que sea de tu prójimo.*

¿Cómo te ha ido? Probablemente, no muy bien. Pero no te preocupes, le pasa a la mayoría de la gente. Según un estudio reciente, solamen-

---

85. Hughes, *Liquid Leadership*, p. 66.
86. Stephen J. Dubner y Steven D. Levitt, *Piensa como un freak*, Ediciones B, Barcelona, 2015.

te el 14 por ciento de los adultos de Estados Unidos se acordaba de los diez mandamientos y solo el 71 por ciento podía decir uno de los mandamientos. Los que se recordaban mejor eran los números 6, 8 y 10 (matar, robar y codiciar), mientras que el número 2, sobre adorar a otros dioses, era el que menos se recordaba[87].

Si nos cuesta tanto recordar el conjunto de reglas más famoso del libro probablemente más conocido de la historia, ¿qué es lo que sí recordamos de la Biblia?

Las historias. Nos acordamos de que Eva dio una manzana prohibida a Adán y de que uno de sus hijos, Caín, mató al otro, Abel. Recordamos que Moisés separó el mar Rojo para liberar a los israelitas de la esclavitud. Recordamos que Abraham recibió la orden de sacrificar a su único hijo en una montaña. Estas son las historias que contamos una y otra vez, incluso los que no somos ni «remotamente» religiosos. ¿Por qué? Porque se nos quedan, nos conmueven, nos convencen de que hay que considerar la fe y las debilidades de la experiencia humana de una forma que no pueden hacer las meras reglas.

Cuando conduzcas a personas a través del Arco de Cambio, sobre todo en la etapa de lucha, puedes usar historias para recordarles que perseveren y no pierdan la fe en los métodos elegidos para llevar a cabo la Visión Global. Guardiola eligió los tensos momentos antes del partido más grande de su carrera como entrenador para reforzar la importancia del trabajo en equipo en la mente de sus jugadores.

El 27 de mayo de 2009, dos horas antes del comienzo de la final de la Liga de Campeones, el equipo llegó al estadio de Roma. Ese día, Guardiola no permitió que los jugadores pasaran tiempo solos. Tenía un sorprendente as escondido en la manga.

A lo largo de la temporada había conectado con los jugadores emocionalmente antes de los partidos, pero en aquella ocasión había preparado algo distinto que no requeriría ninguna palabra adicional.

---

87. «Americans Know Big Macs Better Than Ten Commandments», Reuters.com, 12 de octubre de 2007; «Motive Marketing: Ten Commandments Survey», Kelton Research, septiembre de 2007.

Guardiola dijo: «Lo que he aprendido con los años es que soy consciente de que la táctica es muy importante, pero los entrenadores realmente grandes son entrenadores de personas y esa calidad humana es lo que les hace mejores que a los demás. Elegir a las personas adecuadas a las que admirar y darles autoridad en el vestuario es una de las muchas cosas que debe hacer un entrenador».

Pep sentía que la final era una ocasión que exigía algo extraordinario para ayudar a poner las cosas en marcha. Su plan se inició dos semanas antes de la final, con un mensaje de texto a Santi Padró, productor de TV de la cadena catalana TV3: «Hola Santi. Tenemos que vernos. Tienes que ayudarme con la Liga de Campeones».

Cuando Santi llegó con el material solicitado unos días más tarde, Guardiola vio el resultado final en el ordenador portátil y se le saltaron las lágrimas. Santi supo que había logrado exactamente lo que el entrenador le había pedido. Guardiola llamó a Manuel Estiarte, miembro del equipo técnico del F. C. Barcelona, y le dijo que tenía que ver aquel DVD. Su amigo también se emocionó.

«¿Cuándo y dónde se lo pondrás?»

«Justo antes del partido», contestó Guardiola.

Y su amigo no pudo más que responder: «¡Es increíble!»[88]

Los jugadores se quedaron sorprendidos cuando su sesión de calentamiento en el Estadio Olímpico de Roma acabó antes de lo que creían. Notaban la emoción y la tensión en el aire mientras iban por el túnel hacia el vestuario.

Guardiola habló: «Quiero que veáis esto. Disfrutad. Este es el trabajo en equipo que nos ha traído a Roma».

Las luces del vestuario se apagaron mientras una pantalla grande iluminaba la sala y la canción de la película *Gladiator* resonaba en aquel espacio. «Mi nombre es Gladiador...» fueron las primeras palabras que oyeron los jugadores mientras veían un montaje de la película del mismo nombre e imágenes aéreas del estadio en el que estaban a punto de jugar la final. Después, vieron un emocionante vídeo de siete minutos

---

88. Balagué, *Pep Guardiola*, p. 178; Guillem Balagué, *Messi*, Libros Cúpula, Barcelona, 2014; Hunter, *Barça*.

que mezclaba imágenes del éxito de taquilla de Hollywood con grabaciones de todo el equipo del Barcelona, todo con la épica banda sonora de la película. Todos y cada uno de los futbolistas, incluso los que habían tenido un papel más periférico aquella temporada, fueron honorados en el vídeo: los dos porteros reserva, Alexander Hleb, incluso Gabriel Milito, el defensa que había estado lesionado la mayor parte de aquella temporada. Salían todos. Excepto Guardiola. El entrenador había estipulado que bajo ninguna circunstancia quería que se le elogiara en el vídeo. Era para sus jugadores.

«¡Es más fácil sobrevivir si peleamos juntos!» Detrás de un casco que ocultaba por completo su rostro, la voz de Russell Crowe resonaba en la oscuridad del vestuario.

«Había un sueño que era Roma», decía la voz de Crowe, antes de salir a luchar en el Coliseo. Justo en ese momento, aparecía Andrés Iniesta en la pantalla, chocando la mano con Xavi en el túnel de vestuarios antes del partido mientras sonreían.

Cuando acabó el vídeo, había un silencio sepulcral en la sala. Nadie se movía, primero, por la sorpresa, después, por la emoción. Los jugadores se miraban los unos a los otros tímidamente. Se derramaron lágrimas. Sin pensar, de manera inconsciente, los jugadores se habían puesto los brazos alrededor de los hombros. Fue un momento intenso y especial.

Sin duda, el mensaje dio en el clavo, a juzgar por la cantidad de jugadores que comentaron que este vídeo les había influido para permanecer unidos frente a un bombardeo apasionado inicial de su adversario, el Manchester United.

Ejercicio:
El enfoque de Pixar

Desde que Pixar hizo su primer largometraje, *Toy Story*, en 1995, ha estado llamando la atención del mundo con películas de éxito como *Monstruos, S.A*, *WALL-E* y *Up*.

El estudio ha ganado veintisiete Oscar y ha recaudado más de ocho mil millones de dólares en ingresos brutos. Y aunque Pixar sea conocida por sus películas animadas con imágenes generadas por ordenador y por su increíble nivel gráfico, es igual de conocida por sus historias magníficas que encandilan a personas de todas las edades.

La ex artista de historias de Pixar Emma Coats[89] explicó parte de la sabiduría adquirida al trabajar en *Brave* y *Monstruos University*, por ejemplo, que utilizaban solamente seis frases para estructurar una historia:

1. Érase una vez, ___.
2. Todos los días, ___.
3. Un día, ___.
4. Por eso, ___.
5. En consecuencia, ___.
6. Hasta que, finalmente, ___.

El formato de seis frases inspirado en Pixar construye historias para que sean atractivas y ágiles. Permite que los líderes aprovechen la bien documentada fuerza persuasiva de las historias, pero dentro de un marco que obliga a ser conciso y disciplinado.

Incluso puedes resumir este libro con una historia tipo Pixar:

Érase una vez la historia del dominio del F. C. Barcelona, que se veía con admiración y asombro. Todas las semanas, los veíamos jugar a fútbol con un estilo y una gracia raros y pensábamos que se debía a su talento puro y a su increíble habilidad. Los retos a los que se enfrentaban para lograr aquellos resultados eran distintos a los nuestros, así que, aunque disfrutábamos al verlos actuar, sabíamos que no podíamos aprender nada. Un día, tú cogiste este libro y empezaste a leer acerca de los métodos reproducibles empleados para crear una cultura que producía resultados impresionantes de forma constante. Por esa razón, comprendiste los paralelismos entre su mundo y el tuyo y entonces fuiste capaz de incorporar algunas de las prácticas en tu propia cultura. Por último, tu equipo y tú veis ahora las ventajas de una cultura de compromiso y el éxito que conlleva.

---

89. «Pixar Story Rules», *Pixar Touch Blog*, 15 de mayo de 2011; Damian Hughes, *The Five STEPS to a Winning Mindset*, Macmillan, Londres, 2016, p. 268; Ed Catmull, *Creatividad, S. A.: cómo llevar la inspiración hasta el infinito y más allá*, Conecta, Barcelona, 2016.

Cuando sepas el mensaje que quieres transmitir, piensa en una historia que quieras contar. Utiliza el patrón de las historias de Pixar que hemos visto más arriba. Después de haber llenado los espacios en blanco, vuelve a escribir tu historia y amplíala.

2
Rituales y ceremonias

Un sábado por la mañana de noviembre de 2008, apenas cinco meses después de la llegada de Guardiola como entrenador, Juan Carlos Unzué, el entrenador de porteros del equipo, se enteró de que su padre había muerto repentinamente. Aquella tarde, el equipo jugó un partido de liga, ganó y, justo después, subió a un vuelo chárter que había pedido Guardiola para llevar a todo el personal deportivo, jugadores estrella incluidos, a Pamplona para asistir al funeral a la mañana siguiente. «Habría hecho lo mismo por cualquiera —dijo Unzué, que siempre estará agradecido a Guardiola pero que es lo suficientemente desapasionado para ver que tras esa generosidad había un propósito más profundo—. Guardiola nos transmitía el mensaje aquel día a todos de que estaríamos juntos como equipo en lo bueno y en lo malo. En el campo, eso se traduce en un espíritu de solidaridad feroz. Once jugadores atacan y once jugadores defienden[90].»

Igual que las historias, las ceremonias representan dónde estamos en ciertos momentos de cambio y transición. Durante miles de años, casi todas las culturas han utilizado ceremonias de rito de paso para marcar cambios que experimentan las personas en momentos críticos de la vida como *bar* y *bat mitzvahs*, puestas de largo, graduaciones, bautizos, bodas, coronaciones e inauguraciones.

La agencia de publicidad Saatchi & Saatchi tiene su declaración «NADA ES IMPOSIBLE» en las escaleras de piedra fuera de su oficina de Charlotte Street, Londres. Es otra forma de ritualización: cuando entras

---

90. John Carlin, *Financial Times*, 12 de marzo de 2012.

en el edificio, cruzas el umbral y llegas a un lugar en el que «puede pasar cualquier cosa»[91].

Algo parecido ocurre en el Liverpool Football Club. Cuando los jugadores de los dos equipos salen al terreno de juego, ven un cartel cerca del túnel de vestuarios que reza «THIS IS ANFIELD». Los jugadores que juegan en casa se detienen al pasar para tocar el cartel. Se trata de un ritual con distinto significado en función del color de la camiseta que lleves.

Los símbolos y las ceremonias pueden ayudar a hacer la transición entre etapas del Arco de Cambio real y tangible, hacen que se conviertan en «algo». Se «hacen realidad». En el caso del F. C. Barcelona, estas ceremonias se solían emplear para indicar el sueño de la Visión Global y las etapas de llegada exitosas del Arco de Cambio.

En sus cuatro años al mando, Guardiola simbolizó su respeto a la Visión Global al hacer debutar a diecinueve canteranos. «Cuando los jugadores jóvenes fueron presentados en las sesiones de entrenamiento del primer equipo, les dijimos que se esperaba que continuaran con la responsabilidad de representar al club de una forma correcta», explicó Víctor Valdés[92]. Esto se lograba haciendo que esos jugadores jóvenes se unieran a los otros graduados de la casa, de La Masía, en los juegos de rondo tradicionales. «Todos necesitamos esos rituales —reconoce el célebre futbolista holandés Ruud Gullit—. Tienes que pasarlos para llegar a lo que importa de verdad[93].»

Uno de los papeles más importantes de estas ceremonias dentro del Arco de Cambio del F. C. Barcelona es afirmar la solidaridad. Las ceremonias demuestran sentimientos como «somos serios», «esto se ha acabado» y «estoy comprometido». Algunas incluso pueden ser tan significativas que nunca se puedan duplicar, y se convierten así en experiencias apreciadas que unen profundamente a un grupo. El sociólogo francés Émile Durkheim propuso que los rituales ceremoniosos no solamente

---

91. Kevin Roberts, *Lovemarks: el futuro más allá de las marcas*, Empresa Activa, Madrid, 2005.
92. Hughes, entrevista con Valdés.
93. Ruud Guillit, *Cómo leer el fútbol*, Córner, Barcelona, 2017.

mantenían el orden social, sino que también desarrollaban la cohesión del grupo y fuertes relaciones interpersonales. Todo esto encaja con los comportamientos típicos del enfoque al liderazgo de Guardiola[94].

Según un estudio del Royal Melbourne Institute of Technology, las ceremonias también mejoran la comunicación al «provocar entusiasmo, dirigir la atención y mejorar la memoria y las asociaciones». En resumen, las ceremonias ayudan a las personas a comprender dónde están en su viaje al cambio y a procesar nuevos mensajes y formas de pensar, haciendo que sea más probable recordar ese momento[95].

Tal y como hemos mencionado, algunas ceremonias comunican la anticipación de un nuevo comienzo y otras delimitan una llegada. Esto quedó patente en lo que el defensa Carles Puyol identificó como «el momento más especial» de sus quince años de carrera en el primer equipo del Barcelona.

El equipo se quedó de piedra en 2011 al enterarse de que Eric Abidal, el popular defensa francés, tendría que operarse para que le extirparan un tumor cancerígeno que tenía en el hígado. El entrenador intentaba contener las lágrimas mientras ponía al corriente a Manuel Estiarte.

Abidal cuenta lo que le dijo Guardiola: «Pep fue increíble, me enviaba mensajes como "Sigue adelante. Todos contamos contigo para que estés aquí"». Guardiola también utilizó la lucha del defensa como metáfora para su propio equipo. «Caballeros —decía a los jugadores—, ¿os dais cuenta de que mientras estáis cansados y pensando que la vida es dura, uno de vuestros compañeros ha jugado trece partidos con un monstruo que le comía por dentro? Vale, estamos cansados, hay excusas, pero también hay prioridades: tenemos buena salud y Abi es un ejemplo para todos nosotros.»

Solo setenta y un días después de su operación, Abidal jugó los noventa minutos enteros mientras el Barça barrió al Manchester United en la final de la Liga de Campeones en Wembley. En uno de los actos

---

94. Émile Durkheim, *Las formas elementales de la vida religiosa*, Alianza, Madrid, 2008.

95. Richard Sosis y Candance Alcorta, «Signaling, Solidarity, and the Sacred: The Evolution of Religious Behaviour», *Evolutionary Anthropology* 12, 6, 2003, pp. 264-274.

más conmovedores del fútbol moderno, el talismán y capitán del Barcelona, Carles Puyol, profundamente orgulloso de ser catalán, renunció a la posibilidad de levantar el trofeo de club más codiciado en el mundo del fútbol y concedió el honor a Abidal. Era un premio por la determinación que había mostrado al volver a la acción. Puyol recuerda: «Cuando Abidal levantó el trofeo de la Liga de Campeones, las implicaciones eran importantes. Nos dio el ejemplo de la lucha, no se rindió y estuvo con el equipo, y pudo vivir un momento muy especial, un momento que merecía más que nadie»[96].

Posiblemente, este gesto improvisado sea el símbolo más potente del Arco de Cambio de Guardiola, porque capta el comportamiento que él había intentado integrar y el mensaje alentador de que el F. C. Barcelona es «más que un club». Fue un símbolo muy real de que los métodos de Guardiola se habían inculcado en el ADN del club.

A lo largo del Arco de Cambio, ya sea en puntos de triunfo o en momentos de desilusión, es importante utilizar ceremonias para mantener a la gente motivada. Las victorias deberían ser celebradas, pero incluso los pasajes oscuros (desde un ligero error hasta un completo desastre) también deben ser reconocidos para que la gente pueda pasar página.

Después de cada trofeo ganado, Guardiola, el equipo y el cuerpo técnico se agarraban por los hombros y bailaban alrededor del círculo central en una versión de la sardana catalana. El *staff* formaba un pasillo de honor en el túnel de vestuarios, aplaudían y daban palmadas a las superestrellas. Después de ganar su sexto trofeo durante el reinado de Pep (el Campeonato Mundial de Clubes de 2009 contra el Estudiantes de la Plata), los jugadores llevaban una camiseta con el lema «TODO GANADO, TODO POR GANAR» para señalar que habían llegado pero, más importante aún, que seguían subiendo. Tito Vilanova, sucesor de Guardiola, creía que esos momentos creaban un «maravilloso sentido de la unión que es casi más valioso que ganar el trofeo»[97].

---

96. Guillem Balagué, *Pep Guardiola: Otra manera de ganar*, Córner, Barcelona, 2013; Hunter, *Barça*.

97. Guillem Balagué, *Pep Guardiola*.

Ejercicio:
Rituales para hacer realidad

Cuando el entrenador de baloncesto Pat Riley dejó a Los Angeles Lakers que habían ganado el campeonato para ir a los Knicks de Nueva York, encontró a un equipo que luchaba contra sí mismo. La cohesión se había roto y los jugadores operaban solos o en grupos pequeños.

Cuando los jugadores llegaron a su primera reunión con el nuevo entrenador, Riley había colocado las sillas de la sala en grupos que representaban los grupos de jugadores que eran amigos. Riley dirigió a cada jugador a una silla específica y les pidió que observaran la sala. Les explicó que un equipo dividido no puede ganar, y les dijo que saldría quince minutos de allí para que ellos consideraran sus opciones.

Al volver, los jugadores habían formado un semicírculo de sillas y había una vacía para el entrenador. «En una sola reunión –dijo Riley más tarde– los jugadores habían pasado de una cultura del "yo" a una del "nosotros" y empezamos el proceso de construir la cohesión de grupo y ganar[98].»

Como hemos visto, estos símbolos y rituales se pueden utilizar para reforzar la Visión Global ya que hacen que sea real de una forma vital, visceral. Desde las ceremonias de iniciación hasta las primeras copas, desde la canción del club hasta las jerarquías, son el marco que sostiene el sistema de creencias. Cuando los jugadores llegan al entrenamiento con el coche del club (o ven el vídeo en el que aparecen cada uno de sus compañeros) están conectando con algo más grande que ellos mismos. Están haciéndose suya la metáfora, están conectando su historia personal con la del equipo.

Los símbolos, las ceremonias y los rituales pueden ser organizativos: tomar algo el viernes por la noche, celebrar la fiesta de Navidad anual. El personal de IKEA da la vuelta a la idea de vestir con ropa informal el viernes y se pone sus mejores galas precisamente ese día. Siempre que su equipo ganaba cuatro partidos consecutivos, Guardiola corría con los gastos de una comida del equipo en uno de los restaurantes más exclusivos de la ciudad.

Los símbolos pueden ser sociales: las amapolas rojas, regalar flores, llevar diamantes, decir «diga» para responder al teléfono, la Navidad en sí, cantar el

---

98. Pat Riley, *Forjador de éxitos*, Grijalbo, Barcelona, 1995.

himno del Barcelona como símbolo de la independencia catalana, los aficionados culés yendo a la fuente de Canaletes, donde se celebran todas las victorias del Barça.

Y también pueden ser personales: Guardiola se encerraba en su despacho cuarenta y ocho horas antes de un partido hasta experimentar «ese momento especial, ese sentimiento de felicidad y satisfacción puras», cuando elaboraba su plan para derrotar a sus adversarios. «Son estos momentos maravillosos los que hacen que el trabajo valga la pena. Me encanta mi trabajo por esos momentos.»

¿Cómo puedes utilizar símbolos y ceremonias en tu entorno para hacer hincapié en su posición en el Arco de Cambio?

3
Discursos

Uno de los amigos más íntimos de Guardiola es David Trueba, novelista y director de cine español al que conoció en una lectura de poesía en 1995, cuando tenía veinticuatro años. Trueba escribió esto sobre su amigo: «Tiene curiosidad por muchas cosas aparte del fútbol. Pero te da la sensación de que a veces las codifica de una forma especial. Es como si las "futbolizara"». Es decir, encuentra una lección aplicable al fútbol en todas partes.

Según Trueba, su amigo siguió las elecciones estadounidenses de 2008 de cerca: «Se quedó levantado hasta que dieron el resultado final, bombardeándome de información toda la noche por teléfono, siguiendo a Obama[99]».

Sin duda, había estado «futbolizando» también a Barack Obama; aprendiendo lo que podía de un experto en otro campo y aplicándolo al suyo. Era un método de aprendizaje empleado por Cruyff, que había hecho que un cantante de ópera diera lecciones de control de la respiración a su equipo. Seguro que Guardiola extrajo lecciones sobre cómo conducir a personas a través del Arco de Cambio de la campaña y, sobre todo, de la capacidad para contar historias que permitió a Obama conectar de forma tan efectiva con los votantes y convencerlos de que se unieran a su causa.

Cuando se presentó como candidato a la presidencia por el Partido Demócrata, Obama fue atacado debido a los contundentes comentarios que había hecho su pastor, el reverendo Jeremiah Wright. Obama se vio

---

99. Miquel Àngel Violan, *El método Guardiola,* Planeta, Madrid, 2012.

atrincherado en la etapa de lucha de su Arco de Cambio. Los resultados de las encuestas caían, su adversaria Hillary Clinton criticaba su criterio (Hillary descartó la lealtad de Obama diciendo: «Yo no tendría a Wright como pastor») y la campaña perdía impulso. Entonces, Obama dio un discurso que reconectó a su propia Visión Global, de unos Estados Unidos más justos, más tolerantes, para convencer al pueblo de que mantuviera la fe.

El notable discurso de Obama aportó calma, reavivó su campaña y condujo a muchos estadounidenses a ver un futuro mejor para su país. El discurso está lleno de un lenguaje rico y apasionado que da esperanzas de tener un país mejor. Acabó de esta forma:

> Hay una historia en particular que quiero compartir con ustedes: una historia que conté cuando tuve el gran honor de hablar en el aniversario del Dr. King en su iglesia, Ebenezer Baptist, en Atlanta.
>
> Una joven blanca de veintitrés años llamada Ashley Baia se unió a nuestra campaña en Florence (Carolina del Sur) y estaba trabajando para organizar a una comunidad principalmente afroamericana desde comienzos de esta campaña, y un día estaba en una mesa redonda donde todos iban a contar su historia y por qué estaban allí.
>
> Ashley contó que, cuando tenía nueve años, su madre enfermó de cáncer y, como tuvo que faltar algunos días al trabajo, fue despedida y perdió su seguro de salud. Tuvieron que declararse en bancarrota, y entonces Ashley decidió que tenía que hacer algo para ayudar a su madre.
>
> Sabía que la comida era uno de sus mayores gastos, y Ashley convenció a su madre de que lo que realmente le gustaba y deseaba comer más que cualquier otra cosa eran bocadillos de mostaza y *relish*. Porque era la comida más barata.
>
> Ashley hizo esto durante un año hasta que su madre mejoró. Contó a todos los de la mesa redonda que la razón para unirse a nuestra campaña era que podía ayudar a millones de niños del país que también quieren y necesitan ayudar a sus padres.

Podría haber optado por hacer algo distinto. Quizás alguien le dijo que la causa de los problemas de su madre eran los negros que acudían a la asistencia social y eran demasiado perezosos para trabajar, o los hispanos que entraban ilegalmente al país. Pero ella no lo hizo. Buscó aliados en su lucha contra la injusticia.

Sea como fuere, Ashley terminó de contar su historia y luego fue por la sala preguntando a los demás por qué apoyaban la campaña. Todos tenían historias y razones distintas. Muchos traían a colación un asunto específico. Al final, fue hasta un anciano negro que había estado sentado y en silencio todo el tiempo. Ashley le preguntó por qué estaba allí. Y él no habló de ningún asunto específico. No es por la sanidad ni por la economía. Ni por la educación ni por la guerra. Tampoco dijo que estuviera allí por Barack Obama. Simplemente, les dijo a todos: «Estoy aquí por Ashley».

«Estoy aquí por Ashley.» Ese momento único de reconocimiento entre esa muchacha blanca y ese anciano negro no es suficiente. No es suficiente para dar atención médica a los enfermos, ni puestos de trabajo a los desempleados, ni educación a nuestros hijos.

Pero es un punto de partida. Es ahí donde nuestra unión se hace más fuerte. Y como tantas generaciones han llegado a entender en el curso de los doscientos veintiún años desde que una banda de patriotas firmó ese documento en Filadelfia, es ahí donde empieza la perfección[100].

Dos historias, una dentro de otra, bellamente contadas y entrelazadas para conmover a una nación. En el corazón está la historia de Ashley que ayuda a su madre, pero a su alrededor está la historia del anciano negro y callado. Sobre todo, ofrece una visión del tipo de sociedad que podría llegar a ser Estados Unidos.

Cuando Obama recuerda a Martin Luther King, une los pequeños acontecimientos con la perspectiva nacional y usa la pasión, la esperan-

---

100. «State of the Nation address», *Pittsburgh Post Gazette*, 20 de marzo de 2008.

za y las experiencias universales para crear una conexión. Crea una fuerza retórica irresistible y difícil de esquivar.

La primera encuesta publicada después del discurso, llevada a cabo por el *Washington Post* y ABC News, mostró el impacto de las elecciones retóricas de Obama. Su valoración empezó a crecer de nuevo.

Alrededor del mismo momento en el que el Arco de Cambio de Obama estaba subiendo hacia la presidencia, Guardiola estaba empezando su propio viaje. En junio de 2008, Guardiola no tuvo reparos en dar su propio mensaje de la etapa «Salto» en un campo de Fife (Escocia), donde había reunido a su equipo para empezar la formación para la nueva temporada. Era importante expresar su sueño con claridad y señalar el inicio del proceso.

«Es hora de hacer un "reinicio" en el vestuario —anunció—. No sé si hay malos hábitos, pero lo pasado, pasado está. Lo que puedo prometer es que no toleraré una falta de esfuerzo puesta en este proyecto para reconstruir el éxito del equipo. Por descontado que vais a correr y correr y correr, pero mi intención principal es convenceros con mis palabras. Quiero que os involucréis en mi plan, quiero inspirar vuestra fe en lo que estamos haciendo y, sobre todo, quiero que incluso los jugadores con talento e inspirados comprendan que, individualmente, valen mucho menos que cuando jugamos en equipo[101].»

Xavi, que volvía con sus compañeros internacionales de España de ganar la Eurocopa, explicó el impacto que había tenido Guardiola: «La pretemporada ya había empezado cuando volví al entrenamiento y el equipo estaba rompiéndose los cuernos. Los entrenadores, los entrenadores físicos y Pep: nos vigilaban como halcones, presionando para que hiciéramos repeticiones, para mejorar la intensidad».

La llamada al Salto se comprendió explícitamente. «Carles Puyol, Andrés Iniesta y yo nos miramos pensando "Eh, qué pasa aquí, estos tíos van a tope". Más importante, pensé para mí mismo: "Este es uno de esos momentos en los que o te subes al tren o el tren se va sin ti".»

Cuando pronuncias un discurso, tienes la oportunidad de explicar tus ideas y abordar directamente cualquier resistencia al cambio. Al

---

101. Andrés Iniesta, *La jugada de mi vida: memorias*, Malpaso, Barcelona, 2016.

contrastar tu situación actual (qué es) con la realidad mejorada de la que disfrutará tu gente si acepta tu sueño / Visión Global (qué podría ser), serás capaz de hacer que el futuro sea más atractivo que el presente. Los discursos motivan un movimiento continuado hacia adelante porque la diferencia entre lo que es y lo que podría ser crea una tensión que tu equipo, naturalmente, querrá resolver. El objetivo es distanciarlos de la realidad actual y mantener su concentración en la Visión Global que desean que se haga realidad.

Los discursos suelen contener algunas de las historias, ceremonias o símbolos que hemos comentado para amplificar ideas y aumentar la emoción. Sin embargo, las historias se desarrollan en orden cronológico, mientras que los discursos no están limitados por el tiempo ni el espacio. Un discurso ofrece libertad para transmitir información en el orden con el que consiga hacerlo lo más persuasivo y atractivo posible.

Ejercicio:
Lecciones de Marco Antonio, Obama y otros

«Amigos, romanos, compatriotas, prestadme atención. Vengo a sepultar a César, no a ensalzarlo.»

Con estas pocas palabras, vemos al Marco Antonio de Shakespeare desplegar tres de las grandes técnicas retóricas. Y tú puedes utilizar estas mismas técnicas siempre que debas dar un discurso para orientar a personas a lo largo del Arco de Cambio:

1. Empieza con tres elementos: «Amigos, romanos, compatriotas». Guardiola: «Mis jugadores van a correr, correr y correr».

2. Acaba la primera frase con una llamada a la acción: «Prestadme atención».

Guardiola: «Quiero que os comprometáis con mi plan».

3. Utiliza un contraste que haga que el público se ponga de tu parte (en el caso de Marco Antonio, acaban de oír un discurso anti-César): «Vengo a sepultar a César, no a ensalzarlo».

Guardiola: «Un talento individual vale mucho menos cuando no invoca a valores de equipo».

Cuando trabajo con líderes, suelo utilizar una comparación entre Barack Obama y Gordon Brown para ilustrar la importancia de esta estructura de discurso. Lee los dos y decide cuál tiene más impacto.

El martes, 4 de noviembre de 2008, Barack Obama dio un discurso con motivo de su victoria presidencial (la etapa de llegada del Arco de Cambio) en Chicago.

Empleó las tres técnicas:

«Ha tardado tiempo en llegar, pero esta noche, debido a lo que hicimos en esta fecha, en estas elecciones, en este momento decisivo, el cambio ha venido a Estados Unidos», dijo, y se oyó un largo clamor.

Comparemos esto con un discurso del entonces primer ministro del Reino Unido Gordon Brown. Escogió estas palabras para cerrar su discurso en la conferencia del Partido Laborista en 2009, su último discurso antes de las Elecciones Generales de 2010. Y en aquella ocasión tan importante, en su discurso más crucial, en su punto más decisivo, el final, optó por usar cuatro elementos, con lo que resultó mucho menos elegante:

«Porque somos el Partido Laborista y nuestro deber es resistir. Y luchar. Y ganar. Y servir.»

Cuando pronuncies discursos para orientar a personas en el Arco de Cambio, cuenta historias que sean relevantes para tu público y usa el poder de incluir tres elementos.

En una conferencia de la UEFA, el entrenador francés Gérard Houllier comentó las múltiples tareas que debe realizar un entrenador de élite y lo que se exige de él. Describió las presiones constantes a las que se enfrentan y un estrés que, finalmente, le hizo retirarse con problemas cardíacos.

Dijo que sus veinticinco años de experiencia le habían enseñado una lección particularmente valiosa: la importancia de la regla de los cinco minutos. Más concretamente, «los cinco minutos en los que un director técnico está delante de las cámaras son los más importantes de la semana, porque los jugadores, los aficionados y los que te han contratado buscan signos positivos o negativos»[102].

Desde el día en el que tomó el mando en el Fútbol Club Barcelona hasta la tarde en la que se marchó, Guardiola dio 546 conferencias de prensa. Se negó a ser entrevistado por medios individuales a lo largo de esos cuatro años. Seguía el consejo de su mentor, el argentino Marcelo Bielsa, que insistía en que era un error dar un acceso prioritario a una gran televisión y no a un periódico pequeño. Guardiola introdujo una regla nueva por la que se negaba a conceder entrevistas individuales para evitar el favoritismo y ser arrastrado por la política de los medios de comunicación. Sabía que la política de los periódicos (un periodista podía sentirse menospreciado por falta de acceso, por ejemplo) podía hacer que malinterpretaran sus palabras deliberadamente. Paco Aguilar, director adjunto del periódico catalán *El Mundo Deportivo*, explica: «En todos sus años al mando, Guardiola se mantuvo en sus trece y no concedió ninguna entrevista individual. Por eso sus conferencias de prensa siempre eran tan largas»[103].

Según sus propios cálculos, Guardiola se sentó frente a los medios de comunicación 272 horas, es decir, el equivalente a once días enteros. Eso suma unas 800 preguntas al mes. La prensa de todo el mundo escrutaba cada palabra y cada gesto e interpretaba y extrapolaba cada frase. Normalmente, utilizaba estas ocasiones como oportunidades para orientar a sus jugadores sobre dónde estaban situados en el Arco de Cambio.

Cuando se pide a sus jugadores que cuenten momentos que recuerden de su viaje, suelen recordar dos discursos importantes. Uno fue una clara delimitación de una etapa significativa del viaje de cambio: el sueño (el discurso que dio en Escocia) y la lucha.

En abril de 2011, el F. C. Barcelona y el Real Madrid disputaron cuatro clásicos en dieciocho días. Estos partidos estaban caracterizados

---

102. Hughes, *How to Think*.
103. Entrevista a Paco Aguilar, http://www.bundesliga.com/en/news/Bundesliga/0000256824.jsp

por los jugadores del Madrid jugando con una agresividad que rayaba la violencia y más de un jugador del Barça tirándose a la piscina y permitiéndose otras conductas poco deportivas. En la final de la Copa del Rey, el árbitro anuló, con razón, un gol de Pedro por fuera de juego. Guardiola dijo más tarde: «Una decisión de dos centímetros de un juez de línea que seguro que tenía una visión muy buena descartó el gol de Pedro».

El día antes de que los dos equipos se vieran en la primera parte de la semifinal de la Liga de Campeones, Guardiola y sus jugadores estaban comiendo en el restaurante privado de su hotel. En la televisión salía la conferencia de prensa de José Mourinho. Guardiola estaba de espaldas a la pantalla cuando uno de sus ayudantes le sugirió que se diera la vuelta y escuchara.

«Hemos empezado un ciclo nuevo —decía Mourinho—. Hasta ahora había un pequeño grupo de entrenadores que no hablaban de árbitros y un grupo muy grande, en el que me incluyo, que los criticaba. Ahora, con los comentarios de Pep, hemos empezado una nueva era con un tercer grupo, en el que solamente hay una persona, un hombre que critica al árbitro cuando toma buenas decisiones. Esto es completamente nuevo para mí.»

Los jugadores de Guardiola también estaban escuchando a esas alturas y les dio rabia lo que dijo Mourinho y el tono burlón que empleó. Fue como una señal de que Guardiola había llegado a la etapa de la lucha. «¡Ha llegado el momento!»

Unos meses antes, Guardiola había confesado a sus colegas más íntimos: «Conozco a Mourinho y está intentado provocarme para que haga algo, pero no le funcionará. No voy a reaccionar. No voy a responderle. Solamente lo haré cuando sea el momento apropiado».

Aquel era el momento para que él y su equipo entraran en la etapa de lucha. A las 20.00 de la víspera del partido, los jugadores dejaron su sesión de entrenamiento en el estadio Bernabéu de Madrid sintiendo que su líder estaba a punto de responder a Mourinho. Incluso la dirección había oído que él estaba preparando una declaración subida de tono. Al dejar el vestuario, uno de los jugadores más cercanos a Guardiola le deseó suerte con la conferencia de prensa, igual que el director deportivo Andoni Zubizarreta, que le sorprendió al decirle: «No les respondemos, eh, Pep. No les respondemos. Nos gusta la discreción».

Él decidió hacer caso omiso del consejo de la dirección y seguir adelante de todas formas.

«Como el señor Mourinho me ha tuteado yo también lo voy a tutear. Me ha llamado Pep, yo lo voy a llamar José —dijo—. [...] Mañana nos enfrentamos en el campo a las 20.45; fuera del campo ya me ha ganado. Le regalo su Champions particular fuera del campo, que se la lleve a casa y la disfrute —señaló—. En esta sala [la conferencia de prensa del Bernabéu], él es el puto jefe, el puto amo. Él lo sabe todo y solo le recuerdo que hemos estado juntos durante cuatro años [en el Barcelona]. Él me conoce y yo le conozco [...].

»Si él prefiere darle más valor a las opiniones de los amigos periodistas, cuya fuente de información son las declaraciones del presidente del Real Madrid, don Florentino Pérez, y hacerle más caso a ellos que a la relación que tuvimos durante cuatro años, tiene todo el derecho. [...] Intento aprender de José en el campo de fútbol, pero prefiero aprender lo menos posible de él fuera del campo.»

Manuel Estiarte cuenta lo siguiente: «Después del entrenamiento, el equipo estaba volviendo al hotel cuando los móviles empezaron a emitir pitidos (sobre todo mensajes de texto como "El jefe ha empezado algo de verdad esta vez")». Cuando Guardiola llegó al hotel del equipo, sus hombres le estaban esperando para ovacionarlo. «Su discurso demostró que él era nuestro primer defensor —dijo Víctor Valdés—. Para los jugadores, era importante que él nos defendiera.» Sus compañeros de equipo consideraban que tendría que haber respondido mucho tiempo atrás. Eran jugadores que también habían sido acusados de varias transgresiones, como dopaje, chanchullos, hacer teatro y ejercer una influencia indebida sobre los árbitros. Guardiola había intervenido. Y lo había hecho en el lugar correcto y el momento apropiado. «Fue una de las noches más especiales de los últimos tres años», añadió Estiarte[104].

El equipo de Guardiola, tomando nota de lo que había dicho su entrenador, dio dos muestras de valor y resistencia para derrotar al

---

104. Balagué, *Pep Guardiola*; Hunter, *Barça*.

Madrid y llegar hasta la final de Wembley contra el Manchester United y, en última instancia, ganar su segunda Copa de Europa en tres temporadas.

Ejercicio:
Hablar para conectar

La gente habla constantemente de qué es lo que hace que alguien sea un gran líder, docente o entrenador. En general, la mayoría de esas conversaciones se centran en las actividades cotidianas del oficio: métodos, información y estrategias. Y esto tiene sentido.

Pero de vez en cuando conseguimos ver qué significa liderar a través del cambio de verdad. Los discursos de Guardiola tocan la fibra sensible a sus jugadores porque son un estudio de caso perfecto de un *liderazgo basado en relaciones*. Es un enfoque en el que el líder se esfuerza y se centra en construir relaciones: creando identidad, confianza y sentido de pertenencia.

Un líder convencional se centra primero en las habilidades. En cambio, uno que se basa en las relaciones, lo primero que hace es crear un sentido de pertenencia. Un líder convencional pregunta: ¿qué puedo hacer para ayudarles a ganar? En cambio, uno basado en relaciones dice: ¿qué puedo hacer para ayudar a nutrir conexiones y crear una cultura? Un líder convencional ve a su equipo a través del cristal del rendimiento. En cambio, el que se basa en relaciones ve a su equipo a través de las conexiones. No es casualidad que eso tienda a hacer que la enseñanza sea más efectiva. Las personas trabajan duro por un equipo. Y trabajarán aún más si sienten que el equipo es como su familia.

No es un liderazgo convencional. Todos esos discursos están dirigidos a construir la relación.

Podrías llamarlo habilidades blandas, pero, tal y como se muestra, son de todo salvo blandas en su aplicación. Son un producto de un enfoque basado en la relación que tiene cuatro principios centrales:

1. Este tipo de líder busca crear sensación de pertenencia estableciendo una identidad clara y precisa.

2. Es un líder vulnerable. Fíjate en que habla abiertamente de emociones, sobre todo de las suyas. Esto da seguridad y confianza a los demás.

3. Es un líder que habla a la persona en su conjunto. Crea conexiones más allá del campo de juego.

4. Es un líder que dice la verdad. La fuerza de su relación está en su sinceridad y su confianza.

4
Resumen del Arco de Cambio

Muchas personas instintivamente pasamos mucho tiempo y energía buscando el gran avance: el momento mágico en el que, después de mucho esfuerzo, todo encaje; cuando ganas el gran partido, consigues el ascenso o bordas la presentación. Aunque estos momentos sean increíblemente satisfactorios, también son un problema.

¿Por qué? La razón es que el hecho de concentrarse en el gran avance puede crear una desilusión constante (al fin y al cabo, los grandes avances son algo escaso, por definición). Y lo peor es que dejamos de concentrarnos en los pequeños pasos graduales del viaje que tienen importancia de verdad.

Según afirman los psicólogos, intentar cambiar puede ser como entrar en una habitación oscura, vas a tientas para memorizar dónde están los muebles para poderte mover por allí más deprisa. Las técnicas de orientación de este apartado tratan de cultivar la conciencia: la conciencia de nosotros mismos y del camino de nuestro rendimiento objetivo.

«La cultura —dice Ferran Soriano— es como un organismo, en continuo crecimiento y cambio. El reto cultural cambia constantemente. No es algo estático». Los mejores líderes buscan los signos pequeños de progreso que hemos identificado en el Arco de Cambio.

Teresa Amabile y Steven Kramer exploran esta idea en su fascinante libro *El principio del progreso,* en el que analizan 12.000 entradas de diarios de 238 individuos para hacerse una idea del trabajo interior que han realizado. Llegan a la conclusión de que el rasgo común de las personas con mucho éxito es que se concentran en lograr «pequeñas victorias». Esos pequeños progresos sumados que, con el tiempo, suponen grandes cambios.

«Construir confianza, desarrollar a personas y conducir comportamientos de alto rendimiento son tareas interminables», afirma Guardiola. Gracias al uso deliberado de historias, discursos, símbolos y ceremonias, tú puedes orientar a las personas a las que lideras en el Arco de Cambio y conseguir que sigan moviéndose hacia la Visión Global.

Tal y como dijo el entrenador de baloncesto de UCLA John Wooden: «No busques la mejora grande y rápida. Busca la mejora pequeña día a día. Es la única forma de que suceda, y de que, cuando suceda, dure».

Ahora que hemos aprendido cómo hacer un seguimiento de nuestro progreso hacia la Visión Global, debemos volver a las rutinas y los hábitos que hacen que sigamos avanzando.

PARTE 3

Sistemas y procesos recurrentes

«Somos lo que hacemos repetidamente. La excelencia,
entonces, no es un acto, sino un hábito.»

WILL DURANT

«Toda nuestra vida en cuanto a su forma definida no es más que un conjunto de hábitos», escribió William James, padre de la psicología moderna, en 1892[105]. En general, las decisiones que tomamos todos los días pueden parecer la consecuencia de un acto meditado, pero no lo son. Son hábitos recurrentes. Y aunque cada hábito signifique relativamente poco por sí mismo, con el tiempo tiene un impacto enorme en nuestra cultura. Un estudio publicado por un investigador de la Universidad de Duke en 2006 señaló que más del 40 por ciento de las acciones que la gente realizaba todos los días, en realidad, no eran decisiones sino hábitos y procesos[106].

---

105. William James, *Principios de psicología*, Fondo de Cultura Económica de España, Madrid, 1989.

106. David T. Neal, Wendy Wood y Jeffrey M. Quinn, «Habits – a Repeat Performance», *Current Directions in Psychological Science* 15, 4, 2006, pp.198-202; D. Knoch, P. Brugger y M. Regard, «Suppressing Versus Releasing a Habit: Frequency-Dependent Effects of Prefrontal Transcranial Magnetic Stimulation», *Cerebral Cortex* 15, 7, 2005, pp. 885-887.

William James (como muchísimos otros, desde Aristóteles hasta Oprah) pasaron gran parte de su vida intentando comprender por qué existen los hábitos, pero, para el propósito de este apartado, comprenderemos cómo funcionan y, lo más importante, cómo se pueden cambiar para ayudar a crear una cultura de alto rendimiento.

Este apartado se divide en tres partes. En la primera, analizamos la frecuencia con la que juzgamos y percibimos la efectividad de los demás con una óptica equivocada. Veremos que el hecho de identificar y valorar los comportamientos característicos (humildad, trabajo duro y priorizar el equipo) puede marcar la diferencia para que un individuo y un equipo sean considerados un fracaso o un éxito.

En la segunda, examinamos los sistemas recurrentes de una organización de éxito. Veremos de qué forma Pep Guardiola diseñó un entorno de trabajo diario como un bucle de feedback continuo para garantizar que los hábitos diarios y los comportamientos asociados pudieran mantenerse constantemente en primera línea para todos los miembros de la comunidad.

En la tercera, estudiaremos los hábitos cruciales y cómo se pueden mantener en situaciones de presión. Exploraremos en qué lugar del cerebro residen dichos hábitos y cómo dar forma a las vías neurales para garantizar que los comportamientos deseados se conviertan en un acto reflejo.

En el fondo, este apartado ilustra que los sistemas y los procesos recurrentes que refuerzan los hábitos adecuados son clave para crear una cultura de alto rendimiento. Mediante el uso de los hábitos, podemos comprender cómo transformar nuestra propia organización.

1
El error fundamental de atribución

Durante las décadas de 1960 y 1970, había un cartel en el campo de entrenamiento del F. C. Barcelona que decía: «MÁRCHESE SI HA VENIDO A OFRECER UN JUGADOR QUE MIDE MENOS DE 1,80 METROS DE ESTATURA». Era un aviso, pero también un indicador de la filosofía más amplia del fútbol. Los atributos físicos eran el rey, se daba prioridad a la potencia y la presencia frente a la elegancia. El Barcelona se limitaba a seguir la misma tendencia que los demás clubes[107].

En 1986, Pep Guardiola, que tenía entonces quince años, celebraba que los doctores del club le acabaran de decir que llegaría a medir 1,80 metros. Diez años antes, el director técnico del Barça, Laureano Ruiz, había plantado las semillas del cambio al destrozar aquel cartel. Sin embargo, el principio subyacente continuaba: si no podías defenderte solo en una pelea, no llegarías al nivel más alto.

Dos años después de las pruebas de Guardiola, Johan Cruyff llegó al Barcelona con un sueño, una visión del fútbol total que cambiaría el club para siempre. Mientras el club suscribiera este sueño, el físico imponente no volvería a ser jamás el factor decisivo a la hora de seleccionar jugadores.

Avanzamos rápidamente hasta 1998 y llegamos al debut en el primer equipo de Xavi Hernández, de 1,68 m de altura, alguien a quien, en otro tiempo, habrían enseñado el cartel y la puerta. Xavi: el máximo exponente de la visión de La Masía; la personificación de la ideología de Cruyff; el mejor centrocampista de su generación; la columna vertebral.

---

107. http://www.football365.com/news/portrait-of-an-icon-xavi

De Cruyff a Guardiola y a Xavi: una línea que atraviesa la historia moderna del Barcelona. Xavi representa el alma del club para el que jugó durante casi un cuarto de siglo.

Cuando salió al Camp Nou aquella última vez como jugador, habían colocado los trofeos que había ganado de la misma forma en que tú pones las tazas de café en un armario. Era una serie impresionante: ocho trofeos de Liga, tres Copas del Rey, seis Supercopas españolas, dos Supercopas europeas, dos Copas Mundiales de Fútbol de Clubes y cuatro Copas de Europa. Se suponía que las dos Eurocopas y la medalla de ganador de la Copa Mundial de Fútbol que había conseguido con España estaban en su casa. El capitán levantó un trofeo tras otro en sus tres últimos partidos en el club de su ciudad (el título de liga, la Copa del Rey y la Copa de Europa), quizá la despedida más magnífica de la historia de un club de fútbol. El día que apareció por última vez en el Camp Nou, el F. C. Barcelona había ganado ochenta y cuatro grandes trofeos en su historia y Xavi había estado presente en veinticinco de ellos.

Fue Hristo Stoichkov quien sugirió que la historia del F. C. Barcelona debería juzgarse teniendo en cuenta «un antes y un después de Xavi». En una época del deporte en la que se valoraba lo físico, Xavi era el abanderado de la técnica. Él era la definición misma del tipo de jugador que Cruyff tenía en mente para mejorar la Visión Global, alguien que convirtió el pase de un balón de fútbol en una forma de arte. Como él mismo dijo: «Desde el punto de vista físico, estoy limitado, pero he sobrevivido usando la cabeza».

Al ser un icono, parece extraño que Xavi no hubiera sido vital siempre para el F. C. Barcelona. Sin embargo, en dos ocasiones estuvo a punto de dejar el club. Una, de adolescente, y más tarde, hacia el final de reinado de Frank Rijkaard, cuando el club había empezado a alejarse de su propósito, tal y como el periodista Graham Hunter había descrito: «En términos deportivos, el Barça estaba fofo; al entrenamiento le faltaba intensidad; varios jugadores habían perdido fuelle mental y la capacidad de presionar con el balón con la misma intensidad hambrienta»[108].

---

108. Hunter, *Barça*.

«Hace seis años, me había extinguido como jugador; los futbolistas como yo estábamos en peligro de extinción», dijo Xavi en una entrevista para *The Guardian* en 2011[109]. Xavi ya había hablado con su familia sobre los méritos del Manchester United y el A. C. Milan, los dos pretendientes que eran más apasionados en su conquista.

El momento decisivo llegaría en el verano de 2008, cuando Guardiola empezó como entrenador del Barcelona y devolvió al club a su verdadero rumbo. Como hemos visto, Guardiola fue nombrado para ser el guardián de la llama y situar la filosofía por encima del mero pragmatismo. Mientras sustituía a su nuevo director técnico en el primer equipo una década antes, no tenía dudas de que Xavi se quedaría. Al verlo desde el punto de vista de la Visión Global, el hombre al que habían considerado prescindible se había convertido en valiosísimo.

«Xavi es un jugador que tiene el ADN del Barcelona: alguien que aprecia el buen fútbol, que es humilde y que es leal a este club —dijo Guardiola—. Desde el primer momento en el que le vi jugar, supe que se convertiría en el cerebro del Barcelona durante muchos años.»

El nombramiento de Guardiola para el primer equipo coincidió con el triunfo de España en la Eurocopa 2008, donde Xavi fue nombrado mejor jugador del torneo. El entrenador, Luis Aragonés, había entendido que, en vez de utilizar la fuerza, su equipo tenía que encontrar una metodología para maximizar el talento de su equipo. Xavi fue quien orquestó una nueva España. El F. C. Barcelona era su modelo.

Probablemente, la carrera de Xavi de 2008 a 2012 sea el mayor período de rendimiento individual de la historia del deporte. Tal y como Sid Lowe señaló en una columna para la revista *World Soccer*, en cada uno de esos años Xavi ganó el trofeo más importante: la Eurocopa, la Liga de Campeones, la Copa Mundial de Fútbol, la Liga de Campeones y la Eurocopa. En cuatro temporadas entre los veintiocho y los treinta y dos años, Xavi jugó 260 partidos para el Barça y para la selección española. Fue un modelo de coherencia y de éxito colectivo sin precedentes. Se había garantizado un legado.

---

109. «Football's Greatest Conductor.»

Recibir, pasar, ofrecer. Recibir, pasar, ofrecer. Recibir, pasar, ofrecer. Repetir *ad infinitum*. Todo lo que hacía parecía sencillo, pero la realidad es todo menos eso. Había precisión en cada uno de los movimientos. Colocar el pase permite al receptor hacer espacio, el peso permite que el movimiento se haga con la máxima eficiencia y las horas de práctica conducen a un toque y una técnica que supera todo lo demás en el mundo del fútbol. El expresidente del Barcelona Sandro Rosell describió el tiquitaca como «la marca registrada de Xavi». La mayoría de sus antiguos compañeros de equipo lo apodaban Maqui (abreviatura de *máquina*).

«Soy un jugador de equipo —Xavi hacía referencia al comportamiento característico mientras hablaba con Graham Hunter para su libro *Barça*—. Desde el punto de vista individual, no soy nada. Juego con los mejores futbolistas y eso me hace mejor jugador. Dependo de mis compañeros de equipo[110].» Nunca tanto como esos jugadores de equipo dependían de él.

«Yo paso y muevo, te ayudo, te busco, me paro, levanto la cabeza, miro y, sobre todo, abro el campo», dice Xavi con su característica forma de hablar. Si parece fácil, es porque lo hace bien. «Solo aquellos que tienen paciencia para hacer cosas simples de forma perfecta adquieren la habilidad para hacer fácilmente cosas difíciles», como dijo una vez el boxeador James R. Corbett.

El precursor de Xavi sin duda estaría de acuerdo. «El juego sencillo es también el más bonito» era el mantra de Cruyff. «¿Cuántas veces ves un pase de cuarenta metros cuando veinte son suficientes? Un buen jugador casi siempre tiene el problema de la falta de eficiencia. Siempre quiere hacer las cosas más bonitas de lo estrictamente necesario.»

Sin Xavi moviendo los hilos en el medio del campo junto a su amigo Iniesta y, más tarde, otro canterano de La Masía, Sergio Busquets, el éxito del Fútbol Club Barcelona este siglo parece casi inconcebible. Sin embargo, Xavi estuvo a punto de marcharse no una, sino dos veces. ¿Cómo es posible que alguien (y ya no digamos hombres de fútbol con ojos bien entrenados) no reconociera su grandeza?

---

110. Hunter, *Barça*.

Al parecer, la respuesta se debe, en parte, a nuestra capacidad para reconocer el poder de nuestro entorno cultural.

En un famoso artículo, el psicólogo de Stanford Lee Ross analizó docenas de estudios de psicología y observó que las personas tienen una tendencia sistemática a pasar por alto las fuerzas situacionales que moldean el comportamiento de los demás. Denominó a esta tendencia tan arraigada «Error Fundamental de Atribución». El error radica en nuestra inclinación a atribuir el comportamiento a *la forma de ser de una persona* en lugar de a *la cultura o la situación en la que se encuentra*[111].

El Error Fundamental de Atribución es la razón que explica que nos gusten programas de TV como *Supernanny* o *Pesadilla en la cocina*, donde unos niños aparentemente irredimibles o unos restauradores desafortunados son domados por unos desconocidos que llegan con una disciplina nueva. Al principio de cada episodio de *Supernanny*, por ejemplo, nos presentan a un niño que no obedece ni la orden más sencilla y no podemos evitar llegar a conclusiones precipitadas sobre su carácter: «Ese niño se porta fatal». Y cuando se reforma, durante una corta intervención, nos deja asombrados. Si nos pudiéramos curar del Error Fundamental de Atribución, estos programas parecerían tan obvios que llegarían a ser absurdos.

Como hemos visto, antes de que Guardiola fuera ascendido a entrenador, la cultura del Barcelona había cambiado y se valoraba más la fuerza que la técnica, el ritmo que la precisión, la vanidad que la humildad, las habilidades individuales que el trabajo en equipo, lo espectacular que lo básico. Dentro de esta cultura, se entiende que el talento de Xavi se considerara prescindible. En cambio, al utilizar la Visión Global de Guardiola, donde la humildad, el trabajo duro y dar prioridad a las necesidades del equipo antes que a las individuales eran los comportamientos característicos, reconocieron que Xavi era esencial.

Puede resultar fácil sacar conclusiones precipitadas sobre las personas, pero un problema que puede parecer personal suele ser de tipo cultural.

---

111. Lee Ross y Richard E. Nisbett, *The Person and the Situation*, Pinter & Martin, Londres, 2011, p. 176.

Ahora, verás por qué este elemento de nuestro marco cultural es tan crítico. Si quieres que la gente cambie, que demuestre la capacidad de comportarse y actuar de forma efectiva y constante bajo presión, tienes que proporcionar una dirección de comportamiento clara.

Ejercicio:
Deja de juzgar el talento y empieza a observar el carácter

Siento decirte esto, pero juzgas bastante mal el talento.

No es culpa tuya. A todos se nos da mal juzgar el talento porque instintivamente tendemos a sobrevalorar la parte visible (la actuación) y a subestimar la invisible, el carácter (es decir, los hábitos de trabajo, la competitividad, la ambición y el aguante), que resultan ser mucho más importantes a largo plazo.

El entrenador de natación australiano Bill Sweetenham consigue evitar esta trampa cuando selecciona a nadadores para su programa de élite. ¿Cómo lo hace? Ha descubierto una forma eficiente de probar el carácter.

Funciona de este modo: Sweetenham invita al posible participante a una sala de reuniones. El atleta entra, Sweetenham le saluda rápidamente, apaga la luz, pulsa el *play* para reproducir un vídeo de uno de los peores momentos del atleta en cuestión. Después, se gira hacia el nadador y le pregunta: «¿Qué pasó allí?»

Es evidente que Sweetenham no está interesado en realidad por lo que sucedió, sino por cómo reacciona el atleta frente a la adversidad. ¿Cómo gestiona el fracaso su mente? ¿Se responsabiliza de lo que ha pasado o pone excusas? ¿Culpa a los demás o habla de lo que haría de otra forma? (En una ocasión, un atleta empezó a criticar a su entrenador, y Sweetenham encendió la luz y acabó la entrevista *ipso facto*.)

La idea no es solamente descartar a las personas que tengan la actitud equivocada, sino también identificar a las que tengan la actitud correcta.

El reto para nosotros es evitar que nos distraiga fácilmente la actuación brillante y empezar a prestar atención a esas cosas más silenciosas que importan de verdad a largo plazo.

2
¡Es el entorno, estúpido!

En general, vivimos sin ser conscientes de cómo influye el entorno en nuestro comportamiento.

A medida que pasa el día, fíjate en cuántas veces cambias de comportamiento según el contexto en el que te encuentras. Observa también de qué forma alguien ha alterado el entorno para moldear cómo actúas. Los técnicos de tráfico querían que condujeras de una forma predecible y ordenada, así que pintaron marcas en la carretera y colocaron semáforos y señales de tráfico. Los dueños de los supermercados querían que pasaras más tiempo en su tienda, así que pusieron la leche que querías comprar al fondo de todo. El jefe de tu jefe quería fomentar más colaboración entre los empleados, por eso aprobó un diseño de planta abierta sin cubículos ni divisores. En el banco estaban cansados de que te dejaras la tarjeta en el cajero automático, así que, ahora, la máquina te obliga a que la recojas antes de retirar el dinero[112].

Incluso cuando somos conscientes de nuestro entorno y nos gusta estar en él, nos convertimos en víctimas de su poder despiadado. Por ejemplo, cuando empecé a viajar en avión, lo veía como un entorno ideal para leer y escribir. No había teléfonos, ni pantallas, ni interrupciones. Los viajes constantes no suponían una molestia para mí porque me permitían ser más productivo. Sin embargo, las líneas aéreas ampliaron la oferta de entretenimiento durante el vuelo. En vez de poner una pelí-

---

112. Marshall Goldsmith, *Disparadores: cómo cambiar tu conducta para ser la persona que quieras ser*, Empresa Activa, Madrid, 2016.

cula en una única pantalla, pasaron a ofrecer wifi universal y cincuenta canales a demanda en mi asiento, con lo que mi productividad cayó en picado. Lo que había sido un remanso de paz se convirtió en un *buffet* libre lleno de distracciones.

Y yo me distraía con facilidad. En lugar de adelantar trabajo o recuperar sueño perdido, me sentaba y veía un par de películas. Cada vez que salía del avión, en lugar de alegrarme de haber llegado bien y de estar listo para el siguiente trabajo, me regañaba a mí mismo por el tiempo que había perdido durante el vuelo. Sentía que había relajado mi disciplina. Tardé un par de años en darme cuenta de que el cambio del entorno en el avión había provocado que yo también me transformara.

No todo es malo. A veces, nuestro entorno puede ser un ángel en nuestro hombro que consigue que seamos mejores personas. Como cuando estamos en una boda o en un reencuentro del colegio o una cena de entrega de premios y el sentimiento de alegría de la sala nos sobrecoge. Todo el mundo se abraza y promete mantener el contacto y quedar pronto. Evidentemente, el sentimiento se suele desvanecer en cuanto volvemos a la vida normal. Es decir, cuando estamos en un entorno distinto. El cambio nos altera. Olvidamos nuestras promesas; perdemos el contacto. El contraste no podría ser más agudo. Un entorno nos eleva, y el otro borra las buenas vibraciones como si nunca hubieran estado ahí.

Solemos creer que estamos sincronizados con nuestro entorno, pero, en realidad, con frecuencia no concuerda con el comportamiento que queremos mostrar. Si hay una cosa que intento abordar en este capítulo, es nuestra conciencia de lo que nos rodea y cómo podemos aprovechar su poder para crear nuestra propia dinastía cultural.

Como veremos, en el F. C. Barcelona los comportamientos cambian cuando también lo hace el entorno. Tiene lógica. Nuestros hábitos están básicamente unidos a lo que nos rodea. La investigación lo corrobora. Según un estudio sobre personas que hacen cambios en su vida, el 36 por ciento de los cambios con éxito estaban asociados a mudarse a un lugar nuevo, y solamente el 13 por ciento de los cambios sin éxito se daban al cambiar de sitio.

Por ejemplo, muchos fumadores consideran más fácil dejar el tabaco cuando están de vacaciones porque, cuando están en casa, todo su entorno está lleno de asociaciones con el hecho de fumar. Por todas partes hay recordatorios del hábito. Desde el cajón de la cocina en el que tienen los mecheros hasta la maceta del balcón que está llena de ceniza o al omnipresente olor de humo del coche. Cuando un fumador se va de vacaciones, el entorno se aleja hacia la neutralidad. No significa que sea fácil dejarlo, sino que es más fácil[113].

En 2009, el F. C. Barcelona cambió el lugar en el que entrenaba y tuvo la oportunidad de unir los comportamientos esenciales a ese nuevo entorno. Las sesiones previas en el campo de entrenamiento junto al Camp Nou tenían un aura de prestigio, en parte debido al sitio, porque los aficionados se podían reunir para ver las sesiones. El campo de entrenamiento Joan Gamper, al que se mudó el primer equipo en enero de 2009, está estrictamente prohibido a la prensa y al público a diario. Este fue un paso tan revolucionario que los medios de comunicación lo llamaron *Ciudad Prohibida*.

Es poco realista pensar que la mayoría de personas podemos cambiar nuestro entorno de una forma tan espectacular. Si estás intentando cambiar los hábitos de tu equipo en el trabajo, entonces sí, cambiar la oficina sería de gran ayuda. Buena suerte cuando hables con tu jefe para convencerle de hacer la mudanza. Sin embargo, hay dos formas prácticas de crear hábitos de comportamiento dentro de tu entorno actual: bucles de feedback y desencadenantes de acción.

Para el propósito de este capítulo, nos concentraremos en cómo el F. C. Barcelona utilizó el entorno del campo de entrenamiento para poner en marcha el bucle de feedback e integrar sus comportamientos característicos: humildad, trabajo duro y trabajo en equipo.

---

113. Neal, Wood y Quinn, «Habits – a Repeat Performance», pp. 198-202; Ann M. Graybiel, «Habits, Rituals, and the Evaluative Brain», *Annual Review of Neuroscience* 31, 2008, pp. 359-387; D. P. Salmon y N. Butters, «Neurobiology of Skill and Habit Learning», *Current Opinion in Neurobiology 5*, 2, 1995, pp. 184-190; Ann M. Graybiel, «The Basal Ganglia and Chunking of Action Repertoires», *Neurobiology of Learning and Memory* 70, 1-2, 1998, pp. 119-136.

Bucles de feedback

La plantilla clásica para analizar comportamientos problemáticos en niños se conoce como ABC: A de antecedente, B de *behaviour* ("comportamiento") y C de consecuencia. El antecedente es el acto que impulsa el comportamiento. El comportamiento crea una consecuencia. Un ejemplo común en el aula: un niño está dibujando en vez de hacer el trabajo de clase. El profesor le pide que acabe la tarea (antecedente). El niño reacciona con una rabieta (comportamiento). El profesor responde enviándolo al despacho del director (consecuencia). Es la secuencia ABC. Conociendo esta información, tras varios episodios en los que se repite la misma secuencia, el profesor llega a la conclusión de que el comportamiento del niño es una estratagema para evitar hacer el trabajo de clase.

El feedback (tanto darlo como recibirlo) es nuestro primer paso, el antecedente para ser más listo y más consciente de la conexión entre nuestro entorno y nuestro comportamiento. El feedback nos enseña a ver nuestro entorno como un mecanismo impulsor. En algunos casos, el propio feedback es el antecedente.

Por ejemplo, pensemos en todo el feedback que recibimos cuando estamos tras el volante de un coche. Pasamos por alto cierta información; en cambio, hay otros elementos del feedback que provocan un comportamiento deseable.

Imaginemos que estás conduciendo por una carretera secundaria y el límite de velocidad es de 80 km/h y te estás acercando a un pueblo. Lo sabes porque aproximadamente un kilómetro antes hay una señal que indica: LÍMITE DE VELOCIDAD PRÓXIMAMENTE 50 KM/H. La señal solamente es un aviso, no una orden para que reduzcas la velocidad, así que tú sigues igual. Treinta segundos o así más tarde, llegas al pueblo, donde la señal indica LÍMITE DE VELOCIDAD 50 KM/H. Puede que obedezcas, pero, si eres como la mayoría de los conductores, mantendrás la velocidad (o la reducirás ligeramente) porque has estado conduciendo con el piloto automático a unos 80 km/h y es más fácil continuar igual que dejar de hacerlo. Solamente si ves un coche de policía que está controlando la velocidad de los conductores respetarás el límite, porque un agente de policía que pone multas representa una consecuencia no deseada para ti.

Todas las comunidades del mundo desarrollado tienen que tratar el asunto de los conductores que superan el límite de velocidad y ponen en peligro a sus ciudadanos. Durante años, los conductores habían hecho caso omiso de las señales de tráfico que les decían que tenían que ir más despacio, sobre todo en zonas escolares y residenciales. No había nada realmente efectivo para reducir la velocidad, ni siquiera una mayor presencia de agentes poniendo multas, hasta que se instalaron señales de que había radares para medir la velocidad. Una señal de limitación de velocidad colocada encima de un panel digital que indica la velocidad a la que circulas. Probablemente las hayas visto en las calles que hay cerca de una escuela o de un parque. Si la lectura del radar dice que estás superando el límite de velocidad, probablemente hayas pisado el freno enseguida.

La efectividad de las lecturas de radar es más profunda y más fiable que cualquier otro método. El cumplimiento del límite de velocidad aumenta entre un 30 y un 60 por ciento con lecturas de radar, y el efecto dura varios kilómetros después de haber pasado la señal.

Las señales de velocidad de radar también se denominan *sistemas de feedback del conductor* porque utilizan un concepto bien establecido de la teoría del comportamiento llamado *bucle de feedback*. El radar mide las acciones de un conductor (superar el límite de velocidad) y da la información al conductor en tiempo real, lo que hace que el conductor reaccione. Es un bucle de acción, información, reacción. Cuando se mide la reacción empieza un bucle nuevo, y así sucesivamente. Teniendo en cuenta el cambio inmediato en el comportamiento del conductor solamente después de una mirada de la lectura del radar, es fácil de imaginar la inmensa utilidad de ver nuestro entorno diario como un bucle de feedback que puede cambiar el comportamiento de la gente[114].

---

114. Thomas Goetz, *Wired*, 19 de junio de 2011: https://www.wired.com/2011/06/ff_feedbackloop/; Thomas Goetz, *The Decision Tree: How to Make Better Choices and Take Control of Your Health*, Rodale Books, Pensilvania, 2011.

El potencial del bucle de feedback para afectar el comportamiento fue explorado en la década de 1960, sobre todo por Albert Bandura, psicólogo de la Universidad de Stanford y pionero en el estudio del cambio del comportamiento y la motivación. A partir de varios experimentos educativos en los que participaban niños, Bandura observó que dar a los individuos una meta clara y un medio para evaluar su progreso hacia esa meta aumentaba en gran medida la probabilidad de que la lograran. Más adelante amplió esta idea al concepto de autoeficacia, que afirma que cuanto más creemos que vamos a conseguir una meta, más probable es que la logremos[115].

Después del primer trabajo de Bandura, se han estudiado y validado durante cincuenta años los bucles de feedback en psicología, epidemiología, estrategia militar, estudios medioambientales, ingeniería y economía. (Como es habitual en el mundo académico, cada disciplina suele reinventar la metodología y reformular la terminología, pero el marco básico continúa siendo el mismo.)

A pesar del volumen de investigación y de la capacidad demostrada de su afectación en el comportamiento humano, normalmente no utilizamos bucles de feedback en la vida diaria. Hay que echar la culpa a dos factores: primero, hasta ahora, el catalizador necesario (datos personales) es difícil de obtener. Segundo, recopilar datos es engorroso. A pesar de que la idea básica de autoseguimiento haya estado disponible a cualquier persona dispuesta a hacer el esfuerzo, pocas personas perseveran y siguen la rutina de llevar consigo un cuaderno y escribir todo lo que consumen o todos los tramos de escalera que han subido. Es demasiada molestia. En consecuencia, los bucles de feedback se suelen considerar herramientas nicho que, en general, recompensan a los que tienen dinero, fuerza de voluntad o inclinaciones frikis a hacer un seguimiento obsesivo de su propio comportamiento, pero parecen recursos poco prácticos para el resto de nosotros.

Un bucle de feedback incluye cuatro etapas: prueba, relevancia, consecuencia y acción. Una vez que lo reconoces, es fácil ver por qué fun-

---

115. Albert Bandura, *Self Efficacy: The Exercise of Control*, Worth Publishing, Londres, 1997.

ciona tan bien la explotación del bucle de la visualización de la velocidad en el radar. Los conductores obtienen datos sobre su velocidad en tiempo real (prueba). Estos datos les llaman la atención porque van unidos al límite de velocidad, lo que indica si están obedeciendo la ley o saltándosela (relevancia). Al ser conscientes de que están superando el límite de velocidad, los conductores temen que les pongan una multa o hacer daño a alguien (consecuencia). Por lo tanto, reducen la velocidad (acción)[116].

Por eso, el feedback es el antecedente que activa comportamientos deseables. Una vez que deconstruimos el feedback en sus cuatro etapas de prueba, relevancia, consecuencia y acción, el mundo no vuelve a parecer igual. De repente, comprendemos que nuestro buen comportamiento no es aleatorio, sino lógico. Sigue un patrón. Tiene sentido. Está bajo nuestro control. Es algo que podemos repetir. Por eso, algunas personas obesas se hacen cargo de sus hábitos alimentarios al instante cuando les dicen que tienen diabetes y que tendrán enfermedades más serias si no cambian de estilo de vida en serio.

Los bucles de feedback funcionan. ¿Por qué? ¿Por qué el hecho de tenerlos delante nos impulsa a actuar? En parte es porque el feedback se nutre de algo en el núcleo de la experiencia humana, incluso de nuestros orígenes biológicos. Al fin y al cabo, la evolución en sí es un bucle de feedback de selección genética, aunque sea tan alargado como imperceptible para un individuo. Los bucles de feedback son nuestra forma de aprender, tanto si les llamamos prueba y error como corrección de rumbo. En muchas áreas de la vida, tenemos éxito cuando sabemos el punto en el que estamos y cuando podemos evaluar nuestro progreso. De hecho, tendemos a ansiar este tipo de información; sea buena o mala, queremos tener estos datos, es algo visceral. Tal y como decía Albert Bandura: «Las personas son organismos proactivos, con aspiraciones».

El feedback se nutre de esas aspiraciones. Lo que conduce a la pregunta obvia: *¿Y si pudiéramos controlar nuestro entorno para que desencadenara nuestros comportamientos más deseados (como un bucle de feedback elegantemente diseñado?)*

---

116. *Ibidem.*

Esa fue la pregunta que se planteó Pep Guardiola al incorporar los comportamientos que él había definido en la Visión Global. Si vemos la estructura de un día de entrenamiento desde la perspectiva de un jugador del Barcelona, el bucle de feedback se hace evidente.

Ejercicio: El bucle OODA

¿Cómo decides dónde y cómo construir un bucle de feedback? Encontramos una respuesta útil de una fuente inesperada: un piloto de combate llamado John «Cuarenta segundos» Boyd. Boyd, piloto de la guerra de Corea, llegó a ser director de formación de la Escuela de Armas de la Fuerza Aérea de Estados Unidos. Era famoso por su apuesta eterna con los alumnos: desde una posición de desventaja, podía derrotar a cualquiera de sus estudiantes en un combate aéreo en cuarenta segundos o menos[117].

¿Cuál era el secreto de Boyd? El bucle OODA, desarrollado para aumentar la velocidad y la agilidad de un piloto de combate. Desde entonces ha sido adoptado por muchas empresas. Funciona de la manera siguiente:

Observar: *recopilar los datos. Averiguar dónde estás exactamente y qué sucede.*
Orientar: *analizar/sintetizar los datos para formarse una opinión precisa.*
Decidir: *seleccionar una acción a partir de las posibles opciones.*
Actuar: *ejecutar la acción y volver al primer paso.*

La genialidad de la idea de Boyd es que muestra que la velocidad y la agilidad tratan realmente del procesamiento de la información. Hay que construir más y mejores bucles de feedback. Cuanta más calidad tengan los bucles OODA que construyas, más rápido y más efectivo serás.

Cuando eres consciente del bucle de feedback OODA, empiezas a verlo por todas partes, como en las iteraciones impredecibles de Google de sus

---

117. R. Coram, *Boyd: The Fighter Pilot Who Changed the Art of War*, Back Bay Book, Nueva York, 2004.

productos *online* o las rutinas diarias de los corredores de bolsa de éxito. Todos son rápidos, pero tienen éxito porque son implacables respecto a seguir el bucle OODA. Ellos observan, orientan, deciden y actúan y, después, empiezan el ciclo de nuevo.

Por lo tanto, sé despiadado sobre dónde estás y dónde quieres llegar y, después, empezad a utilizar, tanto tú como tu equipo, el bucle OODA.

Demostraciones diarias de feedback

Normalmente, Guardiola era el primero en llegar al campo de entrenamiento todos los días, que no solía ser mucho después de las ocho de la mañana. La puntualidad se exigía estrictamente porque era la señal de que uno estaba mentalmente preparado. Esa ética del trabajo es una parte muy importante del carácter catalán: salvar el alma a través de la laboriosidad, el esfuerzo y el trabajo honesto y ponerlo todo de tu parte por el trabajo. Cuando le concedieron la Medalla de Honor del Parlamento de Cataluña, el mayor honor para un ciudadano catalán, por representar los valores deportivos catalanes, Guardiola dijo en su discurso de aceptación en aquel lugar tan simbólico: «Si nos levantamos temprano, muy temprano, y nos ponemos a trabajar, somos un país imparable»[118].

Primero, el equipo llegaba a tiempo para desayunar todos juntos, aunque no fuera obligatorio. Sin embargo, la comida prácticamente se consideraba parte del día de entrenamiento y, por lo tanto, era ineludible.

Aunque él quería que hubiera un elemento de democracia dentro del grupo en el que los jugadores utilizaran su propia iniciativa, hacer sugerencias y mantener una actitud abierta hacia las nuevas ideas, Guardiola no tardó en imponer varias reglas estrictas en sus primeros días en el cargo. Por ejemplo, insistió en que los únicos idiomas que se podían hablar en el grupo eran castellano y catalán, y organizó las mesas para que cuando los jugadores se sentaran a comer tuvieran que mezclarse, y de esa forma impidió que se formaran camarillas o grupos culturales o nacionales en el equipo.

---

118. Hunter, *Barça*.

Los jugadores tenían que entrar a una hora específica, normalmente, sesenta minutos antes de que empezara el entrenamiento. Si el entrenamiento comenzaba a las 11, se esperaba que estuvieran a esa hora ya en el campo y totalmente equipados, preparados física y mentalmente para darlo todo en la sesión; si no, les ponían una multa.

Las multas por llegar tarde eran de 500 € por cinco minutos, hasta un límite de 6.000 €, y quien llegara tarde tenía que empezar a entrenar solo. Atarse los cordones en el campo, llegar diez segundos después de las once, cualquier infracción, por pequeña que fuera, estaba prohibida. Los que llegaban tarde eran saludados con un aplauso irónico absolutamente por todo el mundo que participaba en la sesión. «Si no lo sabías aún, te enterabas enseguida —afirma el portero Víctor Valdés— de que nunca debías llegar tarde[119].»

De todas formas, las reglas de Guardiola (y la imposición de multas por incumplirlas) no se introdujeron para mantener a los jugadores bajo un control estricto, sino para fomentar un sentido de la solidaridad y de la responsabilidad más fuerte. Dos años después, Guardiola aprendió la lección de este bucle de feedback concreto y abolió su propio sistema de sanciones y multas porque consideraba que ya no eran necesarias, puesto que el grupo tenía un impresionante nivel de autodisciplina.

De lunes a viernes se esperaba que los jugadores estuvieran en casa a medianoche como máximo. Podían recibir una llamada a las tantas de la noche de Guardiola o de uno de los ayudantes. Si dicha llamada no obtenía respuesta y no había una explicación adecuada, el jugador recibía otra multa de cuatro cifras. Cuándo y dónde los jugadores podían rodar anuncios o trabajar para sus patrocinadores estaba estrechamente controlado por un solo hombre, Guardiola, que era quien tomaba la decisión final. El uso de teléfonos móviles y auriculares estaba controlado, y se decía a los jugadores que era obligatorio ocupar su lugar en las conferencias de prensa y firmar autógrafos para los aficionados en los viajes.

También había el esquema de incentivos mencionado anteriormente, basado en un sistema que Guardiola había desarrollado cuando estaba a cargo de los jugadores jóvenes del Barcelona B: si el equipo ganaba

---

119. Hughes, entrevista con Valdés.

cuatro partidos de la liga seguidos o conseguía dos empates consecutivos en la Liga de Campeones, Guardiola pagaba una comida o una cena para todo el equipo y para el cuerpo técnico.

¿Por qué no pagaba las cenas con el dinero de las multas? Aunque eso sea lo habitual en muchos equipos, donde las multas impuestas por el jefe se dedican a una fiesta al final de la temporada, Guardiola pensaba que eso era contraproducente. Si la multa al final servía para pagar una noche de fiesta regada de alcohol, ¿cuál era la penalización? Al final de la temporada, lo que se recaudaba de las multas se enviaba a una causa benéfica, a menudo asociada a hospitales.

Estas reglas simples (y el bucle de feedback asociado que las reforzó) no eran para todo el mundo. Un ejemplo era Alexander Hleb, un regateador sublime que también tenía el ritmo de pases y el físico menudo asociado con Iniesta, cosa que atrajo al equipo de fichajes del Barcelona. Hleb se quejaba de que Guardiola no tenía fe en él como futbolista pero, al mismo tiempo, llegaba tarde para firmar la lista de asistencia, y solía decir que había llegado a tiempo pero que se le había olvidado firmar; muchas veces iba al campo de entrenamiento sin estar preparado, si no física, sin duda, mentalmente (la etapa de prueba del bucle de feedback).

Guardiola se mostró comprensivo con aquel jugador bielorruso inmaduro pero lleno de talento, que necesitaba ayuda para adaptarse a la vida en España. «Por favor, aprende español —le dijeron—. Te ayudará a integrarte en el equipo» (relevancia). «¿Cómo te podemos ayudar a aprender español?», le preguntaron, cuando no había hecho ningún avance tangible.

En el campo, intentaba demasiado a menudo su típico regate y no pasaba el balón ni lo movía como necesitaban sus compañeros de equipo (relevancia). Le reprendieron, le intentaron convencer y le avisaron y, por último, se deshicieron de él al final de la temporada (consecuencia).

Ejercicio:
Cómo hacerse rico (en feedback) o morir en el intento

Imaginemos la vida de cualquier veinteañera. Desde el momento en el que nació, su mundo ha sido rico en feedback. Cuando ella pulsa un botón, pasa algo. Cuando juega un videojuego, consigue un resultado. Cuando manda un mensaje de texto, oye un sonido que confirma que se ha enviado. Ha vivido toda su vida en un paisaje rebosante de feedback.

Sin embargo, en cuanto llega al mundo laboral, el mecanismo principal (a menudo, el único) que le da información sobre cómo le va el trabajo es la revisión de rendimiento anual. Pasa de un festín a una hambruna de feedback en el lugar en el que está la mayoría del tiempo en el que está despierta.

Este rasgo robusto de la vida de la empresa presenta, como mínimo, dos grandes errores.

Primero, es anual. Es difícil hacer algo mejor si te dan feedback de tu rendimiento solamente una vez al año. Veamos el caso de Rafael Nadal. Su trabajo consiste en golpear pelotas de tenis de aquí para allá en una pista. Imagínate que Nadal jugara a tenis durante una temporada entera y recibiera feedback sobre su rendimiento solamente una vez al año en una reunión de cuarenta y cinco minutos con su entrenador. Es absurdo, ¿verdad?

Segundo, la revisión de rendimiento rara vez es una conversación auténtica. Lo más habitual es que sean reuniones en las que las personas reciten frases previsibles con fórmulas y que esperen que la experiencia acabe muy rápido.

El lugar de trabajo es uno de los lugares más carentes de feedback de la vida moderna.

Por suerte, no tiene por qué ser así. Déjame sugerir algunas estrategias modestas para hacer que el lugar de trabajo sea más rico en feedback.

1. Hazlo tú mismo

Las evaluaciones formales de rendimiento tienen su función, pero deberíamos complementarlas con evaluaciones que hagamos nosotros mismos. ¿Cómo funciona una revisión de rendimiento hecha por uno mismo? A principios de mes, fija tus metas de rendimiento y de aprendizaje. A final de mes, pregúntate: ¿Dónde estás avanzando? ¿Dónde te quedas atrás? ¿Qué herramientas o información necesitas para hacer mejor tu trabajo?

Si hablar solo contigo mismo te parece raro, intenta hablar con algunos compañeros de trabajo. De hecho, muchos equipos con rendimiento excelente ya lo hacen de forma rutinaria, a menudo sin permiso del jefe, a veces sin que el jefe lo sepa siquiera. Esta ética de la autoevaluación también es un sello distintivo de los grandes atletas y músicos. Establecen un alto nivel de calidad y, después, controlan meticulosamente su propio progreso.

2. Hazlo con tus iguales

Trabajé con una empresa que introdujo un enfoque entre iguales, en el que cualquier persona en cualquier momento podía dar una prima de 25 libras a un compañero de trabajo.

En lugar de un agradecimiento anual de un jefe que puede que no recuerde tus acciones heroicas, esos premios modestos permiten que los compañeros de trabajo reconozcan el buen trabajo al instante, cosa que, a su vez, puede crear un entorno en el que el feedback brote con más regularidad en la vida de la oficina.

El supervisor de la persona debe firmar cada prima, pero, al final, la decisión queda en manos de los iguales, no de los jefes, lo que puede hacer que el feedback y el reconocimiento sean más significativos. Pone el control del feedback en manos de las personas que están más cerca de la actividad.

3. Speedback

Es útil juzgar el feedback de la misma forma que se juzgaría la calidad de una aplicación de GPS para el móvil: las mejores funcionan en tiempo real, son detalladas y muy claras. El problema es que, durante la mayor parte del tiempo (sobre todo en el trabajo), el feedback que obtenemos no es oportuno, o bien no está claro. Por eso, tendemos a divagar y a perdernos.

Es decir, la cuestión del feedback realmente es una cuestión de diseño: ¿cómo se refuerza el bucle OODA y se da la señal apropiada de una manera oportuna?

Karen May, vicepresidenta de Desarrollo de personas en Google, ha inventado un método que denomina speedback. Funciona de la manera siguiente: en la mitad de una sesión de formación, indica que los asistentes formen parejas y que se sienten uno delante del otro. A continuación, les da tres minutos para responder a una simple pregunta: «¿Qué consejo me darías en función de la experiencia que has tenido conmigo aquí?» Los participantes dicen que es del mejor feedback que han recibido nunca.

3
Los desencadenantes de la acción

Es importante observar que aunque incluso los pequeños ajustes del entorno puedan marcar la diferencia, formar un hábito no depende solamente del entorno, sino que también es algo mental. Por ejemplo, sería muy difícil modificar el entorno de forma que te obligara a aprender a tocar el piano.

Durante una conferencia de prensa, preguntaron a Guardiola cómo definiría el modelo del Barça. Respondió en inglés con esta frase sencilla, un mantra: «Recibo la pelota, paso la pelota, recibo la pelota, paso la pelota, recibo la pelota, paso la pelota, recibo la pelota, paso la pelota...» Tener la capacidad mental de ejecutar esta exigencia aparentemente sencilla bajo la mirada feroz de la competición de élite no es una casualidad.

Entonces, ¿cómo se sientan las bases mentales que permiten que los comportamientos esenciales se conviertan en un hábito fácil de replicar?

Peter Gollwitzer, psicólogo de la Universidad de Nueva York, es pionero del trabajo en esta área. Su colega Veronika Brandstarter y él descubrieron que las *intenciones de implantación* (los desencadenantes de la acción) son efectivos para motivar la acción.

En un estudio, hicieron un seguimiento de estudiantes universitarios que habían tenido la opción de conseguir créditos extra en clase haciendo un trabajo sobre cómo habían pasado la Nochebuena. Pero, como en todos los estudios de este tipo, había una trampa: para conseguir el crédito tenían que presentar el trabajo el 26 de diciembre. La mayoría de los estudiantes tenían muy buenas intenciones y tenían previsto hacer el trabajo, pero solamente el 33 por ciento lo hicieron al final. A otros estudiantes del estudio se les pidió que fijaran desencadenantes de acción para ver, por adelantado, exactamente dónde y cuándo tenían intención de hacer el trabajo. Por ejemplo, «escribiré en el despacho de mi padre la mañana de Navidad, antes de que se levante todo el mundo». Nada menos que el 75 por ciento de estos estudiantes hicieron el trabajo[120].

¿Significa esto que el mero hecho de imaginar un tiempo y un espacio en los que harás algo harán que aumente la probabilidad de hacerlo realmente? Sí y no. Los desencadenantes de acción no harán que hagas algo que no quieras hacer de verdad. Un desencadenante de acción nunca habría convencido a los estudiantes universitarios de participar en clases de matemáticas *online* el día de Navidad. Sin embargo, como demuestra el estudio del crédito extra, los desencadenantes de acción pueden tener un poder profundo para motivar a las personas a hacer las cosas que saben que tienen que hacer.

Gollwitzer y Brandstarter afirman que el valor de las intenciones de implantación (los desencadenantes de acción) reside en el hecho de que estamos tomando una decisión de forma anticipada. Por ejemplo, dejar a los niños en el colegio desencadena la acción siguiente, ir al gimnasio. No hay un ciclo de deliberación consciente, sino que, simplemente, te apartas del camino de tu pensamiento.

Por eso los desencadenantes de acción tienen un valor inesperado. Gollwitzer y Brandstarter afirman que, cuando la gente decide algo por adelantado, «pasa el control de su comportamiento al entorno». Los desencadenantes de acción «protegen la persecución de metas frente a distracciones tentadoras o malos hábitos que les hacen la competencia».

Ejercicio:
Cómo prepararse para esos momentos clave

Una de mis ideas preferidas sobre la cultura de alto rendimiento procede de los SEAL de la Marina estadounidense. El mantra que destaca su organización

---

120. P. Gollwitzer, «Implementation Intentions: Strong Effects of Simple Plans», *American Psychologist* 54, 1999, pp. 493–503.

es: «Cuando estás bajo presión, no estás a la altura de las circunstancias sino que desciendes al nivel de tu entrenamiento».

La vida está hecha de pruebas: el gran partido, el examen final, la presentación crucial. En estos momentos, tendemos naturalmente a concentrarnos en los elementos externos de nuestro rendimiento. ¿Tuvimos éxito o no?

El psicólogo noruego Willi Railo observó: «Si un entrenador desea influir a los jugadores en el vestuario antes del partido, significa que no ha hecho su trabajo lo suficientemente bien. Es demasiado tarde. El trabajo debe haberse hecho mucho antes de llegar al vestuario».

Creo que sería más revelador concentrarse en los días de preparación que conducen al rendimiento (una de las bases de tu cultura). ¿Cómo sabes cuándo estás listo para un gran examen? ¿Cómo sabes si estás totalmente preparado?

Cuando leía *Un día difícil: el relato de un miembro de las fuerzas especiales que mataron a Bin Laden*, sobre aquella misión de los SEAL de la Marina estadounidense, me impresionó más su mentalidad que su evidente fuerza física, sobre todo sus métodos de preparación para grandes pruebas.

¿Cómo se prepararon los SEAL para la prueba de matar a Bin Laden? Hicieron un modelo preciso, a escala real, del lugar en el que se escondía. Después, entrenaron sin parar. Durante varias semanas, hicieron variaciones interminables de las posibles situaciones, desde los mejores supuestos hasta los desastres absolutos. «Cada una de las posibilidades se entrenaba hasta el hartazgo», escribe el autor del libro, Matt Bissonnette[121].

Me encanta esa frase porque nos deja descubrir cuál es la preparación real para una gran prueba. Haces algo repetidas veces (cubriendo cualquier posible contingencia) hasta que te canses.

En general, no pensamos en la preparación de esta forma. En la vida normal creemos que la práctica acaba cuando lo hemos hecho bien un par de veces seguidas. Sin embargo, en realidad, ahí es cuando la práctica empieza de verdad. El objetivo no es hacerlo bien una vez, sino hacerlo con frecuencia, en condiciones realistas y bajo presión, de forma que no te puedas equivocar.

---

121. Mark Owen y Kevin Maurer, *Un día difícil: el relato de un miembro de las fuerzas especiales que mataron a Bin Laden*, Memoria Crítica, Madrid, 2012.

¿Cómo sabes cuándo has llegado a ese punto? Aquí tienes algunas pistas.

1. Puedes realizar la acción mientras prestas atención a otras cosas externas. Por ejemplo, si es un discurso o una canción, puedes hablar o cantar y, a la vez, conservar espacio mental para darte cuenta de las cosas. Es automatizar o funcionar en piloto automático; lo llames como lo llames, la cuestión es que has construido un acto reflejo.

2. Estás realmente cansado del asunto. Te sabes cada molécula del material tan bien que, si lo repasas otra vez, explotas. Esta relación (una exasperación sana) es una buena señal de que dominas el tema.

3. Puedes crear por adelantado y de forma clara y precisa el gran momento en tu imaginación: las vistas, los sonidos, los olores, las sensaciones. La gran prueba ni te sorprende ni te altera, porque ya la has experimentado de una forma profunda.

Lo que quiere decir todo esto es una verdad básica que conocen todos los SEAL: el truco para tener éxito en los grandes momentos es utilizar la práctica para reducirlos a una serie de momentos pequeños y controlables.

Los hábitos clave

Nuestra vida está llena de hábitos y el tiempo es limitado. Saber cómo mejorar el comportamiento no resuelve una cuestión primordial: ¿por dónde empezar? ¿Es mejor crear un hábito para hacer ejercicio o reformar los patrones de comida? ¿Nos deberíamos concentrar en postergar cosas? ¿O en comernos las uñas? ¿O en ambas cosas al mismo tiempo?

La respuesta radica en lo que el autor Charles Duhigg denomina *hábitos clave*[122]. Según los investigadores, algunos hábitos son más im-

---

122. Charles Duhigg, *El poder de los hábitos*, Urano, Madrid, 2012.

portantes que otros porque provocan una reacción en cadena que modifica otros patrones de nuestra vida. Los hábitos clave influyen en cómo trabajamos, comemos, vivimos, gastamos dinero y nos comunicamos con los demás. Los hábitos clave inician un proceso que, con el tiempo, lo transforma todo.

Por lo tanto, esa es la respuesta de por dónde empezar: concentrarse en los hábitos clave, los patrones que, cuando empiezan a cambiar, desbancan y modifican otros hábitos.

Para encontrarlos, tienes que saber dónde buscar. «Guardiola no solo conocía el estilo del F. C. Barcelona de cabo a rabo —dijo Txiki Begiristain—, sino que también sabía cómo mejorarlo[123].»

Guardiola comparó el estilo del F. C. Barcelona con una catedral. Decía que Johan Cruyff había construido aquel lugar de culto. La tarea de los que venían después era renovarlo y actualizarlo. Guardiola siempre buscaba la modernización. La mayor parte del pensamiento de Cruyff era sobre el ataque. «No me importaba conceder tres goles, mientras el Barça marcara cinco», dijo una vez. Por lo visto, Guardiola también quería marcar cinco tantos, pero no le gustaba conceder ni uno. Mientras todavía era jugador, Guardiola escribió una serie de columnas para *El País*, el primer periódico diario de España. En 1995, cuando, a los veinticuatro años ya era el eje alrededor del que giraba el Barcelona de Johan Cruyff, escribió: «Sin pelota no hay pase, sin pelota no hay control, sin control hay menos oportunidades de marcar». Si el Barça es una catedral, Guardiola ha añadido los contrafuertes.

El amigo de Guardiola David Trueba explica cómo se sentaron esas bases. «El estilo de Pep se parece al de Bob Dylan a la hora de componer canciones —explica—. Bob llena páginas y páginas con material y después las reduce al mínimo y acaba solamente con los versos clave que quiere. Pep toma miles de notas y, luego, las reduce a la mínima expresión[124].» El quid de su estrategia y plan de partido se basaba en la implantación de dos de los hábitos clave.

---

123. Hughes, entrevista con Begiristain.
124. Martí Perarnau, *Herr Pep: Crónica desde dentro de su primer año en el Bayern de Múnich*, Córner, 2014.

Ejercicio:
Cómo ganar tiempo para pensar

Me encanta esta idea simple tomada de la jugadora de golf Annika Sörenstam. Dibuja una línea imaginaria que separe tu espacio de entrenamiento de tu espacio de rendimiento. Cuando estás dentro de la zona de pensar, tu cerebro está totalmente conectado. Estás pensando, formulando estrategias, planificando. Pero cuando sales de la línea y pisas la zona de jugar, desconectas y, simplemente, juegas.

Básicamente, Annika traza una línea imaginaria más o menos a un metro detrás de la pelota. Considera que el área detrás de la línea es la zona de pensar y la de delante, la zona de jugar. En la zona de pensar, recibe feedback de su caddy y se concentra en el viento, el objetivo, el palo, el tiro, la visualización, etc. Cuando sabe qué quiere hacer, cruza la línea a la zona de jugar, desconecta y ejecuta el golpe (o juega, como si volviera a ser una niña) como ha hecho millones de veces.

Muchos estudios del cerebro apoyan este método (resonancias magnéticas que muestran que, cuanto más hábil es un atleta, menos piensa). Y, por supuesto, sabemos que el rendimiento máximo se da cuando nos relajamos y ponemos el piloto automático, dejando que nuestro cerebro inconsciente haga la magia. Me gusta esta idea de la zona de jugar porque se podría aplicar a muchas cosas aparte del deporte. Piensa en cuando tienes que hacer una presentación importante. Todos tenemos una zona en la que construimos y otra en la que nos relajamos y mostramos lo que hemos construido.

También me gusta porque muestra la paradoja real que hay en el corazón de la mejora. Cuando practicas, pensar y planificar son tus amigos. En cambio, durante la actuación, son tus enemigos. No puedes evitar esta paradoja; tienes que construir una rutina que englobe a las dos partes. Esencialmente, tienes dos cerebros, el consciente y el inconsciente; así que la mejor forma de mejorar es dar una zona a cada uno.

¿Tu entorno te permite hacerlo?

A menudo, organizo días de formación de gestión en los que los asistentes tienen que reaccionar a la presión y actuar como miembro del equipo y también como líder. El día incluye una serie de juegos y actividades. Los delegados hacen equipos y, en cada actividad, actúa como líder una persona distinta. La persona al mando no solamente es responsable del rendimiento de su equipo, sino que también debe entrenar a los miembros de su equipo en las habilidades y la táctica para concursar frente a los demás equipos.

La primera actividad es un simple juego de posesión parecido a los rondos o al netball, con cinco jugadores por equipo. El objetivo es completar el máximo de pases posible entre jugadores del lado atacante mientras que los que defienden tienen que recuperar la pelota. ¿Cuál es el factor que lo complica? El lado que defiende solamente puede alinear a tres jugadores frente a los cinco del lado atacante, así que, cuando el lado atacante pierde la posesión de la pelota, tienen que quitar a dos jugadores, un reto añadido para los respectivos líderes.

Sin excepción, el inicio del partido siempre es un caos absoluto. Todo el mundo persigue la pelota, se pone a gritar para que se la pasen, la pelota se cae, los pases se pierden. Es como ver a unos niños hiperactivos jugando un partido en el patio de la escuela. Los jugadores, emocionados y llenos de adrenalina, normalmente no saben el resultado ni cualquier otra información que no sea relevante para lo único que están haciendo: perseguir ciegamente la pelota.

Tras entre sesenta y setenta segundos de puro desmadre, se para el partido. En un partido sencillo de cinco contra tres, la táctica más simple y efectiva para el equipo ofensivo es que un jugador esté en el medio y los otros en cada esquina, haciendo imposible que el equipo defensor marque a todos, lo que significa que siempre haya alguien a quien pasarle. Una vez que los jugadores absorben este concepto, el partido parece ir más lento y los jugadores se encuentran con más espacio en el que operar y, en consecuencia, más tiempo para tomar decisiones, mientras sean disciplinados con sus posiciones en la cancha.

La tarea siguiente es una extensión del mismo juego básicamente, pero con un cambio importante: no se permite el contacto verbal, sino solamente el visual. Por suerte, esto hace que el partido sea más tranquilo, pero también conduce a un aumento dramático de la conciencia de los jugadores de la posición y el espacio de sus propios miembros del equipo. Al final del día, los equipos han mejorado mucho desde el caos ilimitado del inicio hasta un aumento impresionante de conciencia, comunicación, empatía y control y, al final, actitud y compostura.

Con un poco de comprensión y una serie de prácticas específicas, todos los jugadores han abandonado el estilo precipitado y sin espacio para moverse y son capaces de tomar decisiones mejores y menos aceleradas. Ha bastado un día para que los asistentes al curso de formación sean notablemente mejores a la hora de tomar decisiones efectivas bajo presión. Parecen tener «la pelota más tiempo» y «ver las cosas mucho antes».

La cuestión que destaco a estos líderes es que nadie nace con esta habilidad innata, sino que se logra con horas de práctica deliberada.

Los dos hábitos clave del F. C. Barcelona

La regla de los cinco segundos

El desencadenante de acción que introdujo Guardiola fue que el equipo debe intentar recuperar la pelota a los cinco segundos de haberla perdido. «Esto —explica Víctor Valdés— fue la clave de nuestro éxito.» Todo lo demás, desde la forma física hasta el espíritu de equipo y la estrategia de juego, fluye de eso.

El Barcelona empieza a presionar (a buscar el balón) en cuanto pierde la posesión. Es el momento perfecto para presionar, porque el jugador del otro equipo que acaba de hacerse con el balón es vulnerable. Ha tenido que apartar los ojos del juego para hacer su entrada o intercepción, y ha gastado energía. Eso significa que, por un momento, no puede ver y probablemente esté cansado. Normalmente, necesita dos o tres segundos para retomar su visión del campo. Por lo tanto, el Barcelona intenta quitarle la pelota antes de que se la pueda pasar a un compañero que esté mejor colocado.

Además, si el adversario que tiene la pelota es un defensa y el F. C. Barcelona puede volver a recuperar la pelota enseguida, el camino hacia el gol suele estar despejado. El jugador del Barça que ha perdido el balón dirige la caza para retomarlo. Pero nunca lo hace solo. Sus compañeros que están cerca del balón también participan. Si solamente uno o dos de los jugadores del F. C. Barcelona presionan, es demasiado fácil para el adversario neutralizarlos. «Si no jugamos así —avisaba Guardiola repetidamente—, *ciao*, estamos perdidos[125].»

Si el Barça no recupera la pelota antes de cinco segundos después de haberla perdido, pasa al Plan B (otro hábito desencadenante de acción) y construye una muralla compacta formada por diez hombres.

El trabajo de Peter Gollwitzer ha mostrado que crear un desencadenante de acción como esta sencilla regla es lo más útil en las circunstancias más difíciles (las ocasiones en las que estamos bajo una presión intensa). Un estudio analizó el éxito de las personas al lograr objetivos «fáciles» o «difíciles». Con los fáciles, el uso de los desencadenantes de acción (y los hábitos asociados que le siguen) aumentaron el éxito ligeramente, del 78 por ciento al 84 por ciento. Sin embargo, con los objetivos difíciles los desencadenantes de acción casi triplicaron la probabilidad de éxito, ya que la consecución del objetivo se disparó y pasó del 22 al 62 por ciento[126]. «Llevar a cabo tus hábitos en esos momentos clave es lo que distingue al bueno del fantástico», sugiere Jim Loehr, el famoso psicólogo del deporte. Hacerlo en la búsqueda del objetivo más difícil del fútbol europeo, ganando la final de la Liga de Campeones, es crítico.

Gollwitzer afirma que lo esencial es que los desencadenantes de acción crean un «hábito instantáneo». Los hábitos son un piloto automático de comportamiento y eso es exactamente lo que fijan los desencadenantes de acción. Aunque no sean perfectos, es difícil imaginar una forma más fácil de aumentar la probabilidad de hacer un cambio inmediato. Un metaestudio reciente que analizó a 8.155 participantes en 85 estudios señaló que la persona que fija un desencadenante de acción para responder de cierta forma a algo le iba mejor que al 74 por ciento de las personas que hacían la misma tarea que no lo establecían.

---

125. John Carlin, *Financial Times*, 12 de marzo de 2012; Simon Kuper, *The Blizzard*, número 15.

126. Peter M. Gollwitzer, Sarah Milne, Paschal Sheeran y Thomas L. Webb, «Implementation Intentions and Health Behaviours», en M. Conner y P. Norman (eds.), *Predicting Health Behaviour: Research and Practice with Social Cognition Models,* segunda edición, Open University Press, Londres, 2005.

Los hábitos clave representan un raro punto de intersección entre las aspiraciones de la autoayuda y la realidad de la ciencia. No se puede ser más práctico. La próxima vez que los miembros de tu equipo decidan actuar de una forma nueva, rétalos a ir más lejos. Haz que especifiquen dónde y cuándo van a poner el plan en marcha. Deben fijar un desencadenante de acción para precipitar el cambio. A continuación, fija otro para ti para controlarlo.

Ejercicio:
Un hábito ganador

Los hábitos clave son imprescindibles para construir una cultura ganadora.

Cuando trabajo con entrenadores deportivos, les animo a prestar atención al estado del vestuario. Muchos entrenadores consideran que las taquillas de los jugadores son privadas. El resultado suele ser que el vestuario parece una especie de bomba de ropa sucia que ha explotado. Cuando trabajé con el entrenador de la liga de rugby Tony Smith, optó por publicar un edicto: el vestuario importa. Los jugadores recibieron un diagrama de cómo mantener sus taquillas con todo lujo de detalles.

Esto parece un tema menor, una gota de agua en un océano de cambios. Sin embargo, en un nivel más profundo, estos tipos de cambio funcionan porque son *hábitos clave*: el tipo de hábitos que crean estructuras para que florezcan los comportamientos productivos. Tal y como hemos observado, el hábito clave suele ser bastante humilde. Al fin y al cabo, la forma en la que un jugador mantiene su traje del club debería tener poca relación con el rendimiento del equipo en el campo. Pero la tiene. Porque cambia el ambiente. Envía una señal clara (sé organizado) que resuena en otros comportamientos.

Los hábitos clave son una parte esencial de las culturas ganadoras. En su maravilloso libro *El poder de los hábitos*, Charles Duhigg cuenta que el director general de Alcoa, Paul O'Neill, utilizaba el hábito clave de la seguridad de los trabajadores para reconstruir la suerte de la organización y cómo los programas de pérdida de peso tenían mucho más éxito si incluían el hábito clave de escribir un diario. El mensaje era que los cambios no radican en el deseo ni en la fuerza de voluntad, sino en diseñar un entorno que apoye los hábitos que quieres crear[127].

¿Qué tienen en común los mejores hábitos clave?

1. Incluyen preparación/organización.
2. Son rutinas diarias.
3. Están fantásticamente detallados. El entrenador de baloncesto de UCLA John Wooden enseñaba a sus jugadores a ponerse los calcetines de esta forma:

Tirad de la parte de atrás, de verdad, con fuerza. Ahora, pasad la mano por la zona pequeña de los dedos…, aseguraos de que no haya ninguna arruga y tirad hacia arriba. Comprobad el área del talón. No queremos que haya la más mínima arruga ahí…, la arruga seguro que os hace ampollas, y eso va a hacer que perdáis tiempo de juego…[128]

Es un detalle pequeño. Pero tiene éxito porque es el detalle correcto, un hábito clave cuya señal resuena en la mente de todo el equipo.

¿Cómo puedes crear un hábito que apoye el cambio que intentas hacer? Debes considerar estos dos puntos:

1. El hábito debe hacer avanzar la misión.

2. El hábito debe ser relativamente fácil de adoptar. Si es demasiado difícil, crea su propio problema de cambio. Por ejemplo, si intentas hacer más ejercicio y decides «crear el hábito» de ir al gimnasio, solamente estás manteniendo el problema central. Puede resultar más productivo intentar construir un hábito más fácil, como dejarte la ropa del gimnasio preparada antes de acostarte o pedir a un amigo que vaya al gimnasio que te recoja para así ir juntos.

---

127. Charles Duhigg, *El poder de los hábitos*.

128. John Wooden y Steve Jamison, *The Wisdom of Wooden: My Century On and Off the Court*, McGraw-Hill Contemporary, Nueva York, 2010, p. 88.

El segundo de los hábitos clave de Guardiola es:

La posesión es nueve décimas partes del partido

Conservar el balón ha sido la táctica clave del F. C. Barcelona desde la época de Cruyff. Algunos equipos no se preocupan demasiado por la posesión. Saben que puedes tener mucho el balón y perder. Pero el objetivo del Barça es tener el balón el 65 o 70 por ciento de cada partido.

La lógica de conservar la posesión es doble. Por una parte, mientras tienes el balón, el otro equipo no puede marcar. Un equipo como el F. C. Barcelona de Guardiola, en el que escasean jugadores que ganen el balón que tengan cuerpos enormes, defiende primero manteniendo la posesión del balón. Por otra parte, si el Barça tiene la pelota, el otro equipo tiene que intentar conseguirla, y eso es agotador. Cuando los adversarios la recuperan, a menudo están tan cansados que la pierden enseguida. La posesión hace que el F. C. Barcelona entre en un círculo virtuoso.

En noviembre de 2011, José Mourinho, entrenador del Real Madrid y enemigo del F. C. Barcelona, intentó explotar esa devoción al pase. En el Bernabéu, los delanteros del Madrid acosaban al portero Víctor Valdés cuando un compañero le cedía la pelota, sabiendo que no haría un pase sin tener un objetivo claro. El portero se equivocó en un pase y Karim Benzema marcó al cabo de veintitrés segundos. Se podía observar a Guardiola en la línea de banda, animando a Valdés a conservar su atención implacable para mantener la posesión y ceñirse al hábito de jugar la pelota en corto. El F. C. Barcelona ganó 1-3. «La valentía —explica Valdés— es una de las cualidades más importantes para un jugador del F. C. Barcelona. Pep me recordó que siguiera siendo valiente y continuara haciendo lo que me habían enseñado desde que entré en el club de pequeño[129].»

Invertir tiempo en desarrollar este hábito fue crucial porque es una piedra angular para toda la Visión Global. Si los que tienen la responsabilidad de convertir este sueño en realidad lo pueden dominar, el éxito llegará.

---

129. Hughes, entrevista con Víctor Valdés.

El rondo

El rondo hace referencia al círculo de un grupo numéricamente superior de jugadores que tiene la pelota y un grupo más pequeño que la intenta recuperar. En el F. C. Barcelona, este ejercicio se realiza con pases precisos y frenéticos de un toque, lo que crea combinaciones mareantes que parecen una máquina de *pinball* y que provocan que los jugadores que están en el medio acaben exhaustos.

Pero el rondo es algo más que organizar a varios jugadores en un círculo, colocar a unas cuantas pobres almas en el medio y torturarlas con un juego para que estén lejos del balón. El rondo reinventó el fútbol moderno.

En el libro de Stan Baker *Our Competition is the World*, Johan Cruyff, el hombre que introdujo el concepto por primera vez en La Masía, describió el rondo (y su propósito) en pocas palabras: «Tener técnica no consiste en ser capaz de hacer malabarismos con la pelota mil veces. Cualquiera puede hacerlo si practica. Tener técnica es pasar el balón con un toque, a la velocidad adecuada, al pie correcto de tu compañero.

»Todo lo que pasa en un partido, salvo chutar, lo puedes hacer en un rondo. El aspecto competitivo, luchar para conseguir espacio, qué hacer cuando tienes la posesión del balón y qué hacer cuando no la tienes, cómo jugar al fútbol "de un toque", cómo contrarrestar el marcaje estrecho y cómo volver a conseguir el balón».[130]

Este juego aparentemente simple contiene los rasgos que caracterizan al F. C. Barcelona, que combina los hábitos esenciales con los comportamientos característicos culturalmente críticos para hacer realidad la Visión Global. Es la manifestación más clara de la filosofía Cruyff/Guardiola.

Lo que hace que el rondo sea tan útil es la proximidad con la que se juega, que obliga a los jugadores a mostrar todas las cualidades necesarias para tener éxito en un campo de tamaño normal. Los jugadores no se pueden ocultar estirando el espacio para tener más tiempo el balón. En un rondo, los jugadores tocan la pelota con mucha más frecuencia

---

130. Stan Baker, *Our Competition is the World*, Lulu Publishing, Carolina del Norte, 2012.

que en un partido normal (seis veces más por minuto, según un estudio de la Universidad de Liverpool). Los jugadores deben identificar el entorno cambiante y tomar decisiones respecto a dicho entorno sin parar. Eso significa que están sujetos a una toma de decisiones instantánea en un espacio reducido y basándose en lo que hacen los demás. Sitúa a los jugadores dentro de un entorno en el que deben cometer y corregir errores, generando soluciones a problemas de forma constante. Los jugadores que tocan el balón un 600 por ciento más a menudo aprenderán mucho más rápido, sin darse cuenta, de lo que lo harían en la extensión enorme y con mucho rebote de un partido al aire libre. En el F. C. Barcelona, se estima que un jugador que se ha desarrollado en La Masía ha invertido entre 1.500 y 1.800 horas jugando rondos. «Para poder tocar el balón perfectamente una vez —afirmaba Cruyff— tienes que haberlo tocado cien mil veces en el entrenamiento.» La capacidad técnica es primordial, igual que la capacidad para comunicarse, competir y anticiparse mientras se continúa sereno desde el punto de vista ofensivo y defensivo. Las exigencias del rondo para los jugadores son realistas respecto al partido.

Si pudieras llevar unas gafas mágicas que revelaran cómo este ejercicio aparentemente sencillo une las fuerzas invisibles de cultura, historia, genes, práctica, entrenamiento y creencia para formar el material elemental que denominamos *talento*, verías que la ciencia ha descubierto una forma de ver el talento como una sustancia tan tangible como los músculos y los huesos.

Para imaginarnos cómo es una neurona, vamos a pensar en un árbol que han arrancado de cuajo. Las raíces del árbol, denominadas dendritas, son largas y finas; recogen las señales de otras neuronas. En el lado opuesto de cada neurona está el axón, que es más largo y más grueso, y también hay ramas en lo alto del árbol para pasar señales a otras neuronas. Entre el axón de una neurona y la dendrita de la siguiente hay un espacio llamado sinapsis. Es un espacio que los impulsos eléctricos no pueden cruzar, así que, cuando una neurona envía un impulso, libera neurotransmisores, es decir, mensajeros químicos, que flotan en el espacio para pasar el mensaje a la siguiente neurona y provocar que también envíe un impulso.

Cuando una neurona hace que otra mande un impulso, o cuando dos neuronas se activan de una forma muy seguida, la conexión entre ellas se refuerza debido a los cambios químicos de las sinapsis. Es una regla simple: las neuronas que envían impulsos juntas se conectan entre sí[131].

Ejercicio:
¡Atrapa la pelota!

Siempre que quiero ilustrar el poder de estas secuencias neurales, utilizo un simple ejercicio con una pelota de tenis.

Encuentra una pelota y lánzasela a una persona. Luego, pídele que te la devuelva. Vuelve a hacerlo, esta vez un poco más rápido. Hazlo varias veces, os la vais lanzando hasta que os parezca cómodo y fácil. Ahora, haz como si fueras a lanzar, pero retén la pelota. ¿Qué sucede?

Lo más probable es que esa persona mueva las manos para intentar agarrar la pelota, aunque tú no la hayas lanzado.

Una vez que esas neuronas se unen, permanecen conectadas para siempre por la reacción química que se da. Cada vez que repites la misma acción o el mismo pensamiento, la conexión química se hace más densa y la secuencia se ensancha. Cuanto más repitas el mismo pensamiento o la misma acción, más ancha se hace. Es como ir por un camino estrecho y pasar a una carretera, luego a una carretera de doble calzada y al final a una autopista, permitiendo que las sustancias químicas viajen realmente rápido. Al final, significa que tus reacciones mejoran, haces las cosas más rápido y casi sin ningún esfuerzo consciente.

Esta idea viene de lejos. Fue sugerida por primera vez por Sigmund Freud, pero ahora se conoce como Ley de Hebb, tras ser señalada en el libro de

---

131. Daniel Coyle, *El pequeño libro del talento*, Conecta, Barcelona, 2013; Gary E. McPherson y James M. Renwick, «Interest and Choice: Student-Selected Repertoire and Its Effect on Practising Behaviour», *British Journal of Music Education* 19, 2002, pp. 173-188; A. D. Baddeley y D. J. A. Longman, «The Influence of Length and Frequency of Training Session on the Rate of Learning to Type», *Ergonomics* 21, 1978, pp. 627-635.

Donald Hebb de 1949 *La organización de la conducta*[132]. Su funcionamiento químico preciso no fue identificado hasta la década de 1960, cuando el neuropsiquiatra Eric Kandel empezó a estudiar las babosas marinas gigantes llamadas *Aplysia californica*. Dichas babosas son unos seres únicos porque solamente tienen unas veinte mil neuronas (el cerebro humano tiene unos cien mil millones), y las que tienen son extraordinariamente grandes y traslúcidas, cosa que permite estudiarlas con facilidad. Al aislar un único circuito neuronal de la babosa marina, Kandel pudo identificar los cambios que se dan en las sinapsis cuando se forman los recuerdos.

Como se ha mencionado anteriormente, cuando dos neuronas envían impulsos juntas, su conexión se refuerza. Se activa un gen que cambia la estructura de las neuronas en ambos lados de la sinapsis: el primero cambia para liberar más neurotransmisores en el futuro; el segundo desarrolla más receptores para que se unan a esos neurotransmisores. En un estudio de Kandel y sus colegas, observaron que el número de receptores de una única neurona podría más que duplicarse durante este proceso.

Este es el mecanismo básico del aprendizaje y la memoria. Cuando experimentas algo o realizas una acción, tus neuronas envían impulsos en orden, cada una activa a las que tienen a su alrededor. El mero hecho de que envíen impulsos juntas refuerza las conexiones entre ellas, cuando los neurotransmisores se liberan, los receptores crecen y se construyen conexiones sinápticas nuevas. Así es como cambian de forma los mapas corticales (áreas de función cerebral que responden a estímulos). Esto ayuda a ilustrar la importancia para el F. C. Barcelona de sumergir a los jugadores en el espíritu del club desde una edad temprana. Los niños de La Masía pasan gran parte de su niñez jugando a juegos de pases. «El fútbol —dijo Cruyff una vez— es coreografía.» Por eso tantos jugadores del Barça de Guardiola eran de su cantera, y por eso el club todavía tiene más canteranos en su primer equipo que prácticamente cualquier otro club europeo grande. El F. C. Barcelona no solo entrena a jugadores jóvenes desde el punto de vista físico y les implanta la cultura del club en su ADN, sino que, literalmente, les cambia la forma del cerebro.

---

132. Donald Hebb, *La organización de la conducta*, Debate, Barcelona, 1991.

Pero ese no es el único cambio.

Incluso después de dominar una habilidad, practicarla puede ser beneficioso. Hace que el cerebro sea más eficiente. Piensa en los empleados que llevan años haciendo el mismo trabajo. Conocen las exigencias de la tarea bien, son buenos haciéndola, y también son capaces de hacer su trabajo al mismo nivel que antes pero sin tener que dedicarle tanto esfuerzo. Eso se debe a las neuronas de su cerebro.

Cuando aprendes una habilidad nueva, tu mapa cortical para el área del cuerpo que utilizas se expande, pero al final necesitas menos neuronas y menos energía para hacer el mismo trabajo porque aprendes a utilizar los músculos con más efectividad. Puedes observar los efectos de este aumento de la eficiencia neural en los mejores deportistas.

En 2014, un grupo de investigadores japoneses tuvo la oportunidad de examinar hasta qué punto toda esa práctica había hecho que el cerebro de Neymar fuera mucho más efectivo. Lo introdujeron en una máquina de resonancia magnética funcional mientras él rotaba el tobillo derecho hacia la derecha o hacia la izquierda cada ciertos segundos. Comparado con otros tres jugadores de fútbol profesionales, dos nadadores extraordinarios y un jugador de fútbol *amateur* que hicieron el mismo movimiento, vieron que la actividad cerebral durante esa tarea era más pequeña en los jugadores de fútbol que en los nadadores, y más pequeña en los jugadores de fútbol profesionales que en los *amateurs*, y la más pequeña de todas en el cerebro de Neymar.

Los investigadores creen que este patrón único de actividad cerebral se debe a los años de práctica de Neymar. Su cerebro ha cambiado. Las conexiones entre neuronas se han reforzado. El área del cerebro que controla a sus pies se ha hecho mayor, pero también más eficiente[133].

Lo podríamos llamar «memoria muscular», para profanos en la materia, y este aumento de eficiencia neural es solamente una parte. Además, incluye acelerar las cosas, con ayuda de una sustancia grasa denominada mielina, la materia blanca del cerebro.

---

133. Amit Katwala, *The Athletic Brain*, Simon & Schuster, Nueva York, 2016, p. 60; E. Naito y S. Hirose, «Efficient Foot Motor Control by Neymar's Brain», *Frontiers in Human Neuroscience* 8, 544, 2014, pp. 1-6

Una neurona es como un cable eléctrico, y al aislar un cable, la corriente fluirá más rápido y con más eficiencia. La mielina es el aislante eléctrico del cuerpo, envuelve las neuronas como el aislante que rodea a un cable de cobre. Mantiene a las señales dentro para que puedan viajar más rápido y con menos pérdida de señal. «La mielina transforma discretamente caminos estrechos en superautopistas amplias y rápidas como el rayo», escribe Daniel Coyle en *El pequeño libro del talento*. «El tráfico neural que una vez avanzaba a 3 kilómetros por hora puede, con ayuda de la mielina, acelerarse hasta 321 kilómetros por hora[134].»

Como hemos visto, algo crucial que separa a los atletas del resto de nosotros es su capacidad para captar señales perceptuales por adelantado y tomar decisiones rápidas y precisas. La velocidad es crucial y la mielina es la esencia de la velocidad.

Cuando una neurona emite un impulso, además de reforzar la conexión con las neuronas que tiene a su alrededor también atrae la atención de los oligodendrocitos, unas células que parecen invasores espaciales en las imágenes cerebrales, de un color verde, brillante e inquietante. Construyen mielina, extrayendo una capa que se envuelve precisamente alrededor de la neurona en un proceso continuo que puede implicar a varios eones de la escala temporal superrápida del cerebro.

«Es uno de los procesos de célula a célula más intrincados y exquisitos que existen —afirma el doctor Douglas Fields en *El pequeño libro del talento*—. Y va despacio. Cada uno de esos envoltorios puede rodear a la fibra nerviosa cuarenta o cincuenta veces y puede durar días o semanas. Imagínate hacerlo a una neurona entera, y en un circuito entero con miles de nervios. Sería como aislar un cable transatlántico[135].»

Por lo tanto, no es de extrañar que los expertos tarden muchos años de formación intensa en desarrollar sus habilidades. Además de tener

---

134. Daniel Coyle, *El pequeño libro del talento*, Conecta, Barcelona, 2013; v. Pujol *et al.*, «Myelination of Languaje-Related Areas in the Developing Brain», *Neurology* 66, 3, 2006, pp. 339-343; E. M. Miller, «Intelligence and Brain Myelination: A Hypothesis», *Personality and Individual Differences* 17, 1994, pp. 803-832.

135. R. Douglas Fields, «White Matter Matters», *Scientific American* 298, 2008, pp. 54-61; R. Douglas Fields, «Myelination: An Overlooked Mechanism of Synaptic Plasticity?», *Neuroscientist* 11, 6, 2005, pp. 528-531.

que crear vías neurales (recuerdos a largo plazo del conocimiento que necesitan para actuar) también deben construir el ancho de banda, la capa de mielina alrededor de las neuronas que les proporcionará velocidad y eficiencia. «La habilidad es un aislamiento celular que envuelve circuitos neurales y que crece en respuesta a ciertas señales», escribe Coyle, repetidamente.

La mielina controla la velocidad del impulso, y dicha velocidad es crucial. Cuanto mejor la podamos controlar, mejor podremos controlar los tiempos de nuestros pensamientos y movimientos mientras corremos, leemos, cantamos o incluso participamos en un rondo.

Ejercicio:
El método Mad Men

Una forma fácil de mejorar nuestra vida en el trabajo es el método Mad Men. Consiste en plantearte una pregunta sencilla: ¿qué cosa haces ahora mismo que a tus nietos les parecerá ridícula dentro de cincuenta años?

Por ejemplo, una de las razones del éxito de la serie de televisión *Mad Men*, cuyos personajes trabajan en el sector de la publicidad de Nueva York de la década de 1960, es la oportunidad de observar los años sesenta y los hábitos de aquella sociedad. Al echar la vista atrás, desde nuestra visión del futuro, nos resulta cómico ver hábitos como el sexismo, la forma de comer, fumar, beber y conducir (normalmente, todo al mismo tiempo).

¿Qué cosa haces ahora mismo que hará que tus nietos se partan de risa dentro de cincuenta años?

Esta es mi respuesta: cerebrología.

Creo que nuestros nietos echarán la vista atrás y dirán que en 2018, cuando los líderes querían que su equipo aprendiera a cambiar, no se molestaban en enseñarles lo más importante: cómo funciona de verdad la máquina de aprendizaje. ¿En qué demonios pensaban?

Ahora mismo, los líderes de nuestra sociedad centran la atención en enseñar el material, avanzar el programa. Es el equivalente a intentar entrenar atletas sin decirles que los músculos existen. Es como enseñar nutrición sin mencionar verduras o vitaminas. Llenamos a reventar nuestras aulas con una tecnología increíble, pero no enseñamos a los niños cómo se han construido sus circuitos internos para que puedan funcionar.

Por supuesto, todo esto es comprensible. El cuidado de los hijos y la enseñanza evolucionaron en la época industrial, cuando suponíamos que el potencial era innato. El cerebro estaba fijado. Es otro supuesto que deberíamos haber superado, igual que descartamos la idea de que fumar sea sano y beberse tres martinis en la comida sea normal, pero aún no lo hemos superado. Podrías afirmar que enseñar a un niño cómo funciona su cerebro no es solamente una estrategia educativa, sino que más bien es un derecho humano.

Aquí está mi sugerencia: empieza a enseñar cómo funciona el cerebro a tu personal. ¿Por qué no dedicar algo de tiempo, sobre todo antes de pedirles que cambien, a enseñarles cómo crece el cerebro cuando aprende? Muéstrales cómo la repetición construye velocidad y soltura. Ayuda a tu personal a comprender y experimentar la verdad biológica de que la lucha te hace más listo, que el cerebro crece cuando se le desafía.

Incluso las exposiciones pequeñas pueden tener un gran impacto. Carol Dweck, profesora de psicología en la Universidad de Stanford, llevó a cabo un experimento en el que dividió a 700 niños de bajo rendimiento en dos grupos. Ambos grupos asistieron a un taller de ocho semanas sobre técnicas de estudio y un grupo recibió una sesión de cincuenta minutos que describía cómo funciona el cerebro ante un desafío. (La sesión del otro grupo trataba de ciencia genérica.) En unos meses, el grupo que había aprendido cosas sobre el cerebro había mejorado las notas y los hábitos de estudio hasta el punto en el que los profesores podían identificar con precisión qué estudiante había estado en qué grupo.

No hace falta ser un genio para entenderlo. De hecho, es fácil, porque da unos dividendos enormes. Además, así nuestros nietos tienen una cosa menos de la que reírse.

En el libro de Simon Kuper *The Football Men*, Pep Guardiola afirmó: «Sin el balón somos un equipo horrible. Necesitamos el balón»[136]. En

---

136. Simon Kuper, *The Football Men: Up Close With The Giants of the Modern Game*, Simon & Schuster, Nueva York, 2012.

aquel contexto, Guardiola se refería a que los jugadores eran de menor estatura y corpulencia y de capacidad técnica superior frente a adversarios que normalmente eran más dotados físicamente. La capacidad para conservar el balón y resistirse a jugar un fútbol de pánico con la posesión hace tiempo que se valora en jugadores a título individual. Sin embargo, cuando el cerebro colectivo de un equipo se construye a partir del uso de la posesión con el mismo efecto devastador, el partido trasciende lo convencional y la Visión Global se ve con claridad.

Quizás el rondo más famoso del F. C. Barcelona fuera el que se vio en Wembley antes de la final de la Liga de Campeones de 2011 contra el Manchester United. En el calentamiento previo a aquel partido, el Barça jugó con combinaciones de pases incisivos a un toque que iban a obligar al Manchester a cazar sombras. A medida que las imágenes del calentamiento del F. C. Barcelona se extendieron por los *social media*, el rondo hacía vislumbrar lo que sucedería después.

El F. C. Barcelona se impuso con una autoridad total. Los pases ejecutados con ese *tempo* y esa precisión son el reflejo de un estilo de fútbol que es como una tortura, una «muerte lenta y dolorosa» para los equipos sujetos a sus efectos hipnóticos y frustrantes. Xavi recuerda que «Rooney se me acercó antes del final del partido. Sería el minuto 80 más o menos. Y me dijo: "Ya basta. Habéis ganado. Ya podéis dejar de juguetear con el balón"»[137]. Eric Abidal se ríe. «Los jugadores del Manchester United estaban muy enfadados, cabreados de verdad por aquel rondo gigante que les hicimos. No paraban de decir barbaridades, estaban descompuestos. Muchos compañeros míos no lo entendían, pero yo, sí.» La estadística corrobora su afirmación: el F. C. Barcelona tuvo 19 intentos de gol frente a 4 del Manchester United, el Barça tuvo la posesión del balón el 67 por ciento del tiempo y completó 667 pases frente a los 301 del adversario. Ganaron 3-1 y levantaron su cuarta Copa de Europa.

En los comentarios después del partido, un conmocionado sir Alex Ferguson afirmó con sinceridad: «Nos han dado una paliza, no hay otra forma de llamarlo. Te dejan atónito con sus pases —decía el legendario escocés—. Son los mejores de Europa, no hay ninguna duda. En mi eta-

---

137. Andrés Iniesta, *La jugada de mi vida*.

pa como director técnico, creo que el Barça es el mejor equipo al que nos hemos enfrentado. Todo el mundo lo reconoce y yo lo acepto. Cuando te han derrotado así, no es fácil pensar de otra forma. Nadie nos ha dado una paliza como esta. Es un gran momento para ellos. Se lo merecen porque juegan bien y disfrutan de su fútbol»[138].

Lo que algunos no tienen en cuenta es el proceso que implica algo como el rondo. Aunque parezca algo sencillo, los grandes jugadores no nacen con un balón en los pies. Pero la cultura del F. C. Barcelona exige que se enorgullezcan de su técnica. En ese entorno, los errores se aceptan, se procesan y se corrigen, pero no a costa de la calidad.

El rondo (junto a la concentración para crear el entorno correcto y otras prácticas repetitivas seleccionadas con sumo cuidado) encarna a la perfección las palabras de Leonardo da Vinci: «La simplicidad es la máxima sofisticación».

Ejercicio:
Cómo medir tus hábitos clave

Una vez identificados tus hábitos clave, ¿cómo los mides?

Para resumir todas las novedades científicas sobre los hábitos clave en pocas palabras, podríamos decir: «practícalos mejor».

La verdad más básica es que, si practicas los hábitos clave mejor, desarrollarás tu capacidad para responder a ellos.

Para la mayoría de personas, es precisamente en ese punto donde nos topamos con un problema común: ¿cómo? ¿Qué método de práctica escogemos? ¿Cuál es la mejor forma de pasar el tiempo limitado que tenemos?

Me gusta utilizar un indicador sencillo para medir los hábitos clave: RPPF.

R se refiere a Repetición.

P se refiere a Participación.

P se refiere a Propósito.

F se refiere a Feedback inmediato fuerte.

---

138. «Lionel Messi Lights up Wembley as Barcelona humble Manchester», *Daily Telegraph*, 30 de mayo de 2011.

La idea de este indicador es sencilla: debes elegir hábitos que contengan estos elementos clave y evitar métodos que no los incluyan.

REPETICIÓN: ¿El hábito en cuestión es repetitivo? Veamos un ejemplo. *Escenario*: un profesor intenta enseñar las tablas de multiplicar a 30 alumnos.

El profesor A selecciona a un único estudiante para que escriba las tablas en la pizarra.

El profesor B crea un concurso en el que plantea una pregunta matemática oralmente a toda la clase, y elige a un único estudiante para que responda.

Resultado: el profesor B ha elegido la mejor opción porque llega a 30 alumnos en el mismo período de tiempo. En el aula A, solamente tiene que trabajar un estudiante. Todos los demás pueden reclinarse en la silla y observarlo. En cambio, en el aula B, cada uno de los miembros de la clase tiene que prepararse por si dicen su nombre.

PARTICIPACIÓN: ¿El hábito es inmersivo? ¿Llama tu atención? ¿Utiliza la emoción para impulsarte hacia tu objetivo? Aquí tenemos un ejemplo.

Escenario: un estudiante de violín intenta perfeccionar un fragmento corto y difícil de una pieza.

El estudiante A toca el mismo fragmento veinte veces.

El estudiante B intenta tocar el fragmento a la perfección (sin cometer ningún error) cinco veces seguidas. Si se equivoca, tiene que volver a empezar desde cero.

Resultado: el estudiante B ha tomado una decisión mejor porque ese método es más atractivo. Tocar un fragmento veinte veces seguidas es aburrido, es una tarea rutinaria en la que, simplemente, cuentas hasta que has acabado. En cambio, tocar cinco veces a la perfección, en donde cualquier error hace que vuelvas a contar desde cero, es mucho más original. Tiene emoción.

PROPÓSITO: ¿La tarea tiene una conexión directa con la habilidad que quieres construir?

Escenario: un equipo de baloncesto no para de perder partidos porque falla en los tiros libres.

El equipo A practica tiros libres al final del entrenamiento. Cada jugador lanza cincuenta tiros libres.

El equipo B practica tiros libres durante un partido para que cada jugador tenga que lanzarlos mientras está cansado y bajo presión.

Resultado: El equipo B ha elegido una opción que es mejor porque su práctica tiene una conexión con la habilidad que se quiere construir, es decir, hacer tiros libres bajo presión, mientras están exhaustos. (No hay ningún jugador que vaya a lanzar cincuenta tiros libres seguidos en un partido.)

FEEDBACK INMEDIATO FUERTE: Es decir, el individuo siempre sabe lo que hace (dónde comete el error, dónde le va bien) porque la práctica se lo indica en tiempo real. No necesita que nadie le diga que tiene que hacer X o Y, porque está más claro que el agua.

Escenario: un estudiante intenta mejorar la nota de un examen.

El estudiante A se pasa el sábado haciendo un simulacro de todo el examen y recibe los resultados al cabo de una semana.

El estudiante B se pasa el sábado haciendo una miniversión de cada apartado, él mismo la califica y revisa cada prueba en detalle en cuanto la ha terminado.

Resultado: la mejor decisión es la del estudiante B porque el feedback es directo e inmediato. Saber enseguida en qué se ha equivocado (y en qué ha acertado) se le quedará grabado. En cambio, saberlo al cabo de una semana tendrá poco efecto.

La idea de este indicador es sencilla: las prácticas que contienen los cuatro elementos clave son las que debes escoger porque son las que producirán más progreso en menos tiempo. Revisa tus prácticas, descarta los métodos que tengan menos elementos clave y opta por los que tengan muchos.

La otra moraleja es que los cambios pequeños y estratégicos en los hábitos pueden producir beneficios enormes. Pasar tiempo planificando tus hábitos clave es una de las inversiones más efectivas que puedes hacer para desarrollar tu cultura.

5
Resumen de los sistemas y los procesos recurrentes

Los seres humanos son animales de costumbres. Sin embargo, dichas costumbres no se desarrollan solas, sino que existe una serie compleja de impulsos y desencadenantes que trabajan entre bastidores, en el cerebro humano, que apoyan la forma que tiene cada persona de responder a ciertas circunstancias.

A lo largo de su vida, William James escribió sobre hábitos y su papel central en crear felicidad y éxito. Con el tiempo, dedicó todo un capítulo de su obra maestra *Principios de psicología* a este tema. Él decía que el agua es la mejor analogía del funcionamiento de un hábito. El agua excava un canal que se hace más ancho y más profundo, y después de haber dejado de fluir, cuando fluye de nuevo, retoma el camino que había trazado antes[139].

Aquí he mostrado que, creando una cultura en la que la gente adecuada está en un entorno que ofrece una medición constante de los comportamientos característicos y los hábitos clave correctos, el Fútbol Club Barcelona se asegura de que su cultura esté arraigada y ayude a hacerlos avanzar hacia la Visión Global, para convertirse en algo que es «más que un club».

Ese es el poder real de los hábitos; comprender que tus hábitos son lo que tú elijas. Una vez que los hayas elegido (y automatizado), además de hacerse reales, empiezan a parecer inevitables. Es lo que, como afir-

---
139. William James, *Principios de psicología*.

maba William James, nos conduce «irresistiblemente hacia nuestro destino, sea cual sea».

En tu propia organización, esta concentración en los procesos y los sistemas recurrentes puede ser alterada para adaptarse al destino elegido. Una vez que sepas cómo redirigir ese camino, tienes el poder de moldear una cultura.

Ha llegado el momento de observar a las personas que logran resultados: los Arquitectos Culturales.

PARTE 4
Arquitectos Culturales y héroes organizativos

> *«Nunca dudes de que un pequeño grupo de ciudadanos reflexivos y comprometidos pueden cambiar el mundo. De hecho, son los únicos que lo han logrado.»*
>
> MARGARET MEAD

Frances Frei, profesora de la Escuela de Negocios de Harvard, sugiere que «la cultura es lo que sucede cuando el líder no está en la sala, es decir, evidentemente, la mayor parte del tiempo»[140].

Sir Ernest Shackleton, uno de los mayores aventureros de la historia, lo sabía. En sus diarios, comentó que consideraba crucial mantener la unidad entre sus hombres porque un motín podía llevarlos a todos a la tumba.

Shackleton hacía hincapié en el papel de lo que denominaremos *Arquitectos Culturales*, los «líderes sin autoridad». Eran los líderes, campeones y defensores informales que proporcionaban motivación y com-

---
140. Frances Frei, *Uncommon Service: How to Win by Putting Customers at the Core of Your Business*, Harvard Business School Press, Boston, 2012, p. 23.

promiso esenciales a los demás día tras día. Cuando su barco, el *Endurance*, quedó atrapado en el hielo del Antártico, fueron esos hombres los que organizaron juegos en los que incluían carreras de perros, y también los que montaron espectáculos de variedades para promover el compañerismo, la esperanza y la entereza.

Este aventurero ideó una solución creativa para tratar con los quejicas (a los que yo llamaré Asesinos Culturales). Les dijo que tenían que dormir en su tienda. Cuando la tripulación se separaba en grupos de trabajo para hacer las tareas rutinarias, Shackleton ponía a los quejicas con él. Con su presencia, minimizaba su influencia negativa y permitía que los Arquitectos Culturales mantuvieran la moral durante los nueve meses de oscuridad en los que estuvieron sin poder moverse de allí. Posteriormente, se consideró que esa fue una de las razones por las que sobrevivieron los 22 integrantes de la tripulación[141].

En este apartado, veremos cómo navegar un paisaje en cambio constante (mientras se mantiene el compromiso de los demás) exige un enfoque más flexible y adaptable al liderazgo. Los líderes con visión de futuro han reconocido este hecho y utilizan la potente influencia de los Arquitectos Culturales para apoyarlos y dirigir, influir e inspirar a otras personas del lugar de trabajo. La presencia de estos arquitectos ofrece beneficios enormes, entre los que se incluyen la gestión efectiva de los Asesinos Culturales destructivos.

También veremos cómo seleccionar y desarrollar a los individuos adecuados para que desempeñen el papel de arquitecto. Finalmente, observaremos cómo maximizar el impacto positivo que pueden tener. Todos los líderes están de acuerdo en que el éxito de su camino se logra cuando experimentan niveles elevados de compromiso de los individuos de la organización. El compromiso es una etapa importante de este camino. Demuestra la aceptación y la entrega a los planes ambiciosos que tiene la organización. Pero no es fácil de lograr.

---

141. Margot Morrell y Stephanie Capparell, *La manera de Shackleton*, Instituto de Publicaciones Navales, Buenos Aires, 2009.

1
La influencia y el poder de los iguales

Piensa en la última vez que estuviste en una situación en la que no sabías cómo actuar. Quizá fuera la primera vez que visitabas cierto país, o cuando fuiste a una fiesta en la que no conocías a muchos de los invitados. ¿Qué hiciste para intentar encajar?

Por supuesto, observaste a los demás.

En situaciones ambiguas, todos miramos a los demás para tener pistas sobre cómo comportarnos. Quizás hayas analizado la mesa en plan frenético en una cena de gala intentando averiguar cuál es el tenedor del postre. Cuando el entorno no nos resulta familiar, sacamos antenas sociales de mucha precisión. Es lo mismo cuando entramos en una cultura nueva. En la cena elegante, nuestras antenas funcionan muy bien porque alguien en la mesa sabe qué hacer y podemos copiar a esa persona.

Como descubrió el prestigioso psicólogo Solomon Asch, el poder de la conformidad del grupo es increíblemente fuerte y depende de la unanimidad para su poder. Asch hizo un experimento famoso en el que un participante que no sabía nada del experimento fue conducido a una sala llena de actores que tenían la orden de dar una respuesta incorrecta. Solamente había un actor que estaba obligado a responder bien[142].

Esa única voz disonante fue suficiente para romper el hechizo porque «daba permiso» al participante real de romper filas con los demás miembros del grupo. En casi todos los casos, cuando hablaba alguien que discrepaba, el participante desafiaba al grupo y daba la respuesta

---

[142]. Solomon E. Asch, «Opinions and Social Pressure», *Scientific American* 193, 5, 1955, pp. 31-35; Harold Guetzkow, *Groups, Leadership and Men*, Carnegie Press, Lancaster, 1951, pp. 177-190.

correcta. Pero lo más interesante es que el actor discrepante ni siquiera tuvo que dar la respuesta correcta para inspirar al participante a defender la respuesta correcta; lo único que necesitó para romper el poder fue que alguien diera una respuesta *distinta* a la de la mayoría.

Para demostrar lo potente que el discrepante (incluso uno incompetente) es en realidad, el psicólogo Vernon Allen realizó un experimento inteligente. De nuevo, se ponía a un participante en un grupo formado por actores y se le pedía una respuesta a preguntas sencillas. Pero en esta versión, cada participante recibía la instrucción antes del inicio del estudio de que tendría que rellenar una encuesta de autoevalución en un pequeño despacho. Al cabo de cinco minutos, un investigador llamaba a la puerta y le decía al participante que, debido a la escasez de despachos, tendrían que compartir el espacio con otro sujeto que, en realidad, era un actor que habían contratado.

Lo más sorprendente del actor eran las gafas que llevaba. Tal y como detalla Allen en su estudio, un optometrista local había hecho aquellas gafas a medida y llevaban unos «cristales extremadamente gruesos que distorsionaban los ojos del portador, y daba la impresión de tener una capacidad visual gravemente limitada».

Por si eso fuera poco, para recalcar la limitación visual del actor aún más, este y un investigador escenificaban una conversación preparada. «Perdone —decía el actor—, ¿esta prueba exige visión de larga distancia?» Cuando le confirmaban que sí, el actor se disculpaba y explicaba: «Tengo una vista muy limitada, solamente puedo ver objetos que estén cerca de mí». El investigador pedía al actor que leyera un cartel que había colgado. Después de esforzarse y entrecerrar los ojos, el actor no podía leer el texto.

El investigador, desesperado, explicaba que necesitaba a cinco personas para que el estudio fuera válido. Invitaba al actor a participar, diciendo: «Siéntese, igualmente, mientras esté aquí. Como no podrá leer las preguntas, conteste como quiera; al azar, quizá. No grabaré sus respuestas». El actor, incluso con aquellas gafas gruesas, permitió que los participantes escaparan del poder del grupo. Cuando no había una persona que discrepaba, el 97 por ciento de los participantes se amoldaron al grupo; en cambio, el porcentaje era solamente de un 64 por ciento cuando el participante corto de vista estaba entre ellos dando una respuesta distinta (aunque igualmente incorrecta). Evidentemente, no esperaríamos que un discrepante claramente incompetente cambiara a tantos participantes como un discrepante competente, pero es importante destacar que la presencia de un discrepante (de cualquiera, por muy incompetente que sea) hizo posible que un gran segmento de los participantes se desviara de la mayoría y diera la respuesta correcta.

Todos hablamos del poder de la presión del grupo, pero llamarlo *presión* puede ser algo exagerado. Bastaría con decir *percepción* de grupo. A lo largo de este libro, puede que no encuentres ni una sola frase tan rigurosamente respaldada por la investigación empírica como esta: haces cosas porque ves a tus iguales hacerlas. Los que siguen a la multitud no son solamente los adolescentes con *piercings* en el cuerpo. Tú también lo haces. Por ejemplo, beber alcohol es contagioso. Un estudio mostró que cuando un chico que estudia en la universidad comparte habitación con otro estudiante que bebía con frecuencia en el instituto, en general, su nota media baja un cuarto de punto. Hay una lista interminable de otros comportamientos que son contagiosos: casarse, estrechar la mano a alguien para saludarlo o llevar ciertas prendas de ropa que se ponen de moda[143].

Por esa razón, necesitamos al menos una persona que reconozca nuestro dilema y nos sirva de guía. Es decir, necesitamos la presencia de Arquitectos Culturales.

Arquitectos Culturales

«Los Arquitectos Culturales son personas capaces de cambiar la mentalidad de los demás —en palabras del psicólogo Willi Railo—. Pueden derribar barreras, tienen visiones. Están seguros de sí mismos y son capaces de trasladar esa confianza a otros jugadores. Un entrenador necesita como mínimo tres y como máximo cinco figuras de este tipo para

---

143. Vernon Allen y John Levine, «Social Support and Conformity: The Role of Independent Assessment of Reality», *Journal of Experimental Social Psychology* 7, 1971, pp. 48–58.

ampliar el modelo mental compartido que debe tener un equipo para el éxito[144].»

«Esos son los líderes del vestuario —afirma Carlo Ancelotti, un entrenador italiano de enorme éxito—. Aparecerán por sus habilidades técnicas o sociales, pero aparecerán. Tienes que encontrarlos y usarlos[145].»

Cuando el primer ministro Tony Blair tenía problemas dentro de su gabinete, sobre todo debido a Gordon Brown, ministro de Economía, pidió consejo a sir Alex Ferguson sobre cómo abordar el problema. «Despide a ese cabrón», fue la cortante respuesta del escocés[146]. Era el mismo consejo que había dado a Guardiola una vez en una reunión de entrenadores de la UEFA, cuando Pep le preguntó: «Si llegas a una situación en la que el equilibrio está roto, ¿qué haces? ¿Te vas tú o cambias a los jugadores?» Ferguson dio a Guardiola la respuesta que quizá no quería oír: «Cambias a los jugadores»[147].

Ferguson aconsejaba algo que a él le había costado esfuerzo conseguir durante su propia carrera. Había sido testigo del efecto que tuvo Eric Cantona sobre la cultura del imperio del Manchester United. Le llegaron a llamar «Bravura Cantona, director de orquesta de la cantata del United» en un titular del periódico *Independent*.

Los equipos de Ferguson estaban construidos alrededor de dos pilares de comportamiento: trabajo duro y voluntad de arriesgarlo todo por la victoria. Veamos dos ejemplos de la influencia técnica y social de Eric Cantona.

Al final de su primera sesión de entrenamiento en el Manchester United, Cantona preguntó al director técnico si podía contar con la ayuda de dos jugadores.

«¿Para qué?», preguntó Ferguson.

«Para entrenar», contestó.

---

144. Eriksson y Railo, *Sven-Göran Eriksson*, p. 84.

145. Ancelotti, *Liderazgo tranquilo*.

146. «Ferguson advice to Blair», *The Guardian*, 22 de octubre de 2013, Alastair Campbell, *Winners: And How They Succeed*, Pegasus, Nueva York, 2015.

147. Balagué, *Pep Guardiola*.

«Me dejó de piedra —admitió Ferguson—. No era exactamente una petición habitual pero, evidentemente, estuve encantado de concederle lo que quería.»

Los demás jugadores ya se habían ido al vestuario, pero enseguida se dieron cuenta de que faltaba Cantona y empezaron a preguntarse lo que pasaba. «Al final del entrenamiento del día siguiente, varios jugadores se quedaron a entrenar con Eric y, al cabo de poco tiempo, se convirtió en una parte integral de mi gestión —explicó Ferguson—. Nada de lo que hizo en los partidos significó más para mí que la forma en la que me abrió los ojos a la indispensabilidad del trabajo duro y la práctica continua[148].»

El segundo ejemplo hizo que Roy Keane, que es un líder distinguido, observara que «Cantona predicaba con el ejemplo y con la presencia más que con cualquier otra cosa. Tenía carisma».

Keane cuenta un incidente cuando los jugadores hicieron una apuesta para ver quién ganaría cierta cantidad de dinero por contratos de patrocinio. «Decidimos poner todos los cheques en un sombrero, y el último cheque que saliera sería el de la persona que se quedaría con todo el dinero».

Los jugadores más jóvenes, que en aquel entonces incluían a David Beckham y Gary Neville, tenían la opción de no participar. «Eran nuevos en aquel ambiente y no les sobraba el dinero». Sin embargo, dos jugadores jóvenes, Paul Scholes y Nicky Butt, insistieron en que se les incluyera.

El último nombre que salió fue Eric Cantona, así que fue él quien ganó unas 16.000 libras esterlinas.

«Eric, eres un cabrón con suerte», fue la respuesta de Keane.

Al día siguiente, Cantona dio 8.000 libras a Scholes y otras tantas a Butt. «Dijo —explica Keane— que los dos han tenido los huevos de participar en la apuesta cuando realmente no se lo podían permitir.»

Cantona recompensó su voluntad de asumir riesgos.

«Vaya gesto —se maravilla Keane—. Nadie más lo habría hecho[149].»

---

148. Sir Alex Ferguson, *Liderazgo*, Roca, Barcelona, 2016; Hughes, *How to Think*.
149. Roy Keane y Roddy Doyle, *The Second Half*, W&N, Londres, 2015, pp. 52-53.

Carlo Ancelotti coincide con Ferguson:

Los líderes solamente pueden liderar si la gente cree en ellos. No importa por qué cree en ellos. Podría ser por su personalidad o porque dan ejemplo. O también por ambas cosas. Así es como me gusta pensar en los líderes, como líderes por personalidad o líderes técnicos. Los primeros utilizan su carácter fuerte para dirigir. Siempre hablan en el equipo, hablan mucho con sus compañeros de equipo, a menudo gritan en el campo, ayudándolos a todos. Deben ser positivos, valientes, y siempre darán un paso adelante cuando la ocasión lo requiera.

Los líderes técnicos no hablan tanto como los de personalidad, sino que predican con el ejemplo. Siempre son jugadores muy profesionales, todos los jóvenes aspiran a ser como ellos. Estos líderes son los jugadores que tienen más conocimiento en el campo. Entrenan mucho y juegan mucho y se comportan correctamente también fuera del campo, en el espíritu de la cultura del club. He visto que es efectivo tener una combinación de estos tipos de líder, y, a la vez, ser consciente de que las cualidades no son mutuamente excluyentes, porque un jugador puede tener una personalidad fuerte y dar un ejemplo magnífico[150].

Por lo tanto, este es el primer paso para crear un vestuario ganador. ¿Cómo decides quiénes son tus Arquitectos Culturales?

«No lo decides —afirma Willi Railo—. Son ellos los que te encuentran. Pero sí que tienes que crear las condiciones adecuadas para que surjan.»

De lo contrario, según Railo, tu organización se convierte en terreno abonado para los Asesinos Culturales, individuos «negativos, que te dicen por qué algo no se puede hacer en lugar de decirte cómo hacerlo».

---

150. Ancelotti, *Liderazgo tranquilo*.

Asesinos Culturales

Pasar por alto este punto en concreto tiene consecuencias notables a la hora de construir una cultura ganadora. Eso fue lo que sucedió en el vestuario del F. C. Barcelona durante la temporada 2007-2008. Samuel Eto'o se quejó de que se protegiera siempre el estatus de Ronaldinho como líder del vestuario, a pesar de los excesos que cometía.

Durante los dos años en los que empezó el declive físico y aumentó su estilo de vida fiestero, la influencia en general positiva de Ronaldinho pasó a ser menos benigna. Los jugadores del Barça sufrieron diez divorcios o separaciones en aquellas temporadas de descenso. Eto'o prefería mantenerse alejado de ese grupo y su enemistad con Ronaldinho poco a poco dividió al equipo y al club. Las dos estrellas se burlaban el uno del otro continuamente en los medios de comunicación, hasta que Eto'o explotó en una famosa conferencia de prensa. El camerunés, que no destacaba por sus dotes diplomáticas, denunció que Frank Rijkaard era «una mala persona», en parte porque siempre protegía al brasileño.

Después, volvió su ira contra Ronaldinho. «Lo que debes recordar es que yo siempre he entrenado, incluso cuando estaba lesionado —dijo Eto'o—. Si un compañero de equipo dice que tienes que pensar en el grupo, estoy de acuerdo. Claro que tienes que pensar en el grupo. Pero yo siempre pienso primero en el grupo y luego en el dinero.»

Para eliminar cualquier resquicio de duda sobre la dinámica del grupo, hizo este resumen: «Es una guerra entre dos grupos». El equipo, en este estado tan poco armonioso, entró en una espiral negativa hacia el final de la temporada y no pudo ganar ningún título ni ninguna copa.

Las señales de Messi

Guardiola estaba igual de preocupado cuando empezó en su cargo sobre las lecciones que se impartían a la siguiente generación de jugadores creciendo dentro de aquel entorno febril. Era la situación a la que se enfrentó Lionel Messi, de dieciséis años, en 2005, después de «derribar la puerta del vestuario con su increíble talento», según Frank Rijkaard, el entrenador.

«Él no es normal», declaraba César Luis Menotti, un estratega venerado en Argentina por su magia con la selección nacional, en el documental *Messi* de 2014 de Álex de la Iglesia. El documental reúne a muchas leyendas del fútbol (Menotti, Jorge Valdano y Johan Cruyff, entre otros) para que cuenten historias sobre Messi y comenten lo gran jugador que era. Ronaldinho lo comprendió antes que nadie. Cuando recogió el Balón de Oro en 2006, dijo tanto al *establishment* del fútbol como a los medios de comunicación mundiales que el entonces adolescente tenía un talento muy especial: «Este premio dice que soy el mejor jugador del mundo, pero ni siquiera soy el mejor jugador del F. C. Barcelona».

La historia sobre el origen de Messi es bien conocida: nació en una familia de clase media «estable y normal» en Rosario y empezó a jugar en categorías inferiores de su club de fútbol local Newell's Old Boys, uno de los mejores equipos de Argentina.

Pero había un problema, un océano que separaba el potencial y la realización. Cuando Messi tenía nueve años, dejó de crecer. Los médicos descubrieron una deficiencia hormonal y le mandaron una serie de inyecciones diarias, que se ponía él mismo, y que llevaba en una pequeña nevera cuando iba a jugar con amigos.

«¿Creceré?», preguntó un afectado Messi.

«Serás más alto que Maradona —le contestó su médico, Diego Schwartzstein—. No sé si serás mejor, pero sí que serás más alto.»

Los Newell's Old Boys estuvieron de acuerdo en pagar el tratamiento, pero, a medida que los costes aumentaban, al final dejaron de hacerlo. Frustrado, el padre de Leo, Jorge, encontró a alguien que lo costeara: el Barça. Así que, cuando Leo tenía trece años, su padre y él se fueron a vivir a España. Antes de irse, Messi fue a la consulta de su médico para despedirse. El doctor Schwartzstein le deseó suerte y Messi le regaló su camiseta del Newell's, diminuta, con el número nueve en la espalda. Le firmó un autógrafo y fue con su padre en coche hasta el aeropuerto de Buenos Aires, donde diría adiós a una vida cómoda para empezar otra totalmente nueva.

Su madre se quedó en Argentina con sus hermanos, lo que dividió a la familia, y Messi, que continuaba siendo tímido, tuvo dificultades. Lloraba a menudo, a escondidas. No quería que su padre lo viera. Toda su familia giraba alrededor de su futuro; el Barça incluso contrató a Jorge mientras Leo entrenaba en La Masía. Iba a clase, a regañadientes, pero la verdad es que era un atleta profesional con trece años[151].

«Leo todavía era un adolescente —comenta Joan Laporta— que estaba jugando con Ronaldinho, el mejor jugador del mundo. Imagínate. Te ascienden al primer equipo y el mejor jugador del mundo se da cuenta de que, en realidad, el mejor del mundo eres tú, el chico nuevo. Tú, ascendido a los dieciséis años. Era un adolescente que estaba fascinado por el estilo de vida de Ronnie.»

La primera vez que le pidieron que jugara para la selección argentina juvenil, la invitación iba dirigida a «Leonel Mecci». Cuando entró en el equipo argentino, muchos no apreciaron la naturaleza callada del chico. Se organizó una barbacoa para fomentar el espíritu de equipo y Messi fue, pero no dijo ni una palabra, ni siquiera para pedir carne. Algunos pensaban que en realidad era español. En Barcelona, Messi inspiraba la misma reacción. La gente se daba cuenta de que no hablaba catalán y que conservaba su acento de Rosario. Compraba carne a un carnicero argentino y comía en restaurantes argentinos. En muchos aspectos, era un niño sin país.

Ronaldinho aceptó a aquel chico joven como a uno de su grupo, junto a los brasileños Deco y Thiago Motta. Leo y Ronaldinho se divertían jugando con un balón pequeño, del tamaño de una pelota de tenis. Si Ronaldinho conseguía que se le ocurriera una forma nueva de golpear al balón o jugar con él, miraba a Messi, sonriendo. «Ponía una cara que decía: "¿Has visto eso? Tengo un reto nuevo" —recordaba Messi en el programa *Sin Cassette*—. Yo practicaba y, al cabo de un par de días, intentaba hacer aquel toque o movimiento a la perfección.»

Laporta comenta aquella actitud inclusiva. «Ronnie le dio la bienvenida en lugar de aislarlo. Todos somos humanos y podemos cometer

---

151. *These Football Times*, 10 de enero de 2016, http://thesefootballtimes.co/2016/01/10/lionel-messi-religion-and-the-meaning-of-watching-sport/

errores, pero creo que su forma de acoger a Leo en el campo fue muy positiva y, además, Ronnie lo integró en su grupo de amigos. Leo era un niño en aquel momento, con hombres de veintisiete o veintiocho años. Creo que las experiencias de la vida real son increíblemente importantes para saber qué te conviene y qué no, y Leo aprendió mucho de Ronnie. Sin duda, aprendió en todos los sentidos de la palabra.»

Sin embargo, Ronaldinho empezó su declive físico. Hacía caso a sus instintos menos profesionales y no siempre era un buen ejemplo para Leo fuera del campo. «Llegó un momento en el que Ronaldinho, el de la sonrisa eterna, el jugador que había devuelto al Barcelona el amor propio que había perdido después de cinco temporadas oscuras, se permitió ser consumido por largas noches de fiesta, con las correspondientes resacas. Y dormía la mona en una camilla de masaje en el gimnasio del vestuario», contaba el reputado periodista catalán Lluís Canut en *Els secrets del Barça*[152]. Durante los partidos, si Ronaldinho estaba agotado y sentía que había hecho suficiente, le decía a Rijkaard que tenía una lesión muscular para que el entrenador lo sustituyera. El mensaje que se daba al resto de equipo (y sobre todo al niño genio) era peligroso.

Al volver de una de las fiestas del brasileño, Messi tuvo un accidente con una furgoneta en Barcelona. Después del choque, se enfrentó al propietario indignado que, por suerte, resultó ser un fan suyo, así que llegó a un acuerdo con Messi, encantado. Hubo otras historias de incidentes en las discotecas de Barcelona. El «efecto Ronaldinho», que en el pasado, había rejuvenecido el club, tenía consecuencias más serias ya, sobre todo, para la siguiente generación.

En una ocasión, un grupo de aficionados estaba esperando a que salieran los jugadores del estacionamiento del Camp Nou. Ronaldinho pasó a toda velocidad. Después iba el coche de Messi, con Jorge, su padre, a su lado. Messi aceleró para seguir a su compañero de equipo, pero su padre le hizo dar media vuelta y bajar la ventanilla para complacer a la gente que quería autógrafos. Le estaba enseñando o recordándole que había otra forma de ser una estrella.

---

152. Canut, *Els secrets del Barça*.

«Tiene que irse, tiene influencia en este chico, él ve cómo se comporta una estrella del fútbol. Nunca debe caer en esa trampa», dictaminó un ejecutivo clave de la directiva[153]. Al parecer, Guardiola estaba de acuerdo; el brasileño fue vendido al A. C. Milan solamente dos meses después de que él se encargara del primer equipo del F. C. Barcelona. Se habían sentado las bases para que apareciera una nueva generación de Arquitectos Culturales.

Arquitectos Culturales: cómo seleccionarlos

«En España, la tradición es que los miembros del grupo identifican a los líderes que quieren que los representen ante la junta directiva», afirma el periodista Guillem Balagué. «El grupo hace una votación para elegir a los líderes (Arquitectos Culturales) que los dirigirán», cuenta Txiki Begiristain[154].

Gerard Piqué comenta el razonamiento que hay detrás: «Cuando votamos a los capitanes, los jugadores votamos porque vemos algo en ellos que nos gusta y queremos ser como esa persona». Uno de los líderes, Andrés Iniesta, fue elegido precisamente por esa razón. «Andrés sabe que él es importante en el vestuario y eso te da cierto poder. El problema es cómo lo usas. Andrés siempre lo usa para bien —razona—. Tienes que encontrar un equilibrio, y en el F. C. Barcelona lo hemos hecho. Tenemos un vestuario de puta madre, congeniamos y eso, quieras o no, se acaba notando en el campo[155].»

Ejercicio: LQDNC

Prometí a un equipo deportivo líder con el que trabajaba que cambiarían y mejorarían su rendimiento siempre que estuvieran dispuestos a ser sinceros sobre el comportamiento de los demás como jugadores de élite.

---

153. Balagué, *Messi*.
154. Hughes, entrevista con Soriano y Begiristain.
155. Iniesta, *La jugada de mi vida*.

A diferencia de la evaluación técnica de habilidades y capacidades a la que repetidamente están sometidos como jugadores, rara vez se comentan sus mejores comportamientos. Así que nos sentamos en un círculo y acordamos de forma abierta y sincera los tres comportamientos que les aportaban los mejores resultados de forma constante.

Después, adaptamos una idea de Jeff Bezos, director general de Amazon, implantada con su servicio de atención al cliente. Estableció los informes LQDNC («Lo que dicen nuestros clientes», que corresponde al acrónimo en inglés WOCAS: *«What Our Clients Are Saying»*) que iban directamente a él, junto con los correos electrónicos reales enviados por los clientes, sobre el comportamiento que pensaban que era más importante.

En nuestro equipo deportivo, nuestro enfoque fue crear un informe LQDNI («Lo que dicen nuestros iguales», que corresponde al acrónimo en inglés WOPAS: *«What Our Peers Are Saying»*) en el que todos los miembros del equipo evaluaban el comportamiento de los demás después de cada partido.

Había un ejemplo concreto que hacía hincapié en el poder de este simple sistema. El capitán del equipo había conducido a su equipo implacablemente durante un ejercicio de entrenamiento de la pretemporada. Él creía que había hecho lo que le pedían porque habían completado el ejercicio a tiempo. Y, utilizando las guías de evaluación tradicionales, se habrían marcado las casillas y ahí se habría acabado la historia.

Sin embargo, cuando nos sentamos más tarde para ver cómo podía mejorar su comportamiento y rendimiento, recibió un feedback muy fuerte del grupo, que, en realidad, estaba utilizando un conjunto mucho más exhaustivo de criterios de rendimiento que cualquier lista de comprobación técnica.

El feedback sugería que su estilo de liderazgo tenía fallos profundos: no había pensado en absoluto en la calidad del rendimiento, en lo cansados que estaban al final ni en cómo afectaba a su capacidad de entrenar de forma efectiva al día siguiente. Por obvios que fueran esos defectos de comportamiento una vez comentados, sin duda no lo eran hasta que no los señaló el grupo.

El feedback del grupo en el ejercicio LQDNI fue extraordinariamente positivo; sus respuestas fueron inequívocamente apoyadas por mi creencia de que el feedback regular de los iguales sobre nuestro comportamiento es una herramienta de aprendizaje muy potente.

¿Quién mejor para crear un entorno ganador que la gente que es responsable de ganar?

El juego del ultimátum

Una preocupación obvia sobre el hecho de que los iguales voten a los Arquitectos Culturales es la posibilidad de que el grupo vote a alguien que no posea los comportamientos culturales que deseas. Sin embargo, la solución es confiar en nuestro sentido innato de juego limpio. Veamos en qué consiste.

En esa votación hay un proceso similar al juego del ultimátum, que es el experimento más conocido de la economía del comportamiento[156].

Las reglas del juego son sencillas. Dos individuos que no se conocen reciben 10 libras que deben repartir entre los dos. Según esta regla, el sujeto A decide, por su cuenta, que la proporción del reparto debería ser (50:50, 70:30 o la que sea). Entonces, hace una oferta de «o lo tomas o lo dejas» al sujeto B, que puede aceptar, en cuyo caso ambos jugadores se embolsan su cuota del dinero, o rechazarla, y entonces ambos se van con las manos vacías.

Si ambos jugadores son racionales, el sujeto A se quedará 9 libras y ofrecerá al sujeto B 1, y este la aceptará. Al fin y al cabo, independientemente de la oferta, el sujeto B debería aceptar porque, si lo hace, conseguirá dinero y, si no, se va de vacío. Un sujeto A racional se dará cuenta de esto y hará una oferta baja.

Esa es la teoría, pero, en la práctica, este caso se da pocas veces. Lo que ocurre es que las ofertas bajas (cualquiera por debajo de 2 libras) se rechazan de forma rutinaria. Piensa en lo que significa esto en realidad. La gente prefiere no conseguir nada antes que dejar que la otra persona se vaya con una parte demasiado grande del dinero. Renuncia a tener dinero gratis para castigar a individuos cuyo comportamiento considera codicioso o egoísta.

---

156. Thomas Brenner y Nichola J. Vriend, «On the behavior of proposers in ultimatum games», *Journal of Economic Behavior & Organization* 61, 4, 2006, pp. 617-631.

Lo interesante es que el sujeto A lo anticipa (supuestamente, porque sabe que haría lo mismo si estuviera en lugar del sujeto B). En consecuencia, los sujetos A no hacen muchas ofertas bajas ya para empezar. De hecho, la oferta más común en el juego del ultimátum es 5 libras para cada uno.

Lo que hace que esta prueba sea aún más interesante es lo que ocurre al cambiar las reglas. En la versión original del juego, solamente la suerte determina quién es el sujeto B y quién el sujeto A. Por eso, la gente considera que el reparto debe ser bastante equitativo. En cambio, cuando se cambian las reglas se modifica espectacularmente el comportamiento de la gente. Por ejemplo, cuando los investigadores deciden que los sujetos A se ganen la posición sacando las mejores notas de un examen, estos sujetos ofrecen considerablemente menos dinero, y rara vez ven su oferta rechazada. Si una persona cree que un oferente se ha ganado su posición, merece quedarse más dinero.

Hablando claro, lo que demuestra esta prueba es que, en general, la mayoría de la gente quiere que haya una relación razonable entre lo que logramos y lo que merecemos. En resumen, tenemos una tendencia natural a jugar limpio. Si hay candidatos extraordinarios (desde el punto de vista técnico y social) en tu entorno, la justicia social a menudo garantizará que sean reconocidos.

En un vestuario, tienes que encontrar a los líderes (técnicos y sociales) que demuestran regularmente los comportamientos que quieres fomentar. Guardiola, el jugador, dijo una vez: «Siempre tenemos que respetar las directrices (los comportamientos característicos) fijados por los entrenadores, pero es genial para un equipo que un jugador pueda implicarse y tener un papel en el terreno de juego».

Ejercicio:
Criterios de selección

¿Cuáles son las cosas más importantes que necesitas de los Arquitectos Culturales?

Hice esta pregunta a veinte entrenadores de élite. Sus respuestas se centraban en tres criterios: talento, actitud y capacidad de ser un modelo para los «comportamientos característicos».

Aplica estos mismos criterios a tu equipo y verás quién empieza a sobresalir.

JUGADOR	TALENTO (NIVEL: A, B, C)	ACTITUD (NIVEL: A, B, C)	COMPORTAMIENTO (NIVEL: A, B, C)
1.			
2.			
3.			

2
El desarrollo de los Arquitectos Culturales

Cuando Guardiola heredó su equipo, purgó las influencias negativas y animó a los jugadores que habían ascendido desde los equipos juveniles a asumir la mayor parte de la responsabilidad. Estos jugadores se habían convertido en los abanderados de los valores de la institución: Puyol, Xavi, Iniesta y Valdés. Messi, que había corrido el riesgo de ir por mal camino por el grupo brasileño, y que sería la estrella del equipo reconstruido, encajaba con ese mismo perfil.

El ex atleta olímpico en salto de altura Martí Perarnau, periodista y analista líder de la cantera del F. C. Barcelona, describe cómo se desarrollaban los Arquitectos Culturales (líderes expertos desde el punto de vista técnico y social) en La Masía.

En su fascinante libro *Senda de campeones*, Perarnau describe el hecho de que los cambios que exigía Cruyff en la academia significaron que La Masía empezara a producir regularmente los jugadores que él quería, y a proporcionar a los chicos una educación sólida. «El jugador que llega de La Masía tiene algo distinto a los demás. Es un plus que solamente se tiene al haber competido con una camiseta del F. C. Barcelona cuando se es niño», afirma Guardiola[157]. Se refiere a la capacidad para jugar a fútbol, pero también a las cualidades humanas. En La Masía se enseña a los jugadores a comportarse con humildad y civismo. La

---
157. Martí Perarnau, *Senda de campeones: de La Masía al Camp Nou,* Salsa Books, Madrid, 2011.

teoría es que, si eres modesto, además de ser algo que resulta agradable, significa que eres capaz de aprender, y la capacidad de aprender supone capacidad de mejorar.

La confianza que Guardiola fomentaba en el grupo de los líderes del vestuario estaba bien fundamentada.

Cuestiones de identidad

James March, profesor de ciencias políticas de la Universidad de Stanford, afirma que cuando una persona toma una decisión tiende a confiar en uno de los dos modelos básicos para la toma de decisiones: el modelo de consecuencias o el de identidad[158].

El modelo de consecuencias resulta familiar a los estudiantes de economía. Supone que, cuando tenemos que tomar una decisión, sopesamos los pros y los contras de nuestras opciones y elegimos la opción que maximiza nuestra satisfacción. Es un enfoque racional y analítico. Es el enfoque que había arraigado en el vestuario, desde la confesión de Eto'o «Pienso en el dinero» hasta la decisión de Ronaldinho de ir a las discotecas y llegar por la mañana directamente al entrenamiento sin haber dormido.

En cambio, cuando utilizamos el modelo de identidad de toma de decisiones, básicamente, nos hacemos tres preguntas:

¿Quién soy?
¿En qué tipo de situación me encuentro?
¿Qué haría alguien como yo en esta situación?

Observa lo que falta: el cálculo de los pros y los contras. El modelo de identidad es la forma que tiene la mayoría de la gente de votar, que contradice cualquier idea de votante egoísta. Ayuda a arrojar luz sobre por qué un millonario votaría contra un político que ha prometido re-

---

158. James March, *A Primer on Decision Making: How Decisions Happen,* Free Press, Nueva York, 1994.

bajarle los impuestos o por qué un futbolista de élite desafiaría comportamientos disfuncionales pero indulgentes en un entorno de entrenamiento.

En general, cuando empleamos la palabra *identidad*, nos referimos a una tendencia (racial, étnica o regional). Sin embargo, ese es un uso relativamente estrecho del término. La identidad no es algo con lo que nazcamos, sino que adoptamos identidades a lo largo de la vida. Aspiramos a ser una buena madre o un buen padre, o un católico o un musulmán devoto o un ciudadano patriota, por ejemplo.

Veamos una identidad profesional, como la de músico. Las estrellas del rock veteranas tienen mucho que enseñarnos sobre este tema, ya que algunas siguen el modelo de identidad de una forma brillante. Sir Paul McCartney consideró que los Beatles eran un medio y no un fin de su identidad; creyó que su trabajo en la década de 1960 era algo que le serviría de pilar sobre el que construir. Después de fundar un grupo de música nuevo, Wings, siguió trabajando con una amplia gama de músicos distintos. También llegó a lo más alto de las listas de ventas de música clásica, mientras seguía cosechando triunfos con álbumes de rock «convencionales», y todavía llena estadios igual que siempre. Lleva cincuenta años en lo más alto del mercado más competitivo del mundo.

Ser músico es una identidad que se busca y que otras personas, como tus mentores, cultivan conscientemente en ti. A medida que creces y que desarrollas esa identidad, se convierte en una parte cada vez más importante de tu propia imagen y desencadena el tipo de toma de decisiones que describe James March.

Imagínate que eres Paul McCartney. Se te presenta la oportunidad de componer una composición clásica. Desde el punto de vista de la consecuencia, la decisión de aceptar sería difícil porque nunca lo has hecho antes y puede que no tengas tanto éxito como con tu otro trabajo. Está fuera de tu «zona de confort». Puede que pierdas a tus fans y que los críticos te pongan en ridículo. Sin embargo, desde la perspectiva de la identidad, la decisión de aceptar no te plantearía ninguna duda. Te preguntarías: «¿Qué haría un músico como yo en esta situación?»

Como ya hemos visto, gran parte de lo que hace única la cultura del F. C. Barcelona se debe a La Masía. Los principios del modelo de identidad se pueden observar en cómo identifican las cualidades de liderazgo. Con el grupo de Arquitectos Culturales que tomaron las riendas en el vestuario de Guardiola, el club podía confiar en que observarían comportamientos poco útiles o disfuncionales y se plantearía: «¿Qué haría un jugador que ha salido de La Masía?»

El propio Guardiola, Arquitecto Cultural como jugador y como entrenador, resumió esos principios para sus jugadores del F. C. Barcelona B al dar este discurso de presentación en el Mini Estadi: «Me gusta ganar. Me gusta entrenar, pero, sobre todo, quiero enseñar a la gente a competir representando valores universales: valores basados en el respeto y la educación. Darlo todo mientras se compite con dignidad es una victoria, diga lo que diga el marcador»[159].

«Este compromiso emocional da un poder único —observa Manuel Estiarte—. Transmite una dedicación especial al club a los demás jugadores. Pone el listón alto en lo que se refiere a la profesionalidad y actitudes serias que tienen. No subestimes el poder de este motor que los impulsa[160].»

Ejercicio:
Cómo identificar el talento

En todo el mundo, en todas las esferas, desde el mundo académico hasta los deportes o la música, se gastan millones de dólares y miles de horas en señalar a las personas de alto rendimiento en potencia a temprana edad. Pero la pura realidad es que estos programas de identificación del talento son solamente un poco mejor que tirar los dados.

Por ejemplo, veamos el caso de la National Football League (NFL), que representa el punto máximo de la ciencia de la identificación del talento. En la prerronda selectiva y conjunta de la NFL, los equipos prueban de forma exhaustiva a jugadores de todas las capacidades físicas y mentales conocidas por la ciencia: fuerza, agilidad, carácter explosivo, inteligencia. Miran cientos

---

159. Iniesta, *La jugada de mi vida*.
160. Balagué, *Pep Guardiola*.

de vídeos de partidos. Analizan todos los datos disponibles. Y cada año consiguen equivocarse por completo. De hecho, de los cuarenta jugadores con rendimiento máximo de dicha selección de los últimos cuatro años, solamente la mitad están todavía *en la liga,* por no hablar de los jugadores estrella.

Muchas personas inteligentes han estado dándole vueltas a por qué pasa esto y han decidido que el problema no es que las mediciones sean incorrectas, sino que medir el rendimiento es un enfoque equivocado para identificar el talento.

Según gran parte de este trabajo nuevo, lo importante no es el rendimiento actual, sino el *potencial de crecimiento,* es decir, las cualidades complejas y polifacéticas que ayudan a alguien a aprender y a seguir aprendiendo, a superar los inevitables estancamientos, a adaptarse y a tener recursos y seguir mejorando.

Eso no se puede medir con un cronómetro ni con una cinta métrica, porque es algo más sutil y complejo. Lo que significa que en lugar de mirar el rendimiento debes buscar señales, indicadores sutiles. Es decir, tienes que cerrar los ojos, hacer caso omiso del deslumbramiento del rendimiento actual y detectar la presencia de ciertas características clave.

Entonces, ¿cuáles son los factores? Aquí tienes dos:

Uno es *la responsabilidad temprana*. Tal y como muestra el trabajo de la psicóloga Marjie Elferink-Gemser, una tendencia de los atletas de éxito empieza cuando tienen unos trece años y desarrollan un sentido de la responsabilidad de su formación[161]. Para los que tienen éxito, esta edad es cuando deciden que no basta con ser simplemente una pieza obediente del mecanismo de desarrollo. Empiezan a ir más allá, superan el programa, aumentan sus

---

161. I. R. Faber, P. M. J. Bustin, F. G. J. Oosterveld, M. T. Elferink-Gemser y M. W. G. Nijhuis-Van Der Sanden, «Assessing personal talent determinants in young racquet sport players: a systematic review», *Journal of Sports Sciences* 34, 5, 2016, pp. 395–410; B. C. H. Huijgen *et al.*, «Cognitive Functions in Elite and Sub-Elite Youth Soccer Players Aged 13 to 17 Years», *PLOS One* 10, 12, 2015; B. C. H. Huijgen *et al.*, «Multidimensional performance characteristics in selected and deselected talented soccer players», *European Journal of Sport Science* 14, 1, 2015, pp. 2–10; T. Toering *et al.*, «Self-regulation of learning and performance level of elite youth soccer players», *International Journal of Sport Psychology* 43, 4, 2012, pp. 312–325; M. T. Elferink-Gemser *et al.* «The marvels of elite sports: how to get there?», *British Journal of Sports Medicine* 45, 9, 2011, pp. 683–687; L. Jonker *et al.*, «Differences in self-regulatory skills among talented athletes: The significance of competitive level and type of sport», *Journal of Sports Sciences* 28, 8, 2010, pp. 901–908.

entrenamientos y deciden por sí mismos cuáles serán sus entrenos y, además, se enfrentan a sus puntos débiles por su cuenta.

Otro factor del éxito es *el aguante (grit)*. Esta cualidad, investigada en el trabajo pionero de Angela Duckworth, es una combinación de terquedad, iniciativa, creatividad y adaptabilidad que ayuda a alguien a emprender un camino difícil hacia una meta a largo plazo[162].

Duckworth hizo su prueba de aguante a 1.200 cadetes de primer año de la academia militar de West Point antes de que empezaran un curso de formación de verano brutal llamado «Bestias de cuartel». Resultó que aquella prueba fue sorprendentemente precisa para predecir si un cadete tendría éxito o no. Fue mucho más acertada que la exhaustiva batería de medidas tipo «combinado de NFL» de West Point, que incluía tests de inteligencia, perfil psicológico, examen de notas medias y pruebas físicas. La prueba de aguante de Duckworth se ha aplicado a otros sectores, incluidos los académicos, con niveles de éxito similares.

Una regla general decente es pasar el doble de tiempo revisando el desarrollo de tu equipo que fijando objetivos. Si vas a establecer sus objetivos al nivel adecuado para maximizar su motivación, aprendizaje y confianza, tienes que darles tiempo para evaluar sus esfuerzos y su crecimiento. Yo animo a los entrenadores a que hagan preguntas como las siguientes:

- *¿Te ha ido bien lo que dijiste que harías? ¿Pusiste tus objetivos en acción?*
- *¿Has logrado tu objetivo?*
- *¿Qué te ha resultado útil para lograr tu objetivo?*
- *¿Qué es lo que no te ha funcionado demasiado y ha perjudicado a tu éxito?*
- *¿Cuáles son las razones principales de tu éxito?*
- *¿Qué cambios harías en los objetivos que fijaste basándote en el resultado?*
- *¿Cómo te asegurarás de conseguir el mismo nivel de éxito o uno mejor con tu siguiente objetivo?*

---

162. Angela Duckworth, *Grit: el poder de la pasión y la perseverancia*, Urano, Madrid, 2016; L. S. Blackwell, K. H. Tvzesniewski y C. S. Dweck, «Implicit Theories of Intelligence Predict Achievement Across an Adolescent Transition: A Longitudinal Study and an Intervention», *Child Development* 78, 1, 2007, pp. 246–263.

Al fomentar una base de poder entre los jugadores de la casa, Guardiola había supervisado la transición de un modelo de consecuencias a uno de identidad, y de este modo envió una señal clara de intención, allanando el camino para los años venideros. También había logrado algo que no se había visto en el F. C. Barcelona durante mucho tiempo: el club estaba en manos de individuos que lo entendían y a los que les importaba de verdad. También significaba que Guardiola daba un empujón a los jugadores de la casa y a la academia: un voto de confianza. Entonces, tenían que devolverle la confianza y la fe que tenía en ellos con rendimiento, trabajo duro y compromiso.

Pedro fue ascendido al primer equipo junto con Sergio Busquets, otro futbolista que había mostrado inteligencia, concentración y una comprensión fundamental de su papel en las categorías inferiores. Para Guardiola, también ayudaba que no tuviera tatuajes ni un corte de pelo ridículo. «Son como un salto atrás —observa Javier Mascherano, el defensa o centrocampista argentino—. Ni tatuajes, ni pendientes, nada de eso. Parece que sean de otra época. Les gusta el fútbol, les gusta lo que hacemos y ya está. Prefieren evitar todo lo que lleva asociado el fútbol y limitarse a jugar[163].»

Guardiola pensaba que Busquets demostraría tener el carácter para seguir los pasos de Xavi y Puyol como capitán del equipo. «Era algo más que un cambio generacional, era transmitir una filosofía de fútbol —afirmó Xavi—. Ellos representan el ADN del Barça. Llevan el peso de la responsabilidad para el F. C. Barcelona.»

Los Arquitectos Culturales deben ser alimentados. Y tú, como entrenador, tienes que proporcionar el entorno propicio para ello. Este es el componente cultural que puede tardar más en lograrse, pero también es el que ofrece un impacto más duradero y profundo. Cuando evaluamos el legado de Guardiola, mucho tiempo después de que dejara el club, está claro que sus Arquitectos Culturales han sido fieles a los principios que él y La Masía les enseñaron[164].

---

163. Balagué, *Pep Guardiola*.
164. Hughes, entrevista con Soriano y Begiristain.

Antes de la final de la Liga de Campeones de 2015, tres años después de que Guardiola hubiera dejado el club, Andrés Iniesta tenía problemas para entrenar. «Siempre tenía molestias y preocupaciones que no desaparecían —decía Xavi—. Si Andrés no hubiera estado en forma para empezar la final, yo habría jugado. Era mi último partido. Pero le dije al director técnico: "Este tío no tiene ni que entrenar. Este tío tiene que estar para la final y punto"». Humildad, liderazgo y ética de equipo. La cultura de compromiso de Guardiola confirmada por sus Arquitectos Culturales.

3
Las normas del grupo

Imagínate que dos equipos distintos te invitan a firmar con ellos. Antes de decidirte, obtienes grabaciones de sus vestuarios y puedes observar el comportamiento que tienen durante una reunión del equipo.

El equipo A está formado por jugadores de élite por los que se han pagado cantidades astronómicas a otros equipos en los que han demostrado una capacidad excepcional y cierta calidad de «estrella». Cuando ves un vídeo de ellos trabajando juntos, ves a profesionales respetuosos que se turnan para hablar y son educados y corteses. En algún momento, cuando surge una pregunta, el entrenador (claramente, el experto en el tema) habla largo y tendido mientras todos los demás escuchan. Nadie le interrumpe. Cuando otra persona se desvía del tema, un compañero le recuerda amablemente de lo que se hablaba y se vuelve al tema de conversación. El equipo es eficiente. La reunión del equipo acaba exactamente cuando se había previsto.

El equipo B es distinto. Está dividido a partes iguales entre jugadores de élite y profesionales jóvenes que empiezan su carrera. Algunos son jugadores que lo han ganado todo en el fútbol; otros, de momento, tienen pocos logros profesionales. En un vídeo, ves a los miembros del equipo entrar y salir de discusiones de cualquier modo. Algunos divagan mucho, otros son secos. Se interrumpen tanto entre sí que a veces es difícil seguir la conversación. Cuando un miembro del equipo cambia el tema repentinamente o pierde de vista de lo que se hablaba, los demás siguen hablando del tema nuevo fuera de lo previsto. Al final de la reunión, la reunión no acaba realmente. Todo el mundo continúa sentado para contar cotilleos.

¿En qué grupo preferirías entrar?

Antes de decidirte, imagínate que te dan un dato más. Cuando se formaron estos dos grupos, cada miembro tuvo que hacer una prueba que consistía en «leer la mente a través de los ojos». Se trata de un estudio en el que se muestran 36 fotos de ojos de personas y el sujeto debe elegir la palabra, entre las que se ofrecen, que mejor describe la emoción que sentía el individuo de la foto.

Te dicen que esa prueba mide la empatía de la persona. Los miembros del equipo A acertaron la emoción, de media, un 49 por ciento de las veces. Y el equipo B, un 58 por ciento.

¿Eso te hace cambiar de opinión?

En 2008, un grupo de psicólogos de Carnegie Mellon y el MIT se preguntaron si podrían descubrir qué tipos de equipo eran superiores. «Como la investigación, la gestión y muchos otros tipos de tarea se hacen cada vez más en grupo (trabajando cara a cara y de forma virtual), es muy importante comprender los factores que determinan el rendimiento del grupo —escribieron los investigadores en la revista *Science* en 2010—. Durante el último siglo, los psicólogos han hecho un progreso significativo en la definición y la medición sistemática de la inteligencia de las personas. Hemos utilizado el enfoque estadístico que desarrollaron para la inteligencia individual para medir sistemáticamente la inteligencia de los grupos[165].»

Dicho de otro modo, los investigadores querían saber si existe una inteligencia colectiva dentro de un equipo que sea distinta de la inteligencia de uno de los miembros desde el punto de vista individual.

Para ello, los investigadores reunieron a 699 personas, las dividieron en 152 equipos y dieron a cada grupo una serie de proyectos en los que se necesitaban distintos tipos de cooperación.

En uno, había que hacer una lluvia de ideas durante diez minutos para decir los usos posibles de un ladrillo y se ganaba un punto por cada idea única. En otro, tenían que planificar cómo ir a hacer la compra suponiendo que eran compañeros de piso que compartían coche y cada

---

165. Anita Williams Woolley *et al.*, «Evidence for a Collective Intelligence Factor in the Performance of Human Groups», *Science* 330, 6004, 2010, pp. 686–688.

persona tenía una lista de la compra distinta. La única forma de maximizar la puntuación del equipo era que cada miembro sacrificara un elemento de su lista a cambio de algo que gustara a todo el grupo. Después, los equipos tenían que fallar en un caso disciplinario en el que un jugador de baloncesto universitario supuestamente había sobornado a su profesor. Algunas personas tenían que representar a la dirección de la universidad, y otras, al profesor. Se daban puntos por llegar a un veredicto que reconociera totalmente las preocupaciones de cada parte.

Cada una de las tareas implicaba la participación total del equipo, cada una exigía distintos tipos de colaboración. Mientras los investigadores observaban a los grupos realizando las tareas, detectaron varias dinámicas. Sin embargo, lo interesante es que a los equipos a los que les fue bien un proyecto también parecía que les fuera bien en los demás. Y, al contrario, los equipos que fallaban en una cosa parecían fallar en todo.

Algunos pueden pensar que los «buenos equipos» tuvieron éxito porque sus miembros eran más listos, y la inteligencia del grupo sería, simplemente, la suma de las inteligencias individuales. Pero los investigadores habían hecho pruebas de inteligencia de antemano y la inteligencia individual cumulativa no coincidía con el rendimiento del equipo. Diez personas inteligentes en una sala no los hacían más rápidos.

Otros podrían haber defendido que los equipos buenos tenían líderes más decisivos. Sin embargo, los resultados mostraron que tampoco era el caso.

Al final, los investigadores llegaron a la conclusión de que los equipos buenos habían tenido éxito no por las cualidades innatas de los miembros del equipo, sino por cómo se trataban los unos a los otros. Es decir, los equipos con más éxito tenían normas de grupo que hicieron que todo el mundo encajara bien.

«Encontramos pruebas convergentes de una inteligencia colectiva general que explica el rendimiento del grupo en una amplia variedad de tareas —escribieron los investigadores en su artículo en *Science*—. Este tipo de inteligencia colectiva es una propiedad del grupo en sí, no solamente de los individuos que lo componen[166].»

---

166. *Ibidem.*

Hubo dos comportamientos que todos los equipos buenos compartieron. En 2011, los jugadores del F. C. Barcelona Lionel Messi y David Villa ofrecieron, sin saberlo, una demostración pública (y explicación posterior) de esos mismos dos comportamientos cuando se pusieron a comentar sinceramente un partido entre el F. C. Barcelona y el Granada. Después de que Villa no pasara el balón a Messi cuando este estaba en posición de marcar, la cadena Canal+ ofreció el vídeo de la «discusión» de los jugadores del incidente:

Messi: «¡*Pónmela delante! ¡Delante! ¡Pónmela ahí!*»

Villa: «¡*Pero si no puedes controlarla! ¡No me jodas! Pero si te la he dado a ti, Leo. ¡Te la he dado a ti!*»

Messi: «¡*No te jode, ahí!*» [*exclama, señalándole el espacio donde debía haber recibido la pelota*].

El primer comportamiento que identificaron los investigadores fue que todos los miembros de los equipos buenos hablaban aproximadamente en la misma proporción, un fenómeno denominado «igualdad en la distribución de los turnos de palabra». En algunos grupos, la conversación disminuía de un proyecto a otro, pero al final todo el mundo había hablado más o menos lo mismo. En el ejemplo del F. C. Barcelona, el jugador que es considerado el mejor del mundo no obtuvo un estatus especial que lo alejara de las críticas.

El segundo comportamiento fue que los equipos buenos tenían una «sensibilidad social por encima de la media», otra forma de decir que esos grupos tenían la habilidad de intuir cómo se sentían sus miembros según el tono de voz, la postura y la expresión de la cara que tuvieran.

Cuando pidieron a Messi que comentara el desacuerdo, pareció divertido por la reacción del público. «He dicho que no tienen que buscar problemas donde no los hay, miren en otro sitio —dijo Messi a *El País*—. No hay nada. Es un vestuario que funciona por encima de eso y va más allá del deporte, tenemos un vestuario espectacular. Llevamos juntos mucho tiempo y nos llevamos muy bien a nivel humano. Nadie sabe lo bien que nos lo pasamos. Después de tantos años, no es fácil[167].»

---

167. Balagué, *Messi*; entrevista a Leo Messi con Martin Souto, TyC Sports, marzo de 2013.

Juan Cruz Leguizamón, uno de los mejores amigos de Messi, confirma la voluntad de este último de garantizar la igualdad dentro de un grupo. «[Los amigos de la infancia de Messi] son conscientes del hecho de que tenemos al mejor jugador del mundo delante de nosotros, pero hay cierta confianza en el sentimiento de que todos somos iguales. Hablamos de la vida de todos. Nos tomamos el pelo. Bromeamos —hace una pausa y sonríe— sobre sus orejas, por ejemplo[168].»

«Éramos como hermanos, éramos todos iguales —explicaba Víctor Valdés cuando se le pedía que describiera el espíritu del equipo en el Camp Nou—. Nos encantaba pasar tiempo juntos. Nos íbamos a comer juntos después del entrenamiento. Era un grupo muy especial[169].»

Esta afirmación fue reforzada por Manuel Estiarte, ayudante de Guardiola:

He visto muchas cosas en la vida y he tenido una carrera deportiva larga. En tres años no ha habido ni una sola pelea en el vestuario. Lo podrías ver como algo negativo. Con 22 personas juntas, lo natural sería que hubiera alguna que otra pelea. Un día, un jugador dice a otro «joder» y al día siguiente se disculpa. Eso sería totalmente normal. De vez en cuando, pasa en cualquier club del mundo. Aquí no ha habido ni un solo incidente en el que te tengas que preocupar por un choque de personalidades o por peleas sobre religión o tensiones entre distintos grupos de edad[170].

Tal y como se mencionó al principio de este capítulo, una de las formas más efectivas de medir la sensibilidad social es mostrar a alguien fotos de ojos de personas y pedir que describa lo que la persona de la imagen piensa o siente. Es una prueba de «lo bien que el participante se pone en la piel de los demás y "conecta" con su estado mental», escribió

---

168. Wright Thompson, «Outside the Lines»: http://www.espn.co.uk/espn/eticket/story?page=Lionel-Messi
169. Hughes, entrevista con Valdés.
170. Hunter, *Barça*, p. 34.

el creador de la prueba, Simon Baron-Cohen, de la Universidad de Cambridge[171].

«En el vestuario, yo me siento en una esquina —comenta Messi— y Andrés Iniesta se sienta en otra. Conectamos; nos basta una mirada para comprendernos. No necesitamos más.»

Ejercicio:
La prueba de la visión

Si quieres entender a tus compañeros de trabajo, pregúntales si quieren jugar a un juego.

Solamente dura treinta segundos.

Pide a una persona que extienda el dedo índice de la mano derecha y se dibuje una E mayúscula en la frente.

¿Dibuja la letra para que esté de cara a él o ella, o sea, al revés para alguien que le mire? ¿O bien la dibuja para que los demás la puedan leer? Ninguna de las dos opciones está bien o mal, pero la dirección de la letra puede que te diga algo sobre la disposición de esa persona.

Este truco de salón aparentemente inocente, en realidad, es un método que los científicos sociales han utilizado durante más de una década para medir la perspectiva; es decir, la capacidad de salir de nuestra propia experiencia y ver el mundo con el punto de vista de otra persona.

Las personas que escriben la E de forma que esté al revés para ellas pero legible para los demás han adoptado la perspectiva de los demás. En cambio, las que hacen que sea legible para ellas mismas y no para los demás no han tenido en cuenta el punto de vista de la otra persona.

Este descubrimiento puede que revele algo sobre tu cultura. Al perseguir la orientación a la acción y la tenacidad, ¿has sacrificado la cualidad humana fundamental de la empatía?

---

171. Simon Baron-Cohen *et al.*, «Another Advanced Test of Theory of Mind: Evidence from Very High Functioning Adults with Autism or Asperger Syndrome», *Journal of Child Psychology and Psychiatry* 38, 7, 1997, pp. 813–822; Simon Baron-Cohen *et al.*, «The "Reading the Minds in the Eyes" Test, Revised Version: A Study with Normal Adults, and Adults with Asperger Syndrome or High-Functioning Autism», *Journal of Child Psychology and Psychiatry* 42, 2, 2001, pp. 241–251.

Si eres un líder, trata a todo el mundo con respeto. Y si alguien de tu equipo te pide que te escribas una letra en la frente, ya sabes lo que tienes que hacer.

Existen pruebas contundentes de que las normas de grupo tienen un papel crítico en la formación de las experiencias emocionales de la participación en un equipo. La investigación de psicólogos de Yale, Harvard, Berkeley, la Universidad de Oregón y otras indican que las normas determinan si nos sentimos seguros, amenazados, nerviosos o emocionados, y motivados o desanimados por nuestros compañeros de equipo. Según la investigación, las normas de grupo son la respuesta para mejorar el rendimiento de un equipo. Tienes que gestionar el *cómo* de los equipos, no el *quién*.

Volviendo a la pregunta del principio del capítulo sobre qué equipo elegirías, el A, serio y profesional, o el B, más informal y sin restricciones, siempre deberías escoger el B.

El equipo A es listo y está lleno de compañeros efectivos. Como individuos, todos tendrán éxito. Pero como equipo tenderán a actuar como individuos. Hay pocos datos que sugieran que, como grupo, serán inteligentes desde el punto de vista colectivo, porque hay pocas pruebas de que haya igualdad de voz y que los miembros sean sensibles a las emociones y las necesidades de los compañeros de equipo.

En cambio, el equipo B es más desorganizado. Se cortan los unos a los otros al hablar, pierden el hilo, charlan en vez de seguir concentrados en la agenda. Todo el mundo dice todo lo que necesita. Se sienten igualmente escuchados y están en sintonía con el lenguaje corporal y las expresiones de los otros. Intentan anticipar cómo reaccionarán los demás. Puede que el equipo B no tenga tantas estrellas individuales, pero cuando el grupo se une, la suma es mucho mayor que cada una de sus partes[172].

---

172. Mazafer Sherif, *The Psychology of Social Norms*, Octagon Books, 1965; Amy C. Edmondson, «Learning from Mistakes is Easier Said than Done: Group and Organizational Influences on the Detection and Correction of Human Error», *Journal of Applied Behavioral Science* 32, 1, 1996, pp. 5–28; Amy C. Edmondson, «Psychological Safety and Learning Behavior in Work Teams», *Administrative Science Quarterly* 44, 2, 1999, pp. 350–383; Amy C. Edmondson, Roderick M. Kramer y Karen S. Cook, «Psychological Safety, Trust, and Learning: A Group-level Lens», en Roderick Kramer y Karen Cook (eds.), *Trust and Distrust in Organizations: Dilemmas and Approaches*, Russell Sage Foundation, 2004, pp. 239–272; Amy C. Edmondson, «The Competitive Imperative of Learning», *Harvard Business Review* 86, 7–8, 1986, pp. 60–67.

Ejercicio:
El poder de la unión

Me gusta demostrar el poder de los lazos del equipo pidiendo a un jugador que rompa once lápices que están atados: romperlos es muy difícil y, normalmente, el jugador no puede hacerlo. Después, le doy cuatro lápices unidos de la misma forma, después, tres y, por último, dos. Al final, el jugador consigue romperlos y, entonces, el equipo le ovaciona.

De esta forma se demuestra claramente, sobre todo en el caso de los jugadores más jóvenes, que un equipo completo y unido es difícil de romper. En cambio, uno o dos jugadores, aislados del resto, son vulnerables.

Phil Jackson, el entrenador de baloncesto que ha cosechado tantos éxitos, lo explica así: «El baloncesto es un gran misterio. Puedes hacerlo todo bien. Pero si los jugadores no tienen un sentido de unidad como grupo, tus esfuerzos no se verán recompensados. El vínculo que une al equipo puede ser muy frágil, muy esquivo».

La política del vestuario

El poder de los Arquitectos Culturales se realiza de muchas formas distintas. Pero, antes de ver cómo, es importante comprender toda la potencia que tiene la dinámica psicológica subyacente en esta fuerza.

Para ello, veamos el caso de un terapeuta familiar. David Kantor, de Boston, dirigió lo que podría haber sido la primera encarnación de telerrealidad. En un esfuerzo para estudiar cómo se manifiesta la esquizofrenia en los sistemas familiares, Kantor puso cámaras en varios espacios de domicilios particulares y estudió horas de grabación de la vida de aquellas personas corrientes. A pesar de que el estudio de Kantor no le indicó demasiado acerca de la esquizofrenia, sí que detectó un patrón que aparecía sin parar en todas las dinámicas de grupo, independientemente de si la esquizofrenia era un factor[173].

---

173. Kantor, David, *Reading the Room: Group Dynamics for Coaches and Leaders*, John Wiley & Sons, Nueva Jersey, 2012.

Al analizar los vídeos, Kantor descubrió que los miembros de las familias, en general, representaban los mismos cuatro roles. Como veremos, tres de dichos roles se consideraban especialmente importantes en los confines del vestuario del Barcelona. El cuarto tipo, el *distante*, el desconectado, no es tan crucial cuando se cambia activamente la cultura.

El primer rol era el de iniciador. Es la persona que tiene las ideas, la que disfruta de empezar proyectos y la que defiende formas nuevas de ir hacia delante.

En el Fútbol Club Barcelona, este papel estaba definido como visionario. Ferran Soriano decía: «El entusiasmo y el valor son dos de las características del visionario. Su fuerza es contagiosa y desprenden un entusiasmo que se contagia al grupo»[174].

Pensemos en alguien como Xavi. Él era un claro facilitador de jugadas, que en varias ocasiones logró el 100 por cien de precisión en los pases durante partidos cuando él tenía la pelota más de 100 veces. Una vez, dijo: «Tengo que tener como mínimo 100 toques del balón en cada partido. Si tuviera que volver al vestuario solamente con 50, estaría listo para matar a alguien».

Quería el balón siempre: «El que tenga el balón es el dueño del partido —dijo—. Pienso rápido, busco espacios, eso es lo que hago. Todo el día. Siempre estoy buscando. Espacio, espacio, espacio».

Cuando estás en la misma sala que un visionario, es difícil no entusiasmarse con el proyecto o la idea que tiene en la cabeza. Siempre puedes contar con los iniciadores para que se les ocurran ideas nuevas; no son necesariamente la alegría de la huerta, pero seguro que serán las personas que sugieran que se haga una fiesta.

Si el iniciador está representado por Xavi o, a veces, por jugadores más llamativos como Ronaldinho o Lionel Messi, su perfil opuesto, el *bloqueador*, está encarnado por Carles Puyol. «Los llamamos *Doctor No* —afirma Soriano—. Como el propio nombre indica, se trata de individuos de la organización que suelen intentar echar por tierra los planes del visionario, quizás incluso diciéndole que lo que propone es im-

---

174. Hughes, entrevista con Soriano.

posible. El Doctor No es el polo opuesto del visionario y es igual de imprescindible, ya que aporta prudencia, perspectiva y un análisis frío. Es quien ofrece una dosis de realidad en todas las discusiones. También es planificador y controlador[175].»

Un ejemplo fuerte se vio en 2011, cuando el balón entró en la red y el marcador indicó el quinto gol. Los jugadores del atormentado Rayo Vallecano corrían agotados a su posición (demasiado incapaces de reaccionar por la posibilidad real de descenso para regañarse entre sí por los errores que precedieron al gol) mientras Thiago empezaba su baile de celebración, al que se unió su compañero de equipo Dani Alves. Carles Puyol fue corriendo hasta ellos, les hizo parar de bailar y les indicó que fueran hacia el círculo central.

No era el ritmo de la samba lo que ofendió al defensa, gran aficionado a la música metal, tipo Napalm Death, sino la falta de humildad. Su compañero defensa desde hacía tiempo, Gerard Piqué, sonrió porque reconocía el mensaje. «Era un partido en el que ganábamos por cuatro o cinco y solamente quedaban unos minutos. Un jugador del equipo contrario estaba lesionado, vino un camillero y fui a ver cómo estaba. De repente, Puyi me estaba gritando para que me concentrara. No me quitaba el ojo de encima, diciéndome que dejara que se ocuparan ellos del asunto, que volviera a mi posición y me concentrara. No para nunca[176].»

Después del partido contra el Rayo Vallecano, Guardiola se disculpó: «No es la actitud de los jugadores del Barça. No volverá a suceder». Thierry Henry, el delantero francés de enorme talento que jugó en el F. C. Barcelona entre 2007 y 2010, explica la actitud de Guardiola: «Él decía: "Si tenemos que ganar 11-0, ganamos 11-0. Hay que ser implacable"[177]. Pero si alardeamos, se enfada. Dice que muestra falta de respeto por el adversario». Había sido el capitán del equipo (y no el Doctor No) quien había predicado con el ejemplo, como había hecho él durante sus quince años en el primer equipo.

---

175. *Ibidem.*
176. Hunter, *Barça.* pp. 204-231.
177. Columna de Thierry Henry, *Sun*, 18 de diciembre de 2016.

Evidentemente, es fácil pensar que los bloqueadores son meros cascarrabias. Pero, tal y como Soriano sugiere más arriba, representan un papel fundamental para mantener el equilibrio dentro de un grupo.

«Puyol podía hacerlo y ser efectivo porque los demás miembros del equipo lo respetan —explicaba Soriano—. Un club de fútbol es una fábrica de entusiasmo y, como tal, está lleno de visionarios, de gente de dentro y de fuera del club con ideas fabulosas, increíbles y extraordinarias para hacer que el club sea victorioso. El riesgo de tomar decisiones con una base emocional, sobre todo después de derrotas inesperadas o inapropiadas, por ejemplo, es muy elevado, y en un club de fútbol todas las decisiones cuestan mucho dinero[178].»

En general, la tensión del grupo se da entre el iniciador y el bloqueador. El primero siempre quiere hacer cosas nuevas. Tiene muchas ideas frescas. Quizá sea muy optimista y se precipite a la hora de entrar en acción, pero su creatividad, energía e impulso pueden resultar fundamentales para la innovación. En cambio, un bloqueador cuestiona el mérito o la sabiduría de las decisiones nuevas. En lugar de limitarse a seguir la idea, plantea cuestiones sobre las posibles consecuencias nocivas que se podrían provocar.

Un bloqueador funciona como los frenos que impiden que el grupo siga un camino potencialmente desastroso. Incluso en el caso de que el bloqueador se equivoque, como mínimo aporta perspectiva al debate, ya que da a los demás una oportunidad de ver las cosas desde otro punto de vista.

Sin duda, los discrepantes en un grupo hacen que el proceso sea más desordenado, y a los bloqueadores no siempre se les da voz. Es fácil de entender, ya que el deseo de presentar un frente unido es importante. Pero, de hecho, el discrepante mejora el resultado final. La mayoría deben revisar su opinión en respuesta a las cuestiones planteadas por los discrepantes. Bloquear algo puede ser desagradable para todos los participantes, pero es un componente necesario para una dinámica de grupo sana.

La industria de la aviación es un ejemplo fantástico de la importancia de tener bloqueadores en un equipo de éxito. Tras el accidente de avión

---

178. Hughes, entrevista con Soriano.

de 1977 en el aeropuerto de Tenerife, en el que murieron 583 personas (el accidente más mortífero de la historia de la aviación), los organismos analizaron las grabaciones de la cabina de todos los percances y accidentes aéreos durante años. El 70 por ciento de dichos organismos estaban decididos a afirmar que se debía a errores humanos y la mayoría estaban relacionados con dinámica de equipo. Al final, fue la investigación de la NASA sobre los accidentes de avión lo que ayudó a revolucionar los procedimientos aeronáuticos. Nació un modelo nuevo de interacción en cabina, la Gestión de los Recursos de Cabina (CRM), que enseña a pilotos, entre otras habilidades, cómo ser bloqueadores efectivos[179].

La tradición en la industria aérea era que el capitán era todopoderoso, estaba a cargo de todo. Cuando tomaba una decisión, nadie la anulaba. La Gestión de los Recursos de Cabina cambió esa dinámica. Ahora se forma a los pilotos para que se comuniquen de forma efectiva y acepten feedback, y se enseña a los tripulantes a decir lo que piensan cuando su superior está a punto de cometer un error.

Por ejemplo, cuando los copilotos detectan un desvío de los procedimientos de seguridad, están entrenados para cuestionar al capitán, en tres pasos. El primero es *declarar los hechos*, por ejemplo, «Nuestra velocidad de acercamiento es muy elevada». Si esto no resulta efectivo, el segundo paso es *cuestionar*. Según demuestra la investigación, en general, la mejor forma de hacerlo es utilizar el nombre de pila del capitán y mencionar algún dato sobre el hecho. «Mike, ¿vas a lograrlo de esta forma? Comprueba la altitud». Así, se capta la atención del capitán y se consigue que salga de su visión de túnel. Si estos dos pasos fallan, el tercero es *actuar*. Si alguien va a realizar un acercamiento inestable, es decir, se acerca a la pista de aterrizaje demasiado alto o rápido y es incapaz de hacer un aterrizaje seguro, avisas por radio a la torre para que cancele el permiso para aterrizar.

---

179. R. D. Chute y E. L. Wiener, «Cockpit/cabin communication: I. A tale of two cultures», *International Journal of Aviation Psychology* 5, 3, 1995, pp. 257-276; R. D. Chute y E. L. Wiener, «Cockpit/cabin communication: II. Shall we tell the pilots?», *International Journal of Aviation Psychology* 6, 3, 1996, pp. 211-231; J. K. Burgoon, «Relational message interpretations of touch, conversational distance, and posture», *Journal of Nonverbal Behaviour* 15, 4, 1991, pp. 233-259.

En la mayoría de las ocasiones, los dos primeros pasos bastan para captar la atención del capitán; rara vez es necesario que el primer oficial actúe. La formación hace hincapié en la necesidad de que el bloqueador diga lo que piensa y que la persona al mando escuche y se comunique con los demás de una forma efectiva.

La libertad para dar feedback y voz (y la voluntad de los que tienen el mando de tolerar la disconformidad) es igual de importante en un vestuario, una sala de juntas o cualquier otro sitio en el que se pueda prevenir un error costoso estando abierto a la disconformidad por parte de los bloqueadores del grupo. Por dicho motivo, además de los pilotos, hay más personas que se han beneficiado de la formación en Gestión de los Recursos de Cabina. Por ejemplo, la comunidad médica, que también responde a los fallos por errores humanos adaptando el enfoque de la aviación a la coordinación de los tripulantes.

En cualquier situación, ya sea en la cabina de un avión o en un vestuario, una voz discrepante puede parecer molesta. Sin embargo, aunque resulte frustrante encontrar a bloqueadores, sus opiniones son absolutamente esenciales. Es natural querer desestimar a los que dicen que no a algo, pero, como hemos visto, una voz discrepante (incluso incompetente) puede actuar como dique de contención ante un torrente de comportamiento irracional.

«En cada momento y en cada circunstancia que afecta a una organización, tienes que preguntarte qué combinación de visionarios, Doctores No y columnas vertebrales necesita el equipo de gestión y cuál de ellos debe ser el líder», aconseja Soriano. En el estudio de Kantor, cuando los iniciadores y los bloqueadores se enfrentaban, aparecía el que da apoyo, poniéndose de una parte o de otra. Son los que Soriano llama espina dorsal:

Existe la tendencia a pensar que el visionario tiene que ser el líder, pero no es así necesariamente. Hay circunstancias y momentos en los que el orden y el control son más importantes. En ese caso, el líder debería ser el Doctor No. A veces, cuando todo el mundo puede ver claramente lo que hay que hacer y llega el momento de ir al meollo de la cuestión, poner el acelerador y conseguir hacer las cosas, el líder debería ser la espina dorsal.

Cuando el visionario y el Doctor No hayan acabado de discutir la idea, la espina dorsal toma la decisión y la pone en práctica. Se convierte en su tarea. Los rasgos que mejor los definen son empuje y perseverancia; tienen espíritu de sacrificio y son trabajadores incansables. La espina dorsal da equilibrio al resto del grupo y proporciona una visión general de la situación porque ve, quizá mejor que cualquier otra persona, lo que se necesita para lograr los objetivos. Mira el trabajo que le han confiado de una forma positiva, encuentra el mejor método para lograr el resultado necesario y lo pone en práctica[180].

Iniesta, que marcó el único gol de la final de la Copa Mundial de Fútbol de 2010, no es solamente la espina dorsal del equipo, sino también el corazón que palpita. Iniesta personifica el comportamiento característico del club, posee una humildad innata; es feliz cuando deja a sus compañeros de equipo más extrovertidos disfrutar de ser el centro de atención. Cuenta, divertido, que, poco después de la Copa Mundial de Fútbol, estaba en un bar y se le acercó una mujer atractiva.

«Perdona», dijo ella.

«¿Sí?», contestó Iniesta, esperando que, después, le pidiera un autógrafo o una foto.

Pero ella le dijo: «Querría una Fanta de naranja, por favor»[181].

Igual de esclarecedora es su forma de interpretar el juego:

> «Todos los pases son importantes. Un mal pase hace perder la posesión y pone al equipo bajo presión. Los pases cortos crean ímpetu o impulso, y si tienes el balón los adversarios no pueden hacer nada. Tienes que saber cuándo hacer un pase asesino. Si necesitas un gol, busca el espacio para hacer el pase. Si estás protegiendo una oportunidad, mantén la posesión y ve a lo seguro. Como hemos jugado juntos mucho tiempo con cierto sistema, todo el mundo sabe dónde moverse. Eso hace que

---

180. Hughes, entrevista con Soriano y Begiristain.
181. «Football isn't a science.»

mi trabajo sea más fácil, sabiendo dónde estarán Xavi o Leo [Messi].

Si piensas antes que tu adversario dónde va a ir el balón, tienes una ventaja. Si te quedas con el balón en los pies y piensas en lo que tienes que hacer, vas a perder el balón. Los mejores jugadores son los que piensan más rápido. ¿Dónde va a correr mi compañero? ¿Se quedará en la posición correcta? ¿Quién tiene espacio? ¿Quién está buscando la pelota? ¿Cómo les gusta la pelota, en los pies o delante? Puedes ser el que mejor pasa del mundo, pero si tus compañeros no están en la posición correcta, no va bien[182].»

De la misma forma que en el mundo empresarial puede haber gente que sepa cómo realizar más de uno de esos tres roles en cualquier momento según las circunstancias, tú también puedes encontrar jugadores que tengan las características de más de un tipo de rol. Cuando se trata de unir al equipo y decidir la táctica y la alineación, el entrenador tiene que indicar qué equilibrio de visionarios, Doctores No y espinas dorsales necesita el equipo para un partido en concreto, en función del adversario y de las circunstancias. Durante el partido puede haber cambios en la dinámica, introduciendo mayores dosis de visionarios, Doctores No y espinas dorsales para cambiar o mantener el resultado.

Es fácil ver por qué las personas y las organizaciones se sienten atraídas de forma natural por los iniciadores. Aportan energía fresca e ideas nuevas, y para ellos nunca hay límites a nada. También resulta fácil ver por qué esas mismas personas y organizaciones querrían esquivar a los bloqueadores. Sin embargo, es crucial lograr un equilibrio entre el input de los iniciadores y los bloqueadores y garantizar que haya suficientes personas que los apoyen para impedir llegar a un punto muerto.

---

182. Iniesta, *La jugada de mi vida*.

Ejercicio:
Preguntas para el visionario, el Doctor No y la espina dorsal

Si quieres acelerar el proceso de creación de una cultura de alto rendimiento, creo que asignar a la gente uno de los roles mencionados puede ofrecer un enfoque innovador y práctico para la resolución de problemas.

Pedir a la gente que vea el mundo a través de los ojos de un visionario, un Doctor No o una espina dorsal puede ser una ayuda muy valiosa. Para allanarles el camino, propongo varias preguntas útiles para cada papel.

El VISIONARIO crea soluciones generales, ofrece ideas y enfoques nuevos para lograr el resultado deseado, con una actitud de «todo es posible». El visionario utiliza sus cualidades de innovación y la posibilidad de responder a preguntas como las siguientes:

¿Qué quiero hacer?

¿Por qué quiero hacerlo? ¿Cuál es el propósito?

¿Cuáles son los beneficios?

¿Cómo sabré cuándo los tengo? ¿Cuál será la prueba de esos beneficios?

¿Cuándo puedo esperar conseguirlos?

¿Dónde quiero que me lleve esta idea en el futuro?

¿Quién quiero ser o a quién me quiero parecer para convertir esta idea en realidad?

La ESPINA DORSAL define en detalle los pasos para lograr la solución generada por el visionario, actuando como si fuera algo factible. La espina dorsal se basa en cualidades de invención y flexibilidad para responder a preguntas como las siguientes:

¿Cuándo se logrará el objetivo general?

¿Quién participará? (Asigna responsabilidad y garantiza el compromiso de las personas que llevarán a cabo el plan.)

¿Cómo se implantará la idea concretamente? ¿Cuáles serán los primeros pasos?

¿Cómo me indicará el feedback continuo si me estoy moviendo hacia el objetivo o si me estoy alejando de él?

¿Cómo sabré cuándo logro el objetivo?

El DOCTOR NO evalúa la aceptabilidad del plan desarrollado, considerando qué problemas pueden surgir y cómo encajan con los recursos disponibles, las consecuencias para los demás y las situaciones en las que el plan sería apropiado o inapropiado. El Doctor No se basa en cualidades de aceptabilidad para responder preguntas como:

¿A quién afectará esta idea nueva y quién hará o romperá la efectividad de la idea?

¿Cuáles son las necesidades y las recompensas?

¿Por qué podría alguien oponerse a este plan o idea?

¿Qué ventajas hay en la forma actual de hacer las cosas?

¿Cómo puedo mantenerlas cuando implante la idea nueva?

¿Cuándo y dónde no querría yo implantar este plan o idea?

¿Qué se necesita o qué falta actualmente en el plan?

¿Qué pregunta sobre el «cómo» podría hacer relacionada con lo que se necesita o lo que falta?

4
Resumen de los Arquitectos Culturales

Una cultura (desde un gobierno a una empresa, pasando por un club de fútbol) es tan buena como la gente que la habita. El Arquitecto Cultural tiene un papel de liderazgo importante en la organización y ayuda a otros líderes a navegar por el Arco de Cambio y a llevar a cabo la Visión Global.

Desde el punto de vista informal, los Arquitectos Culturales actúan como los ojos y las orejas de la organización, se dan feedback los unos a los otros y también se lo ofrecen a la dirección para que la organización pueda superar los retos que se le presentan. Son cruciales para construir confianza, mejorar líneas de comunicación y conseguir el apoyo de los demás. El nivel de compromiso del que se disfruta en un viaje está directamente relacionado con el número de Arquitectos Culturales de la organización. Recuerda, el papel del líder cultural en el Arco de Cambio no es generar más seguidores, sino crear más líderes.

PARTE 5

Liderazgo Auténtico

> «La herramienta de liderazgo más poderosa que tenemos todos es nuestro propio ejemplo.»
>
> JOHN WOODEN

Un entrenador de la Premier League me preguntó una vez: «¿Cómo gestionas a un equipo de millonarios?» La verdad es que es una buena pregunta. Lo más interesante es la palabra *gestionar*. El problema con la gestión es que, tanto en el fútbol como en los negocios, se basa en el control. Y resulta difícil utilizar el control para dar impulso a una cultura de alto rendimiento.

Johan Cruyff dio su propia respuesta a esa pregunta: «Para ser entrenador del F. C. Barcelona, es más importante saber cómo dirigir a un grupo de jugadores que saber cómo corregir un error cometido en el terreno de juego. Tienes que tener influencia en el grupo, tienes que ser capaz de seducirlos, convencerlos y comprenderlos».

La descripción de Cruyff de un entrenador de un club de fútbol *top* se puede aplicar al trabajo de un director general de una empresa. Es una persona que ni hace el producto, ni se ocupa del marketing, ni cocina lo que se come al mediodía. En cambio, si surge un problema en cualquiera de esas áreas, es el máximo responsable.

Lo que plantea la pregunta obvia: ¿en qué áreas puede un líder maximizar su influencia positiva en un equipo y su cultura?

Para crear una cultura de alto rendimiento, la diferencia entre compromiso y cumplimiento es significativa. Es más liderazgo que control. Quizá si viéramos al entrenador consciente desde el punto de vista cultural como líder, y no como director técnico, podríamos discernir que su papel consiste en renunciar a actuar en su propio interés y vender activamente la Visión Global, elaborar estrategias para optimizar el talento individual e inspirar y motivar el rendimiento. Entonces, podemos empezar a ver las diferencias tangibles en la forma que tiene un líder auténtico de construir una cultura.

En este capítulo, veremos la importancia de la compatibilidad cultural y la coherencia y la transparencia necesarias de un líder auténtico, rasgos que le permiten resolver múltiples cuestiones y garantizar que protegen y apoyan la cultura incluso después de haber dejado su puesto.

1
Compatibilidad cultural

En su libro *Mi gente, mi fútbol*, Pep Guardiola cuenta: «*Charly* Rexach siempre decía que para ser entrenador tienes que pensar un 30 por ciento en el fútbol y el resto en todo lo que rodea al equipo, es decir, el entorno»[183].

Giovanni Trapattoni, el gran entrenador italiano, cree que «un buen entrenador puede hacer que el equipo sea un 5 por ciento mejor, pero un mal entrenador puede hacer que el equipo sea un 30 por ciento peor». El director técnico que lleva más tiempo en el Arsenal, Arsène Wenger, coincide a medias: «Como máximo, un entrenador puede marcar la diferencia un 5 por ciento, mejorando o empeorando el rendimiento. Pero ya está». Sin embargo, añade esta advertencia: «Un buen entrenador continúa teniendo un papel muy importante. Es la persona que reúne a los miembros del equipo y que crea un clima adecuado para que rindan».

En *El fútbol es así (Soccernomics)*, el economista Stefan Szymanski y el periodista Simon Kuper analizaron esta creencia popular rigurosamente. Escribieron que el dinero determina aproximadamente entre el 80 y el 90 por ciento del rendimiento de los clubes de fútbol. Eso deja el 10 o el 20 por ciento a otros factores, uno de los cuales puede ser o no el director técnico. Bas ter Weel, un economista holandés que también estudió el efecto de los directores en sus equipos de fútbol, comparó su influencia con la de los primeros ministros en la economía: proba-

---

183. Pep Guardiola, Luis Martín y Miguel Rico, *Mi gente, mi fútbol*, Edecasa, Barcelona, 2001.

blemente ninguna otra persona tenga más influencia a título individual, pero sigue siendo insignificante[184].

En un artículo reciente de la *Harvard Business Review*, Boris Groysberg y Abhijit Naik mencionaron la investigación fascinante realizada en la década de 1990 por Jeff Borland y Jenny Lye sobre la importancia de un líder que comprenda lo crucial que es la cultura en el fútbol australiano[185].

Borland y Lye estudiaron datos sobre entrenadores de fútbol australiano entre 1931 y 1994. Descubrieron que los entrenadores bien ajustados, es decir, que encajaban bien desde el punto de vista cultural con el equipo, afectaban de verdad al rendimiento. Dicho de otro modo, las victorias dependían del grado de ajuste entre entrenador y equipo. La investigación proporcionó dos mensajes importantes que podemos ver reflejados tanto en el puesto de cuatro años de Guardiola en el F. C. Barcelona como en el fútbol australiano.

Primero, Borland y Lye descubrieron que los años de experiencia de un entrenador podían no ser un factor tan potente como se podría pensar para explicar el porcentaje de victorias de un equipo. Este descubrimiento implica que la experiencia, definida puramente en términos de duración, a veces puede estar sobrevalorada cuando se refiere a elegir entrenadores.

La experiencia de Guardiola como entrenador era solamente de un año con el Barcelona B antes de su gran debut, lo que confirma que se puede encontrar un encaje cultural incluso cuando el entrenador/empleado no tenga experiencia. Existen otros ejemplos de entrenadores en la NFL, como Bill Walsh, que pasó directamente de ser entrenador de fútbol universitario de Stanford a entrenar a los San Francisco 49ers y conducirlos a tres victorias de la Super Bowl.

Segundo, en la investigación llegaban a la conclusión de que un encaje cultural de un líder (extrayendo lo máximo de ese 10 por ciento de impacto) importaba de verdad; no se trata de un buen complemento,

---

184. Simon Kuper y Stefan Szymanski, *El fútbol es así (Soccernomics)*, Empresa Activa, Madrid, 2010.

185. Jeff Borland y Jenny Lye, «Matching and Mobility in the Market for Australian Rules Football Coaches», *Industrial and Labor Relations Review* 50, 1, 1996, pp. 143-158.

sino de un elemento esencial para lograr el máximo rendimiento. Groysberg y Naik señalan la ironía de que «los procesos utilizados para determinar un buen encaje se consideran exitosos después del hecho, un caso clásico de sesgo de sobreviviente».

La decisión inicial de Ferran Soriano de enfocar la contratación del entrenador principal de la misma forma que cualquier otra empresa grande haría para contratar a un ejecutivo sénior (utilizando un proceso de selección metódico y analítico que situara la cultura en primer plano y en el centro de cualquier decisión) fue una forma de abordarlo. No se trataba de esperar tener suerte.

Ejercicio: El encaje cultural

He trabajado tanto con líderes como con las personas que los contratan para ayudarles en la identificación de un buen encaje cultural. Las preguntas siguientes deben ser planteadas a cualquier líder potencial por parte de quienes lo contraten, o bien por parte del propio líder.

1. ¿En qué entorno avanzas más y cuál es tu pasión?
Esta pregunta ayuda a enmarcar la conversación en términos de lo que quiere el candidato y no tú. Como no está desarrollada, tiene que pensar en la respuesta. Su respuesta puede señalarte si este candidato prefiere trabajar solo y que nadie lo interrumpa o si quizá le va mejor trabajar en equipo.

De hecho, no hay una respuesta incorrecta. Solamente tienes que evaluar si tu empresa es un entorno en el que esa persona se desarrollará.

2. Si empezaras una empresa desde cero, ¿cuál querrías que fuera la cultura de tu empresa?
Esta es una gran oportunidad de averiguar qué creen que es la cultura de empresa. ¿Quieren pizza y cerveza o les importa más un buen equilibrio entre la vida y el trabajo?

Tienes que pensar en si su respuesta coincide con la cultura real de la empresa.

3. ¿Cómo es tu jornada de trabajo ideal?
Todos imaginamos una jornada ideal distinta. Yo prefiero estar en silencio mientras trabajo, pero a otras personas les gusta poner música. Debes saber si proporcionarás una jornada ideal al candidato.

4. ¿Cuáles son tus valores personales y cómo están alineados con los valores de la empresa?
Aquí puedes asegurarte de que el candidato comprende cuáles son los valores de la empresa. También tiene que explicar de qué forma sus valores encajan con los vuestros.

5. Describe tu trabajo, empresa y entorno laboral ideales. ¿Qué factores son más importantes para ti?
Esto es parecido a preguntar por la jornada laboral ideal del candidato, pero es un poco más específico. Te debería dar información sobre lo que valora más en un puesto de trabajo. Se aconseja hacer preguntas y pedir ejemplos específicos.

6. ¿Qué crees que es el liderazgo?
Me gusta esta pregunta porque te puede indicar cómo han sido las experiencias pasadas del candidato al ser liderado. Como la pregunta es muy general, conseguirás una respuesta más sincera que si le preguntaras directamente sobre su anterior jefe.

7. ¿Cuál es tu estilo de liderazgo?
Es una forma fantástica de ampliar la pregunta anterior. Después de que el candidato haya descrito su estilo, le puedes pedir ejemplos específicos de su vida en los que demostrara dichas cualidades de liderazgo.

Josep Guardiola: el líder cultural

Josep Guardiola Sala, hijo de un albañil, nació en 1971 en el pequeño pueblo catalán de Santpedor, a 73 kilómetros al norte de Barcelona. A los trece años, dejó su casa para ir a vivir a La Masía. Cuando llegó a su primera sesión de entrenamiento del Barcelona, un miembro del cuerpo técnico del club preguntó al entrenador que lo había seleccionado por qué había tanto alboroto con el chico nuevo. «No tiene tiro, no sabe regatear, no es fuerte físicamente. Lo único que tiene es una cabeza muy grande».

«Es eso —contestó el entrenador—. El secreto está en la cabeza[186].»

Esto explica, en parte, cómo un hombre que empezó su carrera de entrenador en una gran liga con solamente 37 años logró tanto en tan poco tiempo. Había pasado 24 años, desde el día que llegó al club, preparándose para aquel puesto.

Johan Cruyff, parte fundamental de la Visión Global del Barcelona y de Guardiola, como hemos visto, lo sacó de las categorías inferiores del club para llevarlo al primer equipo. En la mirada hambrienta y la mente despierta de Guardiola, Cruyff vio a alguien ávido por aprender. El maestro holandés nunca tuvo un alumno más atento. El mensaje principal de Cruyff continúa siendo el de Guardiola en la actualidad.

Para conservar el balón, defender negándoselo a tus adversarios y crear más oportunidades que ellos de marcar, necesitas habilidad, serenidad e inteligencia. Cruyff vio suficiente de la primera cualidad en Guardiola, y una abundancia de la segunda y la tercera.

Jugaba con el número 4, justo delante de la defensa, era la conexión con el ataque. Eusebio Sacristán, un exjugador del F. C. Barcelona que estaba en el campo durante el debut de Guardiola en el primer equipo, recuerda que Pep estaba lejos de ser un jugador completo, pero que su mente futbolística compensaba cualquier deficiencia en sus habilidades: «No tenía ritmo, no sabía correr con el balón, no era fuerte en la entrada, pero se convirtió en el eje sobre el que giraba el equipo de Cruyff. Su mente trabajaba tan rápido que podía hacer que los que le rodeaban jugaran a la velocidad de la luz»[187].

Guardiola se convirtió en el artífice de Cruyff en el campo. Procesaba cada partido en su cabeza, cada sesión de entrenamiento, cada lección que impartía Cruyff. Evaristo Murtra, entonces, director de club y

---

186. John Carlin, «Guardiola to Munich», *Financial Times*, 18 de enero de 2013.
187. *Ibidem*.

propietario de una gran empresa textil, fue el hombre que presionó para que nombraran a Guardiola entrenador del Barcelona B. «Era una misión horrible —dijo Murtra—. El equipo acababa de descender a Tercera División y le encargaron que ascendiera enseguida a Segunda.» Aceptó el trabajo, transformó un equipo desmoralizado y, tal y como le pidieron, consiguieron el ascenso.

A pesar de sus credenciales culturales impecables, las encuestas mostraban que la opinión pública de Barcelona era abrumadoramente escéptica respecto a Guardiola cuando fue ascendido a entrenador principal. No conocían el documento de la directiva del club en el que se detallaban los rasgos culturales que buscaban para nombrar al siguiente entrenador. *El País* relegó la noticia del ascenso de Guardiola a la página 13 de su sección de deportes.

De hecho, el mismísimo Guardiola se mostró incrédulo cuando le ofrecieron el puesto. Guardiola se reunió con Laporta en el Drolma, un restaurante con una estrella Michelin del centro de Barcelona. El presidente le dijo que, si Frank Rijkaard se iba, él sería el siguiente entrenador del F. C. Barcelona.

«¡No tendrás los cojones de hacerlo!», exclamó Guardiola, que, posteriormente, admitió que el vino que había tomado esa noche podría haber tenido algo que ver en su reacción[188].

Juan Carlos Unzué, el entrenador de porteros del equipo durante tres de los cuatro años en los que Guardiola estaba creando una cultura de compromiso, vio el espectáculo de cerca: «En táctica, en motivación, en todas y cada una de las facetas que necesita un entrenador, Guardiola es extraordinario, es único».

Como hemos visto, los jugadores que lideraba no eran un grupo ordinario, no era fácil ganárselos. La mayoría de ellos habían ganado la Copa de Europa con Rijkaard y varios acababan de triunfar en la Eurocopa con España y el equipo había logrado varios trofeos. Eran muchos jóvenes muy ricos conocidos en todo el mundo. Guardiola los subordinó a su propia voluntad (y, por lo tanto, a la del club) porque ellos vieron que seguir sus instrucciones era la receta para la victoria. «La cuali-

---

188. Balagué, *Pep Guardiola*.

dad principal que ofrece Guardiola —observa Víctor Valdés— es que sabe cómo ganar.» Y, como dijo Unzué, había otra cosa: «Prácticamente todos los jugadores me confesaron que Pep les hizo mejores». Incluso Lionel Messi reconoció que él no sería el jugador en el que se ha convertido sin la ayuda de Guardiola.

Messi jugó en la banda derecha durante aquella primera temporada, en la que el equipo lo ganó todo y él logró su primer Balón de Oro. Pero Guardiola nunca dejó de creer que había margen de mejora. A mitad de la temporada 2009-2010, Messi sufrió una rara pérdida de forma. Durante tres partidos seguidos, estuvo desaparecido en combate. El tercero, en febrero de 2010, era el partido de ida de la Liga de Campeones en Stuttgart que acabó en un decepcionante empate 1-1, con Messi más ineficaz que nunca. «La reacción típica de un entrenador habría sido echar la culpa al jugador y darle un toque de atención al no convocarle para el siguiente partido —recordaba Murtra—. En cambio, Pep pensó: "Es culpa mía. Soy yo el que no ha sabido sacarle lo mejor". Pep reflexionó para ver en qué se había equivocado y entonces se le ocurrió que estaba desperdiciando el talento de Messi haciéndole jugar por la banda. Fue a hablar con él y le dijo: "A partir de ahora vas a jugar delante, en el medio".» Guardiola también dijo, como recordaría Messi después: «Ahora, marcarás tres o cuatro goles por partido»[189].

«Sin duda, Messi siempre había sido considerado un extremo —dice Unzué—. Pero, de repente, Pep vio que tenía que colocarlo donde pudiera recibir más pelotas y lograr así el mayor impacto posible.» Tenía razón. Tres semanas después, en el partido de vuelta contra el Stuttgart, el F. C. Barcelona ganó 4-0 y Messi marcó dos goles y creó otro. No marcó tres o cuatro goles por partido, pero casi. Su promedio de goles remontó el vuelo y todavía no ha descendido. En su primera temporada con Guardiola, Messi marcó nada menos que 38 goles; en su cuarta, marcó la increíble cifra de 73. En la temporada 2009-2010, el F. C. Barcelona ganó la liga española por segunda vez consecutiva, deslumbrando al mundo, para disgusto del Real Madrid, que respondió contratando a José Mourinho como entrenador principal.

---

189. John Carlin, «Guardiola to Munich».

Seis meses después, ya en la tercera temporada de Guardiola, el F. C. Barcelona humilló al Madrid de Mourinho por 5–0 en una exhibición de fútbol «coral», como lo llaman en España, nunca visto. Fue una manifestación perfecta de la Visión Global de Cruyff y Guardiola. Para todos los encuentros futuros con el F. C. Barcelona, Mourinho cerró las escotillas, haciendo un cumplido a sus rivales al «aparcar el autobús», como hacen los equipos pequeños ante los grandes. El Real Madrid jugó un partido defensivo de espaldas a la pared y Mourinho desplegó todos los trucos que sabía dentro y fuera del campo para hacer perder los papeles a sus rivales, lo que incluía intentar manchar su reputación y lanzar las calumnias retóricas que tan bien se le dan. No funcionó su primera temporada en el Madrid, 2010-2011, porque el Barça ganó la liga por tercer año consecutivo, además de la Copa de Europa de nuevo, pero sí que funcionó la temporada de después, la última de Guardiola. El Real Madrid fue coronado campeón de España, y hacia el final de la temporada el F. C. Barcelona empezaba a perder facultades. El equipo continuó siendo un espejo de su entrenador hasta el final. Durante cuatro años, Guardiola había dedicado todas las horas en las que estaba despierto a ideas tácticas nuevas, formas nuevas de motivar a sus jugadores, respuestas nuevas a retos nuevos. Se le habían agotado las pilas. «Siempre decía que el éxito agota y, en su caso, tenía razón —dijo Evaristo Murtra—. Necesitaba un descanso.» Por su propio bien y, como él mismo vio, por el del equipo, que creía que ya no podía seguir mejorando, se fue.

Cruyff, que quedaba a menudo para comer y hablar largo y tendido con Guardiola, avisó a su protegido: «No te quedes más tiempo del necesario». Le confió que si él pudiera revivir el pasado, habría dejado el club dos años antes. Poco después de haberle dado este consejo, Guardiola lo aplicó a su propia situación. «Para ser una gran institución durante cuatro años —dijo— tienes que tener mucho valor. Los jugadores se cansan de ti, y tú de ellos; la prensa se cansa de ti, y tú de la prensa, de ver las mismas caras, las mismas preguntas, las mismas cosas. Al final, tienes que saber cuándo ha llegado el momento y decir: "Mira, es hora de que me vaya".»

Pero los fieles que abarrotaron el Camp Nou aquella suave tarde de mayo de 2012 para despedirse de él no tenían un espíritu de duelo ni de derrota a pesar del triunfo del Real Madrid. El mensaje de aquel día fue un alegre «*Gràcies, Pep!*» («Gracias, Pep»). Todos los presentes sabían que el entrenador novato había cumplido lo que se esperaba de él: hacer realidad la Visión Global; ganar la admiración del mundo. Como Bobby Charlton, una figura legendaria del fútbol inglés, había dicho unos meses antes, no importaba si el Real Madrid tenía más puntos: «En el F. C. Barcelona lo tienen todo. Tienen los valores. Tienen una idea: una idea de que tener la posesión de la pelota te da una ventaja. Son únicos, y el mundo debería aprender de ellos».

«Me hice cargo de un legado —dijo Guardiola de su época como guardián de la llama—, y el mayor orgullo que puedo tener es ver que todo continúa igual que cuando yo estaba aquí, o mejor.»

La cultura continúa.

2
Liderazgo Auténtico

Si hubiera una forma de resumir el papel de un líder para establecer una cultura de alto rendimiento, sería la siguiente: da un ejemplo auténtico.

«No hay ningún entrenador, ni jugador, que pueda garantizar el éxito —escribió Guardiola—. Ni existen fórmulas mágicas. No es posible gustar a todo el mundo y no tiene sentido intentar ser lo que otra gente cree que deberías ser. Para mí es importante ser quien soy, no solamente ser distinto, sino ser tan auténtico como pueda.»

Quizás este consejo suene demasiado de sentido común: define y salvaguarda tus comportamientos y prioridades clave y predica con el ejemplo. No es precisamente una actitud radical. Pero hay dos razones por las que no es habitual encontrar a personas que de verdad sigan este consejo aparentemente básico.

Primero, es raro que una persona establezca sus prioridades a menos que le obliguen a hacerlo. Además, es fácil imaginar cómo otros líderes organizativos, frente a un conflicto de valores, pueden escapar sin precisar sus propias prioridades de comportamiento. En un modelo cultural autocrático, un líder más egoísta podría haber dicho: «Esto es lo que he decidido». Resolvería la cuestión sin explicar nada sobre las prioridades. En una cultura burocrática, un líder sin carácter podría haber solucionado el tema desde el punto de vista político, apoyando a cualquier grupo para ganarse su favor. En resumen, aunque las prioridades de comportamiento sean vitales para tomar buenas decisiones, también son totalmente voluntarias. Los líderes auténticos expresan sus prioridades.

Segundo, establecer prioridades no es lo mismo que adherirse a ellas. En una serie de entrevistas realizadas por William F. Pounds, del MIT, se pidió a los directores que contaran problemas importantes a los que se enfrentaban en sus organizaciones. La mayoría de ellos mencionaron entre 5 y 8 problemas. Después, se les pidió que describieran sus actividades de la semana anterior. William F. Pounds declaró que «ningún director técnico informó de ninguna actividad que pudiera estar directamente asociada con los problemas que habían descrito»[190]. No habían trabajado en sus prioridades clave. Las urgencias habían anulado las prioridades. Sin embargo, los líderes auténticos se esforzarán para garantizar que las urgencias (las circunstancias más intensas e inmediatas) rara vez sustituyan a las prioridades. Estos líderes mantienen este equilibrio a través de la coherencia y la transparencia de su enfoque a todos los aspectos del liderazgo.

Predicar con el ejemplo: cómo cumplir con los comportamientos característicos

Se estima que tenemos que tomar hasta 10.000 decisiones superficiales todos los días. La mayoría (el camino para ir al trabajo, el bocadillo que comer en la pausa) se toman sin ningún esfuerzo. Sin embargo, las decisiones difíciles pueden causar estragos. «Los grandes líderes —sugiere el entrenador italiano Fabio Capello— aprenderán a cometer menos errores que la mayoría.»[191]

¿Cómo puedes garantizar que tus decisiones reflejan con precisión tus prioridades clave? Y, yendo un paso más allá, ¿cómo puedes pasar a la ofensiva contra las tareas menos importantes que amenazan con distraer tu atención de ellas?

Una vez que hayas comprendido los comportamientos característicos, debes hacer algo importante: debes plasmarlos, hacer que todo el

---

190. Notas tomadas de William T. Pounds profesor de estudios de organizaciones, MIT, entrevista: https://www.youtube.com/watch?v=XTd4h9FmZuM

191. Gabriele Marcotti, *Capello: The Man Behind England's World Cup Dream*, Bantam, Nueva York, 2010.

mundo de la organización los conozca, para que puedan influir en docenas o incluso cientos de decisiones futuras.

Por supuesto, se supone que este es el objetivo de los valores y las declaraciones de misión de las organizaciones. Por desgracia, los altos ejecutivos de la mayoría de las organizaciones han optado por retirarse tras apoyos vagos a valores como «diversidad», «confianza» o «integridad». Solamente en los casos más extremos estos valores son suficientes para sugerir una decisión. Nadie podría resolver una cuestión sobre cómo abordar un problema difícil simplemente preguntando qué opción mostraba más «integridad».

Por eso es tan importante plasmar y, después, remodelar los comportamientos identificados, y no limitarse a apoyar valores genéricos. «Al final, los trabajos que hacemos se pueden reducir a meros momentos en el tiempo —dice Guardiola—. Eso es cierto independientemente de tu profesión. Son esos momentos los que hacen que tenga sentido el trabajo que hago.»[192]

Incluso alguien que trabaje en una heladería tendrá conflictos de forma rutinaria entre las prioridades de comportamiento. Si a un cliente se le cae el helado al suelo, ¿debe ofrecerle un helado gratis? ¿Es más importante garantizar que el cliente esté satisfecho o que el propietario tenga rentabilidad? Sin unas directrices de comportamiento claras, la decisión dependerá de la idiosincrasia de esa persona, según el humor que tenga en ese momento. Aunque podemos tolerar cierta aleatoriedad cuando hablamos de helados que se han caído al suelo, estar alineado con dichas prioridades es crítico en muchas otras situaciones.

Por eso, la diligencia de Guardiola al ofrecer directrices para explicar sus decisiones (y las de los demás) es crucial para desarrollar una cultura ganadora.

Se trata de una de las tensiones clásicas del liderazgo: quieres fomentar que la gente utilice su criterio, pero también necesitas que el criterio de los miembros de tu equipo sea correcto y coherente. Por eso, los principios sencillos de Guardiola podrían servir de guardarraíles para enfrentarse a esos dilemas. Él buscó, tal y como dijo, «guardarraí-

---

192. Balagué, *Pep Guardiola*.

les que sean lo suficientemente grandes para empoderar pero lo suficientemente estrechos para guiar». Por lo tanto, como hemos visto en el apartado acerca de la Visión Global, él expresó claramente una lista de principios guía: los comportamientos característicos.

Muestra humildad; trabaja duro; da prioridad al equipo

En estas directrices se reconocían las prioridades del grupo. Garantizaron que personas distintas tomaran decisiones similares en circunstancias parecidas y que lo hicieran deprisa. Cuando identificamos y plasmamos nuestras prioridades, nuestras decisiones son más coherentes y menos dolorosas.

«Los jugadores te prueban todos los días —afirma Guardiola—. Por eso es importante estar convencido de lo que quieres y de cómo quieres transmitirlo.»[193]

Guardiola firmó un acuerdo de marketing con el Banco Sabadell por el que se comprometía a hacer varias conferencias y entrevistas personales. Al mismo tiempo, se negaba a conceder entrevistas personales a los medios de comunicación. Al principio hubo críticos que lo consideraron un avaro. Sin embargo, al cabo de poco tiempo fue defendido cuando se supo que había compartido todo el dinero recibido del Banco con su personal en reconocimiento a su dedicación y altruismo al dar prioridad al equipo.

Al principio de una temporada, cuando Audi presentó un coche a cada jugador del primer equipo y al entrenador, Guardiola se negó a aceptar a menos que hubiera coches también para el cuerpo técnico. En otra ocasión, Guardiola se enteró de que Ángel Mur, masajista del club durante 33 años, ya jubilado entonces, no tenía entradas para la final de la Liga de Campeones de 2009, así que Mur fue como invitado especial del director técnico. En 2011, cuando accedió a firmar un nuevo contrato, lo hizo después de asegurarse de que se señalaran unas condiciones ampliadas y nuevas para todo su cuerpo técnico[194].

---

193. *Ibidem.*
194. *Ibidem.*

Nuestros calendarios son el marcador definitivo de nuestras prioridades. Si un analista forense confiscara tu calendario, correo electrónico e historial de navegación web de los últimos seis meses, ¿qué prioridades pensaría que tienes? Me preocupa que las mías incluirían beber café, leer sobre el Manchester United y eliminar con cuidado correos basura cada hora.

Los padres también experimentan esto: el tiempo de calidad que pasan con los niños desaparece de golpe por tener que preparar la comida o hacer recados de última hora. El problema es que las urgencias (las circunstancias más claras e inmediatas) siempre monopolizan la atención.

Dedicar más tiempo a nuestras prioridades implica necesariamente quitarlo a otras cosas. Por eso, Jim Collins, autor de *Empresas que sobresalen*, sugiere que creemos una lista de cosas que dejar de hacer. Cuando estudiaba en la universidad, una profesora le dijo que Collins no llevaba una vida disciplinada, sino meramente ocupada.

Ella le preguntó cómo cambiaría su comportamiento si recibiera dos llamadas telefónicas que le cambiaran la vida. En la primera le dirían que había heredado 20 millones de dólares, sin ninguna condición. En la segunda le informarían de que, debido a una enfermedad rara e incurable, solamente le quedaban diez años de vida. Entonces, ella le preguntó: ¿Qué dejarías de hacer? Ahí nació la lista de cosas que dejar de hacer de Collins, que compila una vez al año. Collins escribió en 2003:

> Una obra maestra de arte está compuesta no solamente de lo que hay en la pieza final, sino también, e igual de importante, por lo que no hay. Es la disciplina de descartar lo que no encaja (cortar lo que ya podría haber costado días o incluso años de esfuerzo) lo que diferencia al artista verdaderamente excepcional, es lo que marca el trabajo ideal, desde una sinfonía hasta una novela, un cuadro, una empresa o, lo más importante de todo, una vida[195].

La idea clave es que pasamos demasiado tiempo sumando y no el suficiente restando. Y precisamente al quitar lo que no interesa es cuando podemos ver lo que importa de verdad.

---

195. Jim Collins, *Empresas que sobresalen*, Gestión 2000, Barcelona, 2007.

Es tentador, pero iluso, querer tener tiempo para todo haciendo varias cosas a la vez o trabajando con más eficiencia. Seamos serios, no hay tantos períodos de inactividad en tu jornada. Una hora que dedicas a una cosa es una hora que no dedicas a otra. Por eso, si te has comprometido a pasar más tiempo con los niños o a hacer más ejercicio, parte de ese propósito debe ser decidir qué vas a dejar de hacer. Tienes que ser concreto: mira el horario de la última semana y pregúntate ¿«Qué tendría que haber eliminado para encontrar un hueco para las tres o cuatro horas extra que necesito?»

A cambio de victorias y trabajo duro, Guardiola fijó una política nueva y, en aquel momento, controvertida. Después de hacer la preparación, Guardiola quería que sus jugadores estuvieran lo más lejos posible de la tensión y la presión. Para los partidos en casa eliminó la odiada concentración, la idea generalizada y tradicional de que los jugadores tienen que pasar la noche previa al partido en un hotel para poderse concentrar. Igualmente, siempre intentaba ir en avión a los partidos el mismo día para evitar el aburrimiento y la frustración de los viajes interminables y la pérdida de tiempo en aeropuertos y restaurantes de hotel. En una temporada, se estimó que esto ahorraba cientos de horas de viaje, por lo que se minimizaba la frustración y el aburrimiento que sentían tanto el cuerpo técnico como los jugadores[196].

En las organizaciones, sobre todo, la lista de cosas que dejar de hacer puede que implique cierta inversión inicial por nuestra parte (diez horas invertidas ahora para ahorrar treinta horas después). Día tras día, a todos nos cuesta apartarnos de la lista B y ceñirnos a la lista A. No es fácil. Peter Bregman, gurú de productividad y *blogger* para la *Harvard Business Review*, recomienda un truco sencillo para eludir ese problema. Aconseja fijar una alarma que suene una vez cada hora, y cuando la oigas, te preguntas: «¿Estoy haciendo lo que más tengo que estar haciendo en este preciso momento?»[197]

---

196. Hunter, *Barça*.

197. Peter Bregman, *18 minutos: encuentre su foco, controle las distracciones y consiga hacer lo realmente importante*, Conecta, Barcelona, 2012.

Guardiola se plantea algo parecido: «Me esfuerzo por vivir con pasión y no estar insensibilizado ante la vida. Las cosas me importan. Tienes que vivir así. Si no, ¿qué sentido tiene? Siempre me estoy preguntando si soy todo lo auténtico que puedo ser»[198].

Ejercicio:
La lista de cosas que dejar de hacer

Los dos gurús de la gestión más influyentes de los treinta últimos años son Tom Peters y Jim Collins. En 1982, Peters enseñó al mundo corporativo cómo ir *En busca de la excelencia*[199]. Diecinueve años después, Collins enseñó a los líderes a construir *Empresas que sobresalen*. En cualquier gran organización de prácticamente cualquier lugar del mundo, hay un 50% de probabilidad de que veas en una estantería el libro de Peters (que escribió junto a Robert H. Waterman Jr.) o el de Collins.

Incluso si no ves un ejemplar gastado de *En busca de la excelencia* o de *Empresas que sobresalen*, detectarás sus filosofías en las prácticas corporativas y oirás su jerga en las conversaciones de la oficina: proyectos wow; gestión MBWA/gestión dando paseos; hacer girar la rueda de la inercia; liderazgo de nivel 5.

En mi opinión, estos libros sugieren que el secreto del rendimiento elevado para los individuos es decidir qué no hacer. Por eso, cuando empecé a escribir este libro, utilicé la técnica de cosas que dejar de hacer. Colgué la lista en la pared que tengo junto a mi mesa, siempre está a la vista, y la revisaba cuando lo exigían las circunstancias. Déjame que te diga lo que he puesto en la lista:

- Dejar de responder correos electrónicos durante las horas en las que más escribo por la mañana
- Dejar de aceptar reuniones o conferencias telefónicas iniciadas por otras personas y que yo no habría hecho
- Dejar de irme a acostar más tarde de las 11 de la noche

---

198. Hunter, *Barça*, pp. 167-168.
199. Robert H. Waterman Jr. y Tom Peters, *En busca de la excelencia*, Folio, Barcelona, 1986.

¿He erradicado todo el comportamiento poco productivo y me he convertido en una máquina de la autodisciplina y la autorrealización? No exactamente. Pero sí que he mejorado. Sin embargo, sin hacer esa lista conscientemente (y obligarme a enfrentarme a ella junto a mi mesa) dudo que hubiera sido capaz de hacer esas mejoras.

Te insto a que intentes este método y a que hagas tu propia lista.

3
Coherencia

A lo largo del libro, hemos comentado formas de dar un empujón a un grupo y de inspirarlo para que mejore el rendimiento y acepte el cambio. En un entorno como el Fútbol Club Barcelona, a rebosar de grandes egos, hay ciertos «daños colaterales» para los jugadores que no hayan sido seleccionados para jugar o, incluso peor, los jugadores que no hayan sido considerados necesarios: se sienten heridos, se enfadan o creen que la nueva dirección ya no confía en ellos. ¿Cómo se puede luchar contra esto? La clave radica en la coherencia y la transparencia.

Eric Abidal se ríe de su reacción inicial respecto a Guardiola. «No conocía al jefe ni cómo trabajaba —recuerda—. El primer mes fue difícil porque soy padre, tengo 30 años y no hablas igual a un jugador joven que acaba de empezar en el fútbol profesional que a un veterano. ¡Y él hacía precisamente eso! Nos obligaba a cambiar de mesa a la hora de la comida y me hacía hablar en castellano con otros franceses como Thierry Henry cuando estábamos en el grupo. Fui a hablar con el presidente, Laporta, para decirle que no iba a tolerar aquello, que me quería ir, pero él me dijo que me tranquilizara, que era su forma de hacer las cosas y que todo iría bien. Ahora, todavía me río cuando lo recuerdo[200].»

Guardiola respondía a este escepticismo explicando el proceso. «Como futbolistas profesionales, buscan a una figura que les diga "Eh, por aquí..." Eso es lo que tenemos que hacer los entrenadores. Tenemos que transmitir esa confianza y esa seguridad en todas las decisio-

---

200. Balagué, *Pep Guardiola*.

nes que tenemos que tomar. La confianza, la seguridad y la sinceridad son pilares fundamentales de un buen entrenador. Los jugadores tienen que creer en el mensaje del director técnico. Siempre debe hablar a los jugadores sin miedo, con sinceridad, y decirles lo que piensa. Sin engañarlos[201].»

Existen algunas ideas más para garantizar que puedas liderar el cambio con la coherencia necesaria.

Pensamiento de grupo

Guardiola afirma que existen dos tipos de entrenadores: los que piensan que los problemas se resuelven solos y los que resuelven problemas. Él agradece la oportunidad de encontrar soluciones a los problemas. Para ello, ha reunido a un comité de asesores a los que «roba ideas, las ideas se comparten, van de una persona a otra».

En un estudio se comparó a 41 científicos que habían recibido el premio Nobel con una muestra de científicos de experiencia similar, y se descubrió que una diferencia principal entre ambos grupos era que el de los premios Nobel pedían opinión a un abanico de individuos más amplio que el de los científicos normales. Estaban abiertos a una mayor variedad de ideas para resolver problemas de una forma activa[202].

Esto implica una planificación avanzada, ya que la investigación indica que tendemos a buscar feedback de personas con puntos de vista similares a los nuestros. Durante siglos, la Iglesia católica utilizó al «abogado del diablo» para los procesos de canonización. Esta figura, dentro de la iglesia, se conocía como *promotor fidei* ("promotor de la fe") y su papel era defender las razones para no declarar santo o santa a una persona.

Juan Pablo II eliminó este cargo en 1983, y acabó con 400 años de tradición. Desde entonces, resulta revelador que los santos hayan sido

---

201. *Ibidem.*
202. Hughes, *How to Think.*

canonizados a un ritmo alrededor de veinte veces más deprisa que en la primera parte del siglo xx[203].

¿Cuántos de nosotros hemos buscado a gente siendo conscientes de que estarían en desacuerdo con nosotros? Uno de los peligros reales de no tener un feedback variado es que los grupos pequeños de mentes parecidas te dirían fácilmente lo que creen que quieres oír.

El grupo de Guardiola

Guardiola es ampliamente venerado en Barcelona. Por nacimiento y por inclinación, es uno de los suyos; sin embargo, ver su enfoque al liderazgo de éxito como un mero producto de una institución resultaría insuficiente. Sus influencias son mucho más variadas. Guardiola buscaba constantemente el consejo de cuatro personas para que le ayudaran a tomar grandes decisiones: Juan Manuel Lillo, Manuel Estiarte, Marcelo Bielsa y Johan Cruyff. Sabía que ellos lo desafiarían y contradirían sus ideas cuando fuera necesario. «Es importante —dijo— pasar tiempo con personas que tienen tanto sentido común.»

Cuando su época como jugador estaba tocando a su fin, Guardiola fue a Culiacán, una peligrosa ciudad en el corazón de un territorio controlado por la organización de tráfico de drogas más potente de México, el cártel de Sinaloa, dirigida en aquel momento por Joaquín Guzmán Loera, conocido como *El Chapo*. Guardiola tomó esta decisión porque quería jugar para Juan Manuel Lillo y aprender de él. Lillo era un entrenador español muy viajado por el que siempre había sentido admiración. «Si sus ideas se formaron en Barcelona, fue en México donde se pulieron», sugiere Rory Smith, el escritor del *New York Times*.

«La historia de cómo conocí a Pep es verdad —contó Lillo en una entrevista—. Él había jugado contra mis equipos y entonces, después de un partido en 1998 entre su Barcelona y mi Real Oviedo, mi delegado

---

203. M. Synder, E. D. Tanke y Berscheid, E., «Social Perception and Interpersonal Behavior: On the Self-fulfilling Nature of Social Stereotypes», *Journal of Personality and Social Psychology* 35, 9, 1977, pp. 656-666.

tocó a la puerta de mi despacho y me dijo que Pep quería presentarse. ¿Yo lo querría ver? ¿Cómo podía decir que no a un jugador que me gustaba tanto? Me dijo que le gustaba mi forma de jugar y hablamos. Después de aquel día, siempre hemos estado en contacto.»

Una vez finalizada su época como jugador en el F. C. Barcelona, y tras su paso por Italia, Guardiola se fue a Qatar y muchos supusieron que sería el colofón lucrativo de su carrera como jugador. Durante el tiempo que estuvo en Qatar, pasaba la pretemporada entrenando con los equipos de Lillo para mantener su acondicionamiento físico. Se hicieron tan íntimos que ahora Lillo lo describe como «una de las personas más importantes de mi vida, es como un hijo para mí»[204].

«Siempre decía que los tres entrenadores que más le gustaban éramos Bielsa, Arsène Wenger y yo», dijo Lillo, ayudante en el Sevilla. Más tarde, en 2005, cuando su amigo estaba trabajando en México, Guardiola vio que probablemente sería la última oportunidad de poder jugar a las órdenes de uno de aquellos tres hombres.

Ese año, Lillo había tomado el mando de los Dorados de Sinaloa, un equipo sin brillo que se encontraba en el extremo equivocado de la primera división de México, la Liga MX. El club no tenía muchos recursos: a veces había problemas para pagar a los jugadores, y Lillo tenía que entrenarlos en un parque acuático. Sin embargo, cuando Lillo pidió a Guardiola que firmara un contrato a corto plazo, aceptó. El atractivo de jugar para su amigo le bastaba para vencer cualquier duda.

La aventura no tuvo un final feliz. Los Dorados descendieron y Guardiola, acosado por las lesiones, solo jugó diez veces, pero dejó huella. «Cuando recuerdo mi carrera, veo un antes y un después de haber jugado con Guardiola —dijo Marco Mendoza, un centrocampista que jugó en aquel equipo—. Con solo jugar a su lado, verlo y escucharlo, mejoré. Había tanto que aprender de él.»

Los jugadores estaban ampliando su educación, pero no eran los únicos. Guardiola llevaba un libro negro con él en el entrenamiento en el que detallaba todos los ejercicios de Lillo y se quedaba cuando habían

---

204. Rory Smith, «The Five Months in Mexico that Shaped Pep Guardiola's Philosophy», *New York Times*, 19 de octubre de 2016.

acabado las sesiones para matar a preguntas a su mentor. Guardiola se dirigía a Lillo en cualquier momento del día y le preguntaba: «¿Cómo resuelves este tipo de situación?», «Si hago esto, ¿qué pasará?»

Según Martí Perarnau, no pasa un día sin que Guardiola empiece una frase con «Como decía Juanma...»[205] Lillo desmitificó la idea de que él había ayudado a Guardiola a convertirse en el entrenador que es ahora, pero resulta revelador que Guardiola haya descrito a Lillo como a su «maestro» y «el mejor entrenador que he tenido».

El centrocampista estudiaba a los adversarios porque se lo pedía su jefe, e incluso hablaba con sus compañeros de equipo en sesiones especiales para explicarles ideas técnicas y tácticas. Lillo y Guardiola hablaban a diario mientras estaban juntos en Culiacán, dijo el entrenador, intercambiando ideas. Era una práctica que continuó incluso después de su aventura mexicana.

Lillo estaba tan impresionado que, cuando Guardiola no estaba convocado, lo invitaba al banquillo en lugar de hacer que se sentara en las gradas. Era habitual ver a Pep gritando órdenes desde la línea de banda mientras Lillo continuaba sentado. Aquella breve incursión en México significaba que Guardiola no acabaría su formación como entrenador hasta julio de 2006, pero, de hecho, su carrera como entrenador ya había empezado.

Lillo admitió más tarde: «Yo sabía que sería un gran entrenador. Pep es lo opuesto a los demás: todo el mundo ha sido jugador y luego, poco a poco, se convierte en entrenador. Pero él, no. ¡Él jugaba mientras esperaba a convertirse en entrenador!»

Guardiola reconocía el valor que pueden aportar los asesores. Empleó a varios asistentes en el F. C. Barcelona, pero uno destaca por encima de los demás por su propio estatus deportivo legendario: Manuel Estiarte, que no fue futbolista sino jugador de waterpolo. Al haber participado en seis Juegos Olímpicos, Estiarte era tan bueno que fue apodado «el Maradona del waterpolo», y ganó una medalla olímpica y títulos de la Copa Mundial, por mencionar solamente dos de sus muchos galardones individuales y de equipo.

---

205. Martí Perarnau, *Pep Guardiola: La metaformosis*.

En el Camp Nou, Estiarte fue nombrado mano derecha de Guardiola, alguien que imponía respeto y confianza en el equipo por su pasado deportivo y, como tal, era una figura valiosa para el entrenador cuando quería saber qué pensaba el equipo o necesitaba un consejo sabio cuando tenía una idea nueva.

«Manuel es crucial para Pep —me contó Pere, el hermano de Pep Guardiola[206]—. Son amigos íntimos desde hace tiempo. Pep confía en su criterio y sabe que siempre vela por su interés en todo momento. Le dirá lo que tiene que oír, no lo que quiere oír.»

La tercera influencia era Marcelo Bielsa. Cuando ofrecieron el trabajo de entrenador del Barça B a Guardiola, le dijo: «Tienes que respetar el hecho de que esto es un proceso, una curva de aprendizaje. Los primeros pasos son vitales y no hay segundas oportunidades cuando avanzas».

Viajó a Argentina a profundizar su conocimiento. «Es un país en el que los taxistas saben tanto sobre el más mínimo detalle del fútbol como los entrenadores», dice, riéndose, Pere Guardiola. Allí conoció a Ricardo La Volpe, Marcelo Bielsa y César Luis Menotti. Menotti dijo más tarde: «Pep no vino aquí para que le dijéramos cómo se hacía. Eso ya lo sabía». También conoció a un grupo de aficionados que escribían un blog para comentar el lado creativo del fútbol y que le presentaron una obra, *Lo suficientemente loco*, una biografía de Marcelo Bielsa, escrita por Ariel Senosian[207].

Con su amigo David Trueba, Guardiola condujo los 309 kilómetros desde Buenos Aires hasta Rosario para conocer a Bielsa en persona. La reunión entre los dos futbolistas tuvo lugar en la chacra, o villa, del argentino y duró doce horas intensas pero productivas. Hubo discusiones acaloradas, revisión de técnicas, análisis detallados de juego posicional que, en determinado momento, incluyó a Trueba haciendo un marcaje individual a una silla. Los dos entrenadores compartieron sus obsesiones, sus manías y su pasión por el juego y, tras su reunión en la chacra, se declararon su admiración mutua.

---

206. Damian Hughes, entrevista con Pere Guardiola.

207. Ariel Senosian, *Lo suficientemente loco: Una biografía de Marcelo Bielsa*, Ediciones Corregidor, Buenos Aires, 2012.

Cuenta la leyenda que Bielsa preguntó a Guardiola: «¿De verdad te gusta tanto la sangre?» Lo estaba poniendo a prueba para determinar si estaba preparado para tomar las decisiones duras e interminables a las que se enfrenta un líder. Al parecer, Guardiola decidió que sí.

Su último aliado era Cruyff. Desde su debut como entrenador, Guardiola nunca se cansó de repetir que Cruyff era la inspiración de su enfoque, y ese sentido de la continuidad ha sido algo bueno para el club. «Somos un poco como discípulos de la esencia que trajo Cruyff», dijo Guardiola.

Guardiola siempre trataba a Cruyff de «usted». «Es un caso de alumno que muestra respeto y humildad hacia su antiguo entrenador y maestro», explicaba Pere.

Cruyff también reconoció la fuerza de buscar apoyo de una amplia serie de personas y de ceder la palabra a alguien con mayor conocimiento experto. «Si te duele una muela —dijo Cruyff una vez, con su enigmático estilo— vas al dentista, porque él entiende de dientes.»

«Hay tantos líderes que piensan que tienen control sobre los que están por debajo de ellos, cuando, de hecho, tendría que ser precisamente lo contrario. Deberían permitirse que les guiaran los que saben más. Sus egos inflados los instan a imponer la ley cuando, simplemente, no tienen el conocimiento para hacerlo», explicaba el maestro holandés, que sabía que hace falta una mezcla de humildad y fuerza para entender que, para ser el mejor, es necesario rodearse de otros expertos:

> Puedes identificar enseguida a la gente cuando les preguntas algo, sea cual sea el ámbito. Consigues una respuesta de alguien que se pone en tu lugar o bien de alguien que intenta convencerte de que tiene razón y de que su solución es la única que hay. Cuando hago una pregunta, solamente quiero saber lo que tengo que saber porque, en última instancia, la información es más importante que la inteligencia. No necesito saber todos los pelos y señales mientras consiga las respuestas correctas de las personas adecuadas, entonces estoy un paso por delante de alguien

que podría ser más comprensivo pero que tendría más información. Por eso, como entrenador, reuní un equipo tan grande como pude para ser responsable de todos los elementos de la formación y la preparación[208].

La razón para tener un elenco de asesores tan diverso es evidente. Si un líder traza un plan nuevo y ambicioso y lo impone, frente a la oposición, está corriendo un riesgo. ¿Y si su diagnóstico de los problemas (y la solución) están equivocados? Por otra parte, si negocia con sus asesores y su personal, puede que consiga un plan debilitado, pero quizá solamente en el sentido que las partes que tenían menos probabilidad de funcionar y para funcionar se han eliminado.

Pep fue a ver a Cruyff poco después de empezar mal la temporada como entrenador del Barça B. «Tengo un problema —dijo a su mentor—. Tengo a dos tíos que no sé si podré controlar, no escuchan lo que digo y eso afecta a cómo reciben mis mensajes todos los demás. Y el problema es que son dos de los líderes del vestuario y los mejores jugadores. Perderé si ellos no están.» La respuesta de Cruyff fue rotunda: «Deshazte de ellos. Puede que pierdas uno o dos partidos, pero luego empezarás a ganar y ya habrás echado a esos dos cabrones del equipo».

A pesar de su reticencia inicial a ser tan despiadado, Pep los sacó, y estableció de esta forma su poder en el vestuario a la vez que envió una señal clara al resto de los jugadores.

Ejercicio:
La regla del décimo hombre

En la guerra de Yom Kippur de 1973 (también conocida como guerra árabe-israelí), la exposición del error de la inteligencia de Israel fue tan espectacular que revolucionó el enfoque de Israel a la hora de tomar decisiones.

---

208. Cruyff, *La autobiografía*, Planeta, Barcelona, 2016.

Egipto y Siria condujeron a los países árabes a un ataque que pilló desprevenido a Israel, a pesar de que la Dirección de Inteligencia Militar (conocida como «Aman») conocía los planes de invasión árabe con meses de antelación. Aman había formulado varias hipótesis (sobre las dificultades de Egipto y la alianza de Siria y las compras militares, entre otras cosas) y sobre estas hipótesis basaron su análisis de toda la inteligencia posterior. El resultado fue que confiaban en que los árabes no dijeran en serio que iban a la guerra, incluso cuando conocían los planes de guerra árabes. Aman confiaba en que la probabilidad de guerra fuera baja justo hasta que Israel fue atacado. El episodio se considera un punto bajo en la historia de la inteligencia militar.

Después de una investigación para averiguar en qué se había equivocado, Aman estableció una unidad de control dentro de sus departamentos, el propósito del cual era hacer de abogado del diablo en cualquier análisis de inteligencia militar. Max Brooks, autor del libro de apocalipsis zombi *Guerra Mundial Z*, predice que Israel sobreviviría al apocalipsis por esta estrategia, que denomina «regla del décimo hombre»: si en una habitación hay diez personas y nueve están de acuerdo en cómo interpretar una situación y en cómo responder ante ella, el décimo hombre tiene que discrepar. Su deber es encontrar el argumento más rotundo posible contra el consenso al que ha llegado el resto del grupo[209].

En la planificación, debes tener todos los aspectos cubiertos lo mejor posible. La regla del décimo hombre hace que alguien interprete el papel de discrepante, por muy sólido que parezca tu plan, para hacerlo más efectivo.

Ningún plan es perfecto, pero eso no significa que no debas intentar detectar todos los fallos que puedas. Esa regla funciona igual que las empresas que contratan a gente para que encuentre puntos débiles en sus sistemas y su seguridad.

Puedes utilizar la regla en cualquier planificación, no es imprescindible que cuentes con diez personas. ¿Estás pensando en ir de vacaciones? Asigna a alguien el papel del «décimo hombre». ¿Te estás preparando para tomar

---

209. Max Brooks, *Guerra Mundial Z*, Almuzara, Córdoba, 2008; Max Brooks, *Zombi: guía de supervivencia: protección completa contra los muertos vivientes*, Debolsillo, Barcelona, 2015.

una gran decisión en tu vida? Pide a una persona de tu confianza que sea tu «décimo hombre» personal y encuentre fallos en él. La planificación efectiva implica estrategia y reiteración. Continúa encontrando y eliminando fallos hasta que tu plan sea sólido como una roca.

4
Transparencia

Evidentemente, incluso el nivel de coherencia que he subrayado no puede contentar a todo el mundo. Algunas decisiones dejarán a un grupo de personas peor, y es un coste necesario de hacer algo genial para muchas otras o para la organización en sí.

Si las personas que han salido perdiendo consideran que el proceso de toma de decisiones es justo, puede suponer una diferencia enorme en su forma de reaccionar.

Los investigadores llaman a este sentido de la justicia «justicia procesal», que define a la que se da cuando los procedimientos utilizados para tomar una decisión fueron justos. Es distinta a la «justicia distributiva», que analiza si el producto de una decisión se ha dividido de una forma justa. Un extenso trabajo de investigación confirma que la justicia procesal es crítica para explicar cómo se sienten las personas ante una decisión. El resultado importa, pero el proceso también[210].

Los elementos de la justicia procesal son sencillos: dar a las personas la oportunidad de ser escuchadas, de defender su postura. Escucha (de verdad) lo que digan. Utiliza información precisa para tomar la decisión y dales la oportunidad de poner en duda la información en caso de que fuera incorrecta. Aplica estos principios de forma sistemática en las distintas situaciones. Evita prejuicios e interés personal. Explica por qué se tomó la decisión y sé sincero sobre los riesgos o las preocupaciones relevantes.

---

210. Joel Brockner y Batia M. Wisenfeld, «An Integrative Framework for Explaining Reactions to Decisions: Interactive Effects of Outcomes and Procedures», *Psychological Bulletin* 120, 2, 1991, pp. 189–208.

A pesar del anuncio que hizo Guardiola en su primera conferencia de prensa, explicando su lógica para prescindir de los servicios de Deco, Ronaldinho y Eto'o, solamente se fueron dos de los jugadores. Eto'o se negó a aguantar el rechazo sin protestar y se esforzó al máximo para convencer a Guardiola de que cambiara de opinión. «Aquel verano —cuenta Graham Hunter—, Eto'o mantuvo la boca cerrada, entrenó como un descosido y, lo crucial, fue el primero del equipo en ritmo de trabajo[211].»

Guardiola observó aquellos comportamientos y comentó sus ideas con los Arquitectos Culturales y capitanes de su equipo, Puyol, Xavi y Valdés, antes de sentarse a hablar con el delantero camerunés. «Me gusta tu ritmo de trabajo. Si juegas y entrenas como has estado haciendo, te quedas. He hablado con los capitanes del equipo y están de acuerdo en que no puede haber más comportamiento perjudicial. No habrá más avisos, un error y te vas.»

Eto'o estuvo de acuerdo y la decisión demostró ser inspiradora. Marcó 36 goles durante la primera temporada de Guardiola, incluso en aquel ataque inicial decisivo de la final de la Liga de Campeones de 2009 contra el Manchester United.

Seguro que no hay un debate real sobre si esta es la forma adecuada de tomar una decisión, a menos que quieras defender decisiones incoherentes e irrespetuosas. Puede haber momentos en los que valoremos más nuestra propia idea que un proceso justo y momentos en los que elegimos la conveniencia frente a la justicia procesal, pero deberían ser la excepción y no la regla, y deberían ser explicados y justificados después para proteger la cultura.

La investigación sobre la justicia procesal muestra que a las personas les puede importar profundamente el proceso. Todos queremos creer que un proceso de toma de decisiones que nos afecta es justo, que tiene en cuenta toda la información correcta. Incluso si el resultado va en nuestra contra, nuestra confianza en el proceso es crítica. Al reconocer los errores potenciales de la decisión, un líder fomenta que su equipo tenga fe en el proceso y no en una única decisión. Las decisiones indivi-

---

211. Hunter, *Barça*.

duales a menudo estarán equivocadas, pero el proceso correcto será un aliado incondicional en cualquier situación.

Fue precisamente este proceso el que transmitió seguridad a sus jugadores a pesar de la falta de éxito al principio de la carrera como entrenador de Guardiola. Después de que Guardiola no consiguiera ganar sus dos primeros partidos, Andrés Iniesta, la columna vertebral del equipo, normalmente reservado, que había empezado el partido como sustituto, se acercó al despacho de su líder, llamó suavemente a la puerta y dijo: «¡Tranquilo, míster! ¡Lo ganaremos todo! ¡Vamos por buen camino! Sigamos así, ¿vale? Jugamos que te cagas, nos lo pasamos de fábula en los entrenamientos. No cambiemos nada, por favor. ¡Esto va de puta madre! ¡Este año vamos a arrasar»[212].

Guardiola explica: «Él habló así porque vio que seguíamos un método. Le habíamos explicado por qué hacíamos las cosas de esa manera y él reconoció el proceso».

En el siguiente partido, el F. C. Barcelona marcó seis goles contra el Sporting de Gijón y, después, todo le fue sobre ruedas.

Ejercicio: Cómo planificar las prioridades

«Si quieres conocer tu vida pasada, mira tus circunstancias del presente. Si quieres conocer tu futuro, mira tus acciones del presente.»
PROVERBIO BUDISTA

Hay dos factores que determinan a qué dedica el tiempo un líder. Unas cosas se consideran urgentes («¡Tengo que hacerlo, y hacerlo ahora!») y otras, importantes: las acciones que contribuyen a acercarse al destino de la Visión Global.

A menudo, pido a los líderes que asignen tiempo y actividades a cuatro categorías principales:

---

212. Iniesta, *La jugada de mi vida: Memorias*, Malpaso, Barcelona, 2016.

1. Apagar fuegos (actividades urgentes e importantes)

2. Prevenir fuegos (actividades importantes)

3. Falsas alarmas (actividades urgentes)

4. Salidas de emergencia (actividades que no son urgentes ni importantes)

Analicemos cada área en detalle ya que esto te ayudará a planificar mejor el tiempo y lograr las metas.

1. Apagar fuegos
Existen ocasiones en las que reaccionas al mundo que te rodea, como cuando el teléfono no para de sonar, cuando tu jefe está enfadado y te exige que hagas algo o cuando tus hijos están llorando.

Si esto te resulta familiar y crees que pasas mucho tiempo en esta área, probablemente no hayas fijado unas prioridades de forma efectiva.

Por cierto, si has leído esto y has pensado que es tu estilo preferido de funcionar, pregúntate: ¿a cuántos fuegos respondes realmente y cuántos fuegos eres responsable de provocar? Algunos de los mejores bomberos son también los mejores incendiarios, porque disfrutan de la sensación de estar siempre activos y disponibles para ayudar. La cuestión es si estás dedicando la energía a las áreas correctas y que contribuyan a tus propias metas.

2. Prevenir fuegos
Cuanto más tiempo dediques a prevenir fuegos, menos tiempo tendrás que pasar apagándolos y resolviendo problemas urgentes e importantes. En esta área te centras en la planificación, formación e innovación y resolución de los problemas antes de que se conviertan en infiernos enfurecidos. Tienes que tomar medidas contra los problemas, anticiparte a ellos y resolverlos.

Un gran ejemplo de esta categoría aparece en el libro *Winning!* de sir Clive Woodward, que cuenta los últimos segundos de la victoria de Inglaterra en la Copa Mundial de Rugby de 2003. En la obra, Woodward estudia cada pase, cada movimiento y cada pensamiento de sus jugadores en aquellos segundos cruciales de la final. Fue capaz de identificar cada área de innovación, práctica y planificación en las que él y su equipo de entrenadores se habían concentrado en los seis años anteriores, anticipándose al momento en el que Jonny Wilkinson consiguió los puntos ganadores.

No esperó hasta estar en la tensión del momento para dejarlo a la suerte. Había dedicado mucho tiempo deliberadamente a la prevención de fuegos y había supuesto cualquier posible eventualidad, incluso la necesidad de un segundo premio.

Un ejemplo de prevención de fuegos fue la introducción de un método de formación de Clive Woodward que denominó T-CUP y que consiste en pensar correctamente bajo presión[213]. Es una técnica que se enseña a los soldados de élite del SAS. Woodward había observado que, cuando el equipo había perdido a sus tres decisores del Grand Slam, los jugadores habían perdido toda la calma y el control cuando estaban jugando el partido y habían vuelto a un estilo que no era su enfoque normal, y que jugaba favoreciendo directamente a sus adversarios.

La formación T-CUP implicó poner a sus jugadores en situaciones de presión y en enseñarles a controlar sus propias emociones y a no sentir pánico. Al convencer a sus jugadores de los beneficios de este entrenamiento, ofreció un ejemplo perfecto de establecimiento de prioridades.

Lo explicó empezando por la meta que querían lograr los jugadores: ganar la Copa del Mundo. Si perdían el control, perderían su disciplina. Si perdían su disciplina, perderían los penaltis. Si perdían los penaltis, perderían puntos. Si perdían puntos, perderían partidos. Si perdían partidos, perderían la Copa del Mundo. Cuando lo explicó de esta forma, todos los jugadores entendieron por qué tenían que establecer prioridades.

3. Falsas alarmas

Esta categoría incluye casos que resultan engañosos porque, aunque parezca que tengas que apagar un fuego, en realidad no es así. Se trata de acontecimientos que parece que sean urgentes debido a los gritos de emergencia y pánico de alguien. Sin embargo, si analizas lo que ocurre, verás que suelen ser cuestiones que solamente son urgentes para esos individuos.

---

213. Clive Woodward, *Winning!*, Hodder & Stoughton, Londres, 2004.

4. Salidas de emergencia

Las salidas de emergencia son toda clase de acciones que haces en lugar de dedicarte a hacer lo que debes, desde ordenar tu mesa hasta distraerte con cualquier cosa o poner cualquier excusa.

Sigue estos pasos para establecer prioridades:

1. Piensa en las 5 tareas más importantes que debes lograr.
2. Puntúalas del 1 al 10 respecto a lo feliz que eres con el tiempo que les dedicas (1 = nada feliz; 10 = muy feliz).
3. Ahora, piensa en las puntuaciones que te gustarían. Puntúalas del 1 al 10 según el tiempo dedicado que te gustaría que fuera.

Así tendrás una buena indicación a qué dedicas la mayor parte del tiempo. ¿Lo dedicas a las áreas y en los porcentajes que deseas?

5
Resumen del Liderazgo Auténtico

En general, pensamos que el liderazgo es el arte de hacer cosas grandes, importantes: crear una visión, tomar decisiones, inspirar a personas. En definitiva, liderar.

Sin embargo, muy a menudo, nuestro comportamiento como líderes en el día a día no honra nuestros valores centrales (o los del grupo que nos rodea). La forma más efectiva de que un líder pueda comunicar el tipo de cultura que quiere presidir es predicar con el ejemplo.

Ray Kroc, el fundador de McDonald's, era famoso por cumplir las normas de higiene y eficiencia, dos pilares de su imperio de comida rápida. «Todas las noches lo veías venir por la calle, caminando cerca de la alcantarilla, recogiendo todos los envoltorios y vasos de McDonald's por el camino —explica el ex director general de McDonald's, Fred Turner, a Alan Deutschman—. Llegaba al establecimiento con las manos llenas de vasos y envoltorios. Vi a Ray pasar una mañana de sábado con un cepillo de dientes limpiando agujeros del escurridor de la fregona. La verdad es que nadie más prestaba atención al condenado escurridor porque para todo el mundo aquello no era más que algo que estaba en el cubo. Pero Kroc vio toda la porquería creciendo en los agujeros y quería limpiarlos para que el escurridor funcionara mejor[214].»

Como hemos visto con el propio ejemplo de Guardiola, este comportamiento tan auténtico ilustra un patrón sorprendente. ¿Por qué los

---

214. Alan Deutschman, *Cambiar o morir: tres claves para lograr el cambio en el trabajo y en la vida*, Granica, Barcelona, 2008.

líderes consumados de grupos muy exitosos deberían dedicar su valioso tiempo a estas cuestiones?

El liderazgo cultural determina que es en los mismos momentos pequeños y humildes cuando el líder conecta con los de su organización. Estos momentos son vitales porque contienen varias señales: *No estoy por encima de ti; tenemos normas; también deberías hacer este tipo de cosas; hay cosas que son más grandes que nosotros.*

La razón principal de que estos comportamientos auténticos sean tan potentes es porque envían una señal más grande que todo grupo debe recibir sin parar: *todos estamos en el mismo barco.*

El sentido del liderazgo cultural auténtico no es hacer grandes cosas, sino crear un entorno en el que todos los miembros del grupo puedan hacer grandes cosas juntos.

PARTE 6

El punto X

*«Si quieres ir rápido, camina solo.
Si quieres llegar lejos, ve acompañado.»*

Proverbio africano

1
El factor X

Fecha: Sábado, 28 de mayo de 2011
Hora: 6.30 p. m.
Lugar: Estadio de Wembley, Londres

Poco más de una hora antes de la final de la Liga de Campeones, los jugadores estaban reunidos en el vestuario esperando al entrenador principal. Guardiola llegó al vestuario sin chaqueta, se arremangó la camisa y empezó a hablar. David Villa, el delantero estrella del equipo, se lamenta de que fue una lástima que no se grabara su charla de rendimiento de aquel día. «Sería una herramienta educativa muy útil para entrenadores en potencia jóvenes sobre cómo dar la charla de equipo perfecta[215].»

«Ya al principio de su carrera como entrenador, nos dijo: "No iré al vestuario hasta que se me necesite" —cuenta Xavi—. Es como una clase sin el profesor. Y cuando el profesor entra, hay silencio y hay que ponerse a trabajar[216].»

Aquel día, el entrenador miraba a sus jugadores a los ojos, hablando resuelto, con claridad y rapidez. Caminaba de un lado a otro, hacía gestos furiosos, espontáneos, de vez en cuando, se acercaba y se dirigía a uno de sus discípulos directamente, para recalcar algún punto en concreto.

Los alpinistas advierten de que uno de los puntos más peligrosos cuando se escala una cumbre es el momento en el que la puedes ver.

---

215. Hunter, *Barça*.
216. Iniesta, *La jugada de mi vida*.

Cuando la meta está casi al alcance de la mano, es fácil relajarse o precipitarse y, en cualquier caso, la probabilidad de cometer errores aumenta. Guardiola intentaba hacerse camino en ese mismo territorio peligroso ayudando a su equipo a identificar el punto X.

Para los jugadores del Fútbol Club Barcelona, había sido un viaje largo y arduo hacia la cumbre. Habían luchado juntos durante 62 partidos aquella temporada y 191 partidos desde que empezaron a trabajar juntos. Guardiola conocía a su equipo íntimamente. Quería que aquella noche fuera el clímax de todo lo que le había enseñado Cruyff, el legado sobre el que había estado construyendo su forma de entrenar con tanta determinación. Aquella era su catedral: la cristalización de todo lo que representaba el F. C. Barcelona.

2
El punto X

Para ser testigo del poder del potencial humano, no hay nada como ver a un corredor cruzar la línea de meta de una maratón. Es increíble ver los meses y años de entrenamiento físico, determinación y autodisciplina que culminan en ese preciso instante de puro logro. Lo fascinante de esos momentos finales de una maratón es que rara vez verás a un corredor reducir la marcha cuando se acerca a la meta. A pesar del agotamiento que sientan en ese momento, los corredores de maratón, de hecho, *aceleran* y hacen un *sprint* con toda su fuerza de la energía que les queda para cruzar la meta. ¿Cómo?

Cuando los corredores están en el kilómetro 41,99 de una carrera de 42,195 kilómetros, se produce una acción cerebral justo en ese lugar (llamado punto X) en el que los corredores doblan la esquina y ven la línea de meta. Según el doctor Lewis Maharam, presidente del consejo de la IMMDA (Asociación Internacional de Directores Médicos de Maratón), es el momento en el que el cerebro libera endorfinas y otros elementos químicos que dan al cuerpo la energía necesaria para acelerar en el último tramo de la carrera[217]. Si eres corredor, u otro tipo de deportista, probablemente hayas experimentado esto de alguna forma. Cuando tu cerebro ve que el éxito no solamente es posible sino ya *probable*, tienes una reacción potente desde el punto de vista físico. De hecho, es tan fuerte que un reducido número de corredores de maratón no pueden soportarla.

---

217. Jane E. Allen, «Adrenaline-Fuelled Sprint Makes Some Marathons Deadly», ABC News, 21 de noviembre de 2011: https://abcnews.go.com/Health/HeartDisease/marathon-deaths/story?id=15000378#.UAwJoY5alvY; Achor, Shawn, *Before Happiness: Five Actionable Strategies to Create a Positive Path,* Virgin Boosk, Londres, 2013.

Por increíble que parezca, en toda la carrera de 42,195 kilómetros, el punto X es el punto en el que hay mayor probabilidad de paro cardíaco. Por eso, en muchas maratones internacionales han tenido la magnífica idea de colocar a médicos justo en el punto X. En algunos casos raros, los cuerpos fatigados no pueden aguantar la increíble sobrecarga de acelerantes neuroquímicos volcados en su cuerpo. Por supuesto, el descubrimiento del punto X no detiene el raro ataque al corazón, pero sí que revela uno de los atributos más importantes de nuestra mente. En el preciso instante en el que vemos la meta y el cerebro se da cuenta de que lograr ese objetivo no es solo posible sino también probable, libera un potente flujo de elementos químicos que te ayudan a acelerar.

De forma parecida, en el vestuario de Wembley Guardiola sabía que los jugadores del F. C. Barcelona estaban deseando correr más rápido que nunca. Con la recompensa de una segunda Liga de Campeones en tres años delante de sus narices, sus cerebros estaban empezando a autorizar la liberación de más energía. Era importante aprovecharla para aumentar su fuerza, velocidad, claridad mental y resistencia.

«Sé que vamos a ser campeones. No tengo la menor duda —declaró Guardiola—. Os dije que me llevaríais a la final y que, si lo hacíais, os haría ganar. Si hacemos las cosas como se supone que tenemos que hacerlas, seremos superiores a ellos.»

No dio las instrucciones sencillas que había dado Cruyff a su equipo en el viejo vestuario de Wembley antes de la final de 1992: «Salid y disfrutad». El mensaje de Guardiola (con el que marcaba claramente el punto X) fue: «Sí, tenemos que disfrutar este partido, pero también tenemos que sufrir por él».

Detalló el plan de partido con precisión. «Su mayor fuerza es su capacidad de reconocer el punto clave para ganar un partido y, luego, explicarlo de forma que lo podamos comprender fácilmente para ponerlo en práctica», dijo el portero Víctor Valdés[218]. Sus jugadores, dirigidos por los Arquitectos Culturales que habían sido moldeados y desarrollados dentro de las tradiciones del club, entendían el camino a la victoria:

---

218. Hughes, entrevista con Valdés.

los hábitos clave, la aplicación incesante de sus propias fuerzas, la manera que tendrían de derrotar al Manchester United.

Javier Mascherano dijo: «Qué cabrón, ¡lo ha clavado! Aquel discurso de Wembley fue el que me dejó más impresionado. Mientras escuchábamos a Guardiola, no era como oír hablar del partido que estábamos a punto de jugar, sino que era como estar jugando el partido ahí mismo. Iba arriba y abajo, de un lado a otro de la pizarra, gesticulando, y si cerrabas los ojos y le escuchabas ya estabas fuera, en mitad de la acción. Todo lo que dijo que pasaría, pasó como dijo él. Durante el partido, yo pensaba: "Esto ya lo he visto, ya he oído todo esto, porque Pep ya me lo ha contado..."[219].»

Sea cual sea tu meta (ganar la Liga de Campeones o crear una cultura de compromiso), tu cerebro se comporta exactamente igual. En cuanto tu cerebro registra que vas a lograr tu meta, libera los mismos elementos químicos que te dan el impulso extra para acelerar. *Cuanto más cerca ves el éxito, más rápido te diriges hacia él.*

Mi intención al escribir este libro ha sido ayudarte a comprender cómo crear tu propia cultura ganadora. Hemos identificado las piedras angulares: señalar una Visión Global clara para guiar al equipo a través del Arco de Cambio; identificar las prácticas recurrentes que te facilitan el éxito, recurrir al apoyo crítico de tus Arquitectos Culturales y conducirlos con tu propio ejemplo y Liderazgo Auténtico. He añadido las historias y los ejercicios (como los ejercicios de punto X) con el objetivo de que conviertas esto, que es posible, en algo probable.

Después del partido («una paliza del mayor equipo al que me he enfrentado», según el entrenador derrotado, sir Alex Ferguson[220]), por fin se acallaron los argumentos de los indecisos, que descansaban en la idea de que Guardiola tuvo la suerte de topar con un equipo de jugadores de un talento extraordinario en el Barça. El núcleo del equipo que había heredado, que no había hecho nada durante los dos años antes de su llegada, había logrado una hazaña increíble. Guardiola consiguió lo que todos los líderes a todos los niveles saben que es una verdadera

---

219. Hunter, *Barça*.
220. Hughes, entrevista con Soriano.

medida del éxito: extrajo lo mejor de lo que tenía e hizo que sus jugadores fueran aún mejores casi más allá de lo imaginable.

En el momento de su mayor triunfo, continuó personificando y persiguiendo la excelencia sin descanso. Guardiola escapó de las celebraciones y, en una esquina tranquila del vestuario de Wembley, preguntó a Manuel Estiarte, su confidente fiel: «¿Cómo podríamos hacer esto otra vez, pero aún mejor?»

Y aquí está la lección final para crear una cultura de compromiso: la idea simple de que es un viaje que hay que hacer, no un destino al que llegar. Tal y como descubrió el Fútbol Club Barcelona, elegir este camino dejó una huella indeleble en su deporte y en su historia. Nada volverá a ser lo mismo. Y tú también tienes esta posibilidad.

Agradecimientos

He estado gran parte de mi vida inmerso en culturas de alto rendimiento y me gustaría mostrar mi más sincero agradecimiento a las siguientes personas que me han ayudado a orientarme, iluminarme y educarme en dichos entornos.

Geraldine, gracias por tu amor profundo, tus sabios consejos, tu humor amable, tu apoyo entusiasta, tu paciencia ilimitada y tu amistad generosa. Te quiero más de lo que puedo expresar con palabras.

George y Rose, este libro (igual que todo lo que hago) es para vosotros. Gracias por bendecirme con vuestro amor, vuestra risa, vuestra curiosidad, vuestra amabilidad, vuestra comprensión y vuestra genialidad. Este libro y las lecciones que contiene os muestran cómo combinar una decencia, una humildad y un trabajo duro esenciales y florecer en cualquier cosa que queráis hacer. Seguid brillando con fuerza. Os quiero.

Gracias a mis padres, Brian y Rosemarie, por su magnífico apoyo y a mis queridos hermanos Anthony y Chris. Vuestro gran ejemplo, ánimo, interés y amistad inquebrantable me reconfortan y me sirven de apoyo siempre.

Estoy enormemente agradecido a Blaise Tapp, que me sigue ofreciendo su considerable talento para ayudar a plasmar mis ideas por escrito.

Bernard Niven, por favor, acepta mi agradecimiento por compartir tus ideas, tu talento y tu apoyo con tanta generosidad.

Muchas gracias también a mi fantástico editor, Robin Harvie, por tu fe, tu confianza y tu apoyo. Y también a todo el equipo de Pan Macmillan por vuestro apoyo a la idea inicial y al posterior libro.

Estoy profundamente agradecido a David Luxton, mi agente literario, que tiene un talento increíble.

Guillem Balagué. Gracias por reunirte conmigo y por compartir tus impresiones y tus pensamientos con tanta generosidad. Han sido un verdadero catalizador.

Ferran Soriano y Txiki Begiristain. Os estoy inmensamente agradecido por vuestro tiempo, vuestra sinceridad y la fascinante información que me disteis sobre la cultura que ayudasteis a construir de una forma tan espectacular. Gracias también a Abi Leckenby por tu discreción y paciencia inagotables.

Estoy en deuda con Víctor Valdés por las ideas de los jugadores respecto a formar parte de una cultura de compromiso y por haber tenido la amabilidad de haberme presentado a sus compañeros, que fueron igualmente esclarecedores con sus incisivas observaciones.

Fue un enorme placer disfrutar la compañía de Pere Guardiola, y que me contara que la formación de una cultura empieza a una edad tan temprana.

Gracias a Pep Guardiola, por su amabilidad al aceptar leer el manuscrito de este libro pero, sobre todo, por la valentía, la convicción y la pasión por modelar una cultura de compromiso.

Quiero mostrar mi agradecimiento a Sid Lowe, Graham Hunter y Andy Mitten, cuyo trabajo ha demostrado ser siempre revelador, inspirador y fascinante para despertar mi interés por la cultura, la sociedad y el deporte españoles.

Gracias a todos los grandes jugadores, entrenadores y líderes con los que he tenido la inmensa suerte de trabajar y de los que tanto he aprendido. Se aprende mucho de la experiencia, y todos habéis sido muy generosos.

Por último, gracias a ti, lector o lectora. En esta época de distracción constante y proliferación de opciones, te agradezco este compromiso significativo de tiempo, fe y confianza para comprar y leer este libro. No me tomo esta inversión a la ligera. Espero que haya sido tan gratificante para ti leerlo como para mí investigar los datos y escribirlo.

ECOSISTEMA DIGITAL

NUESTRO PUNTO DE ENCUENTRO

www.edicionesurano.com

2 AMABOOK
Disfruta de tu rincón de lectura y accede a todas nuestras **novedades** en modo compra.
www.amabook.com

3 SUSCRIBOOKS
El límite lo pones tú, **lectura sin freno**, en modo suscripción.
www.suscribooks.com

DISFRUTA DE 1 MES DE LECTURA GRATIS

1 REDES SOCIALES:
Amplio abanico de redes para que **participes activamente**.

4 APPS Y DESCARGAS
Apps que te permitirán leer e **interactuar con otros lectores**.

iOS